FAIRY TAIL
100 YEARS QUEST

12

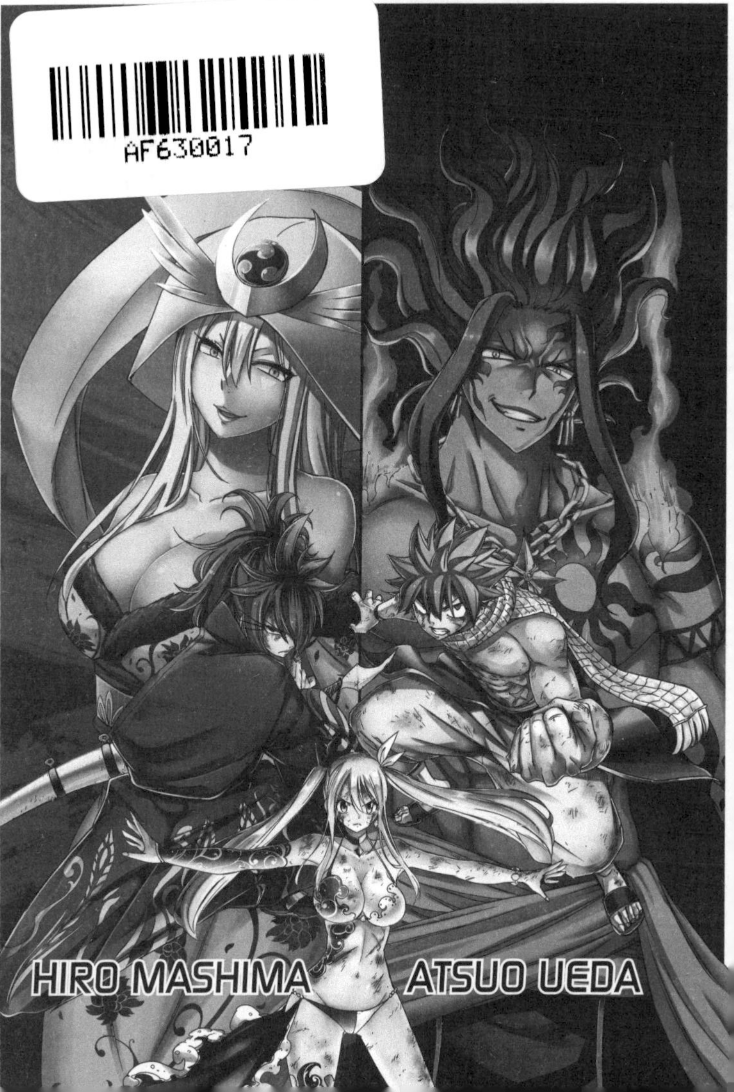

HIRO MASHIMA ATSUO UEDA

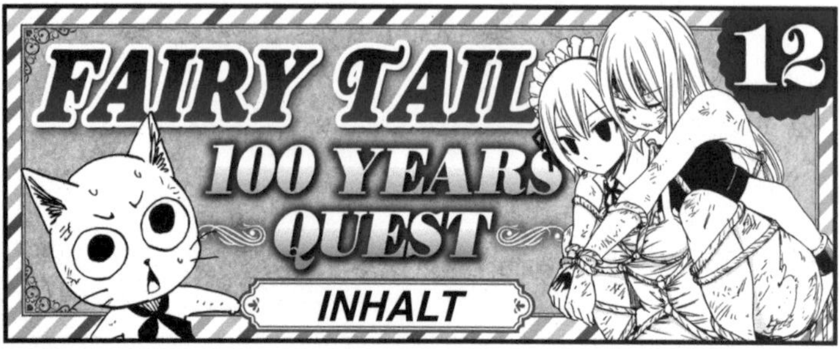
FAIRY TAIL
100 YEARS QUEST
12
INHALT

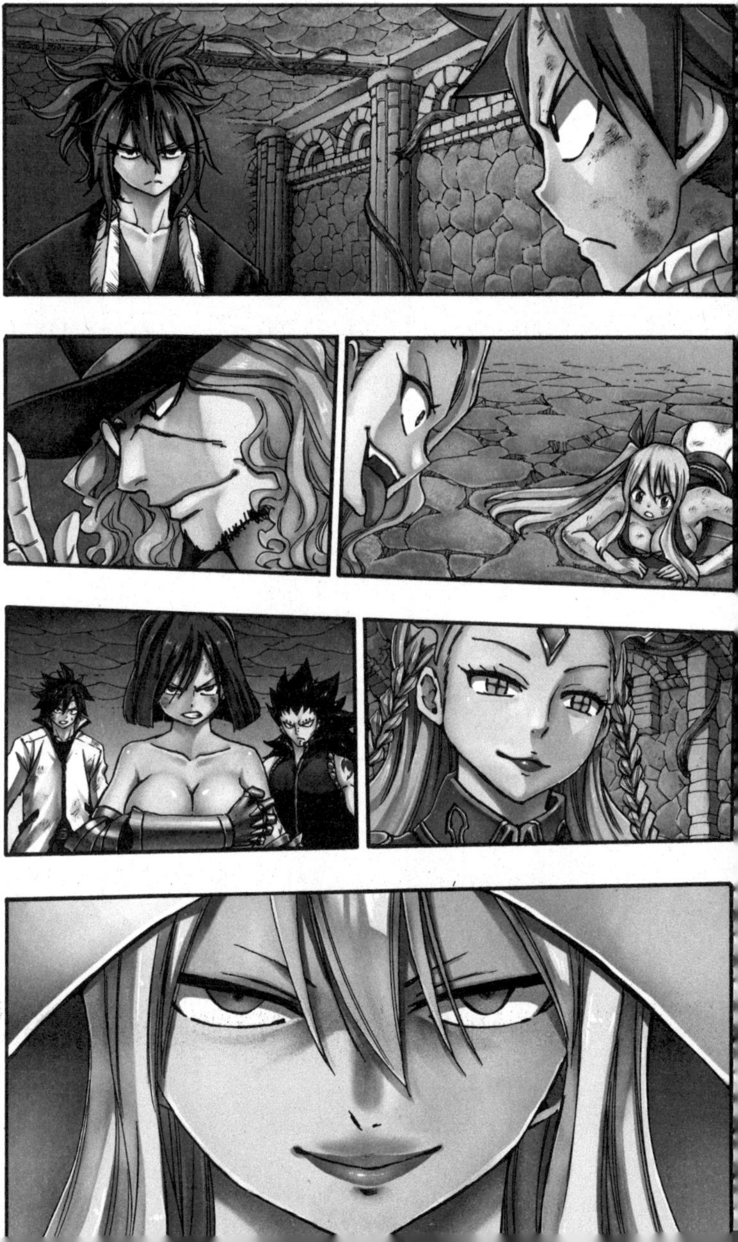

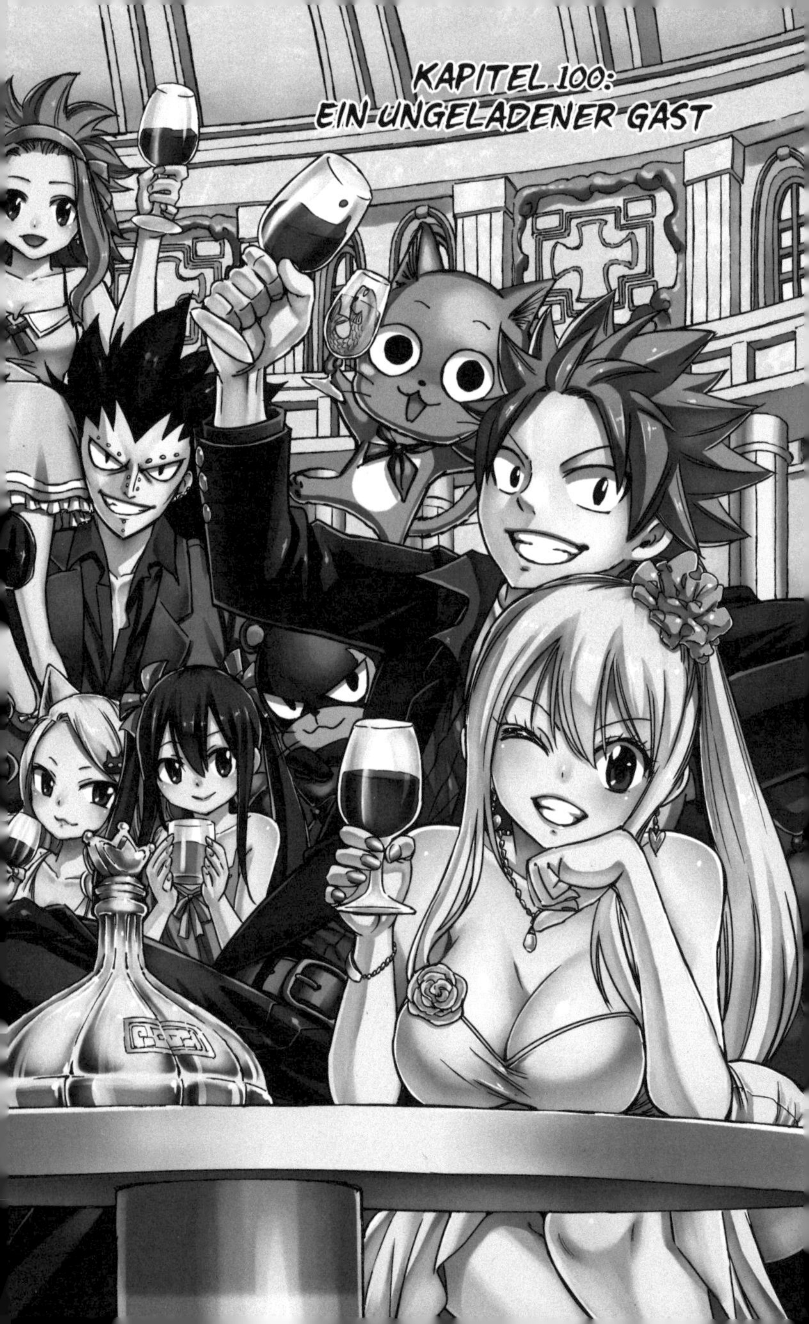
KAPITEL 100:
EIN UNGELADENER GAST

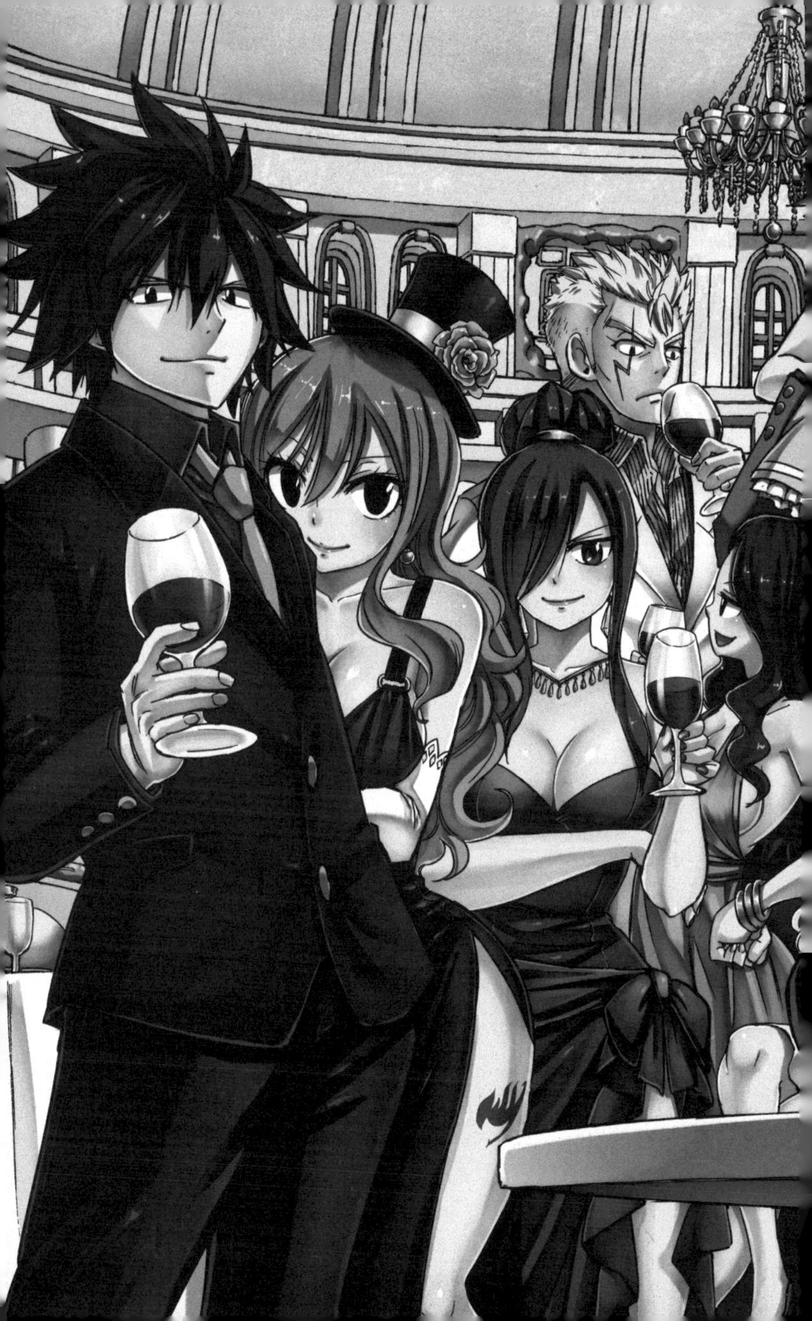

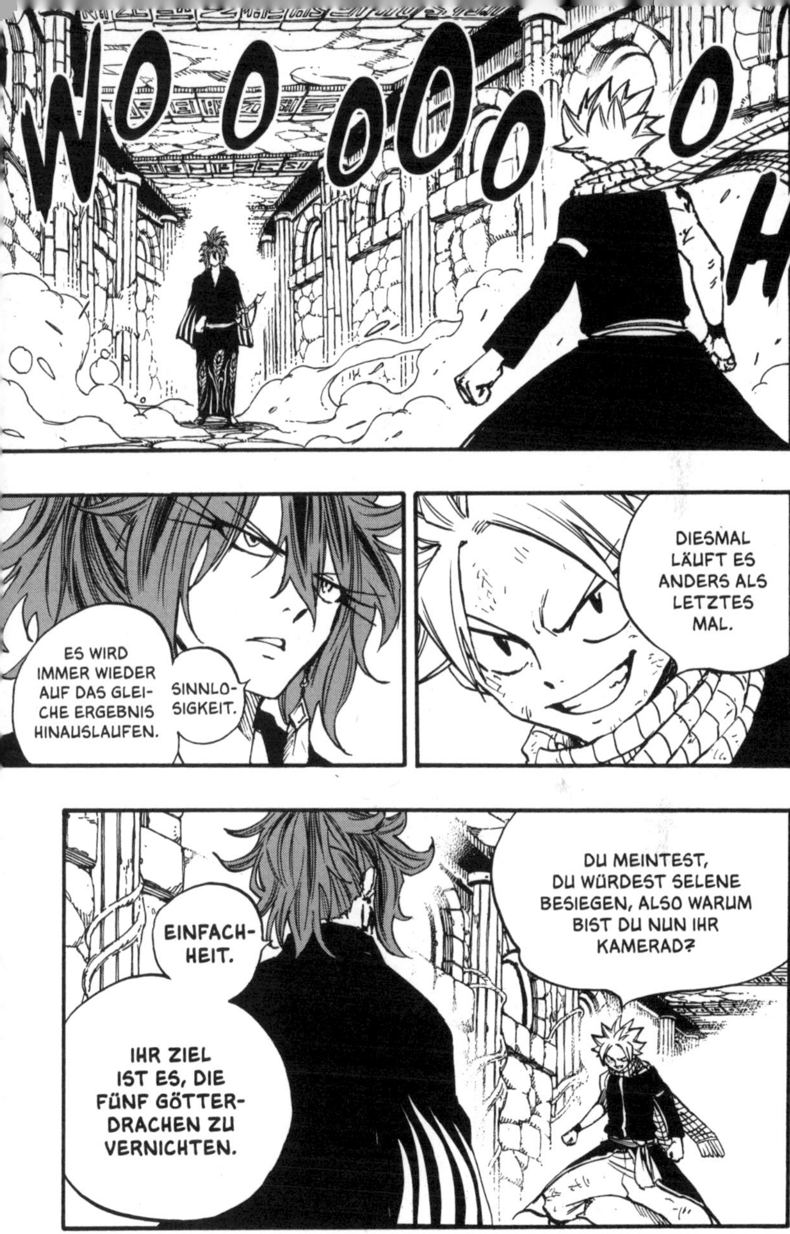
WOOOOOOOH
DIESMAL LÄUFT ES ANDERS ALS LETZTES MAL.
SINNLOSIGKEIT.
ES WIRD IMMER WIEDER AUF DAS GLEICHE ERGEBNIS HINAUSLAUFEN.
DU MEINTEST, DU WÜRDEST SELENE BESIEGEN, ALSO WARUM BIST DU NUN IHR KAMERAD?
EINFACHHEIT.
IHR ZIEL IST ES, DIE FÜNF GÖTTERDRACHEN ZU VERNICHTEN.

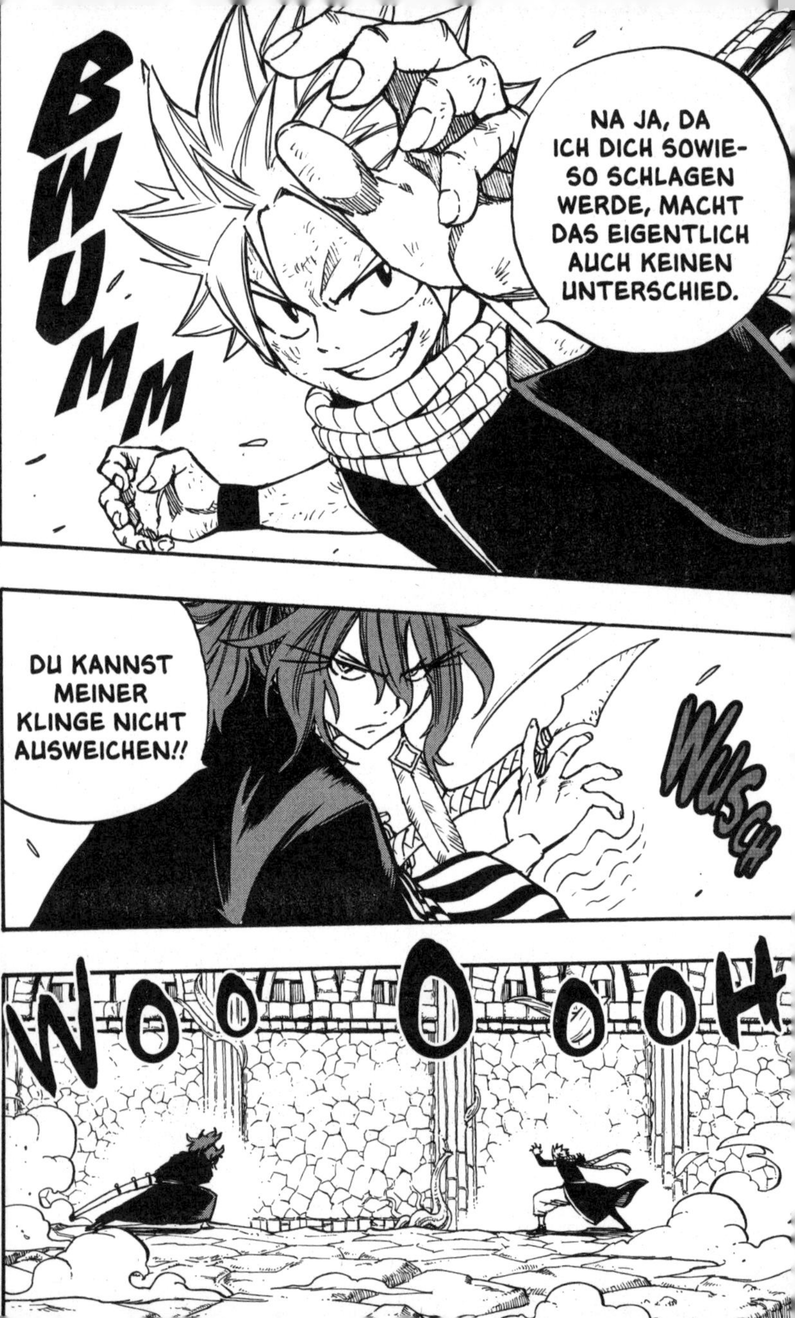
NA JA, DA ICH DICH SOWIESO SCHLAGEN WERDE, MACHT DAS EIGENTLICH AUCH KEINEN UNTERSCHIED.
BWUMM
WUSCH
DU KANNST MEINER KLINGE NICHT AUSWEICHEN!!
WOOOOOOH

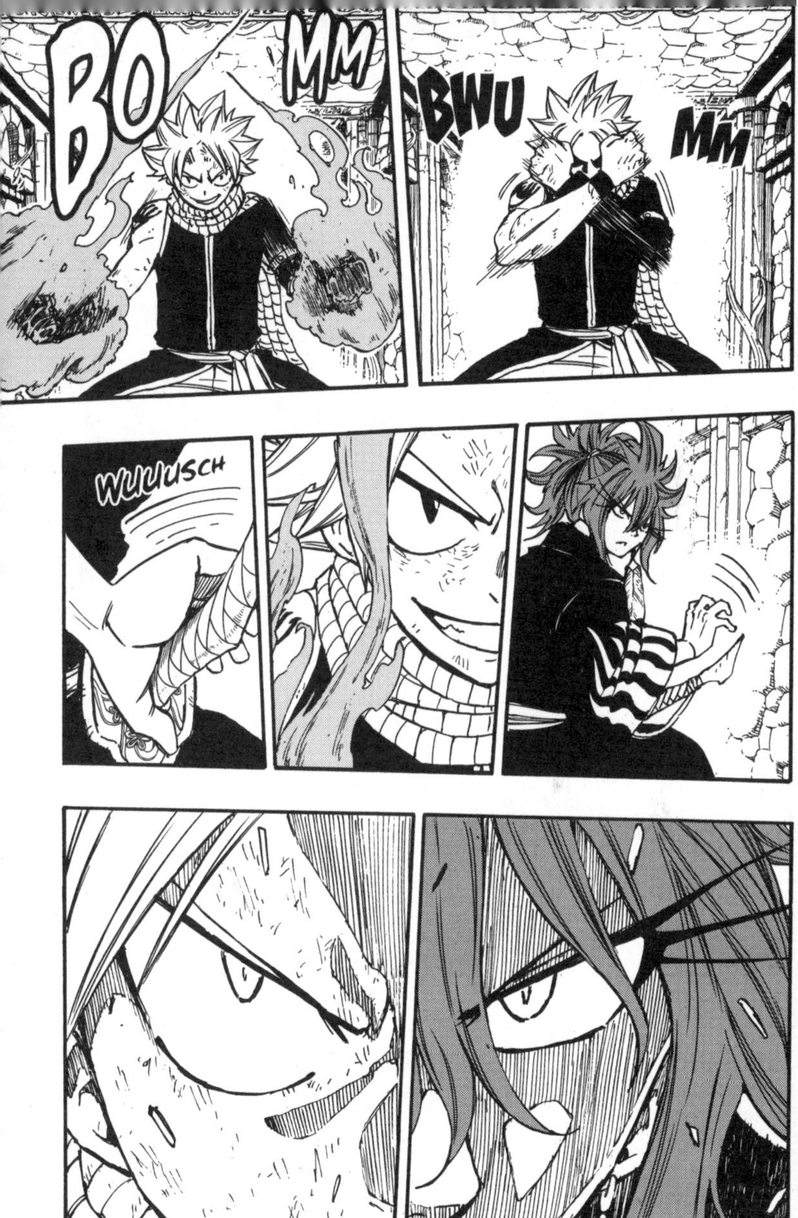
BWUMM
BOMM
WUUUSCH

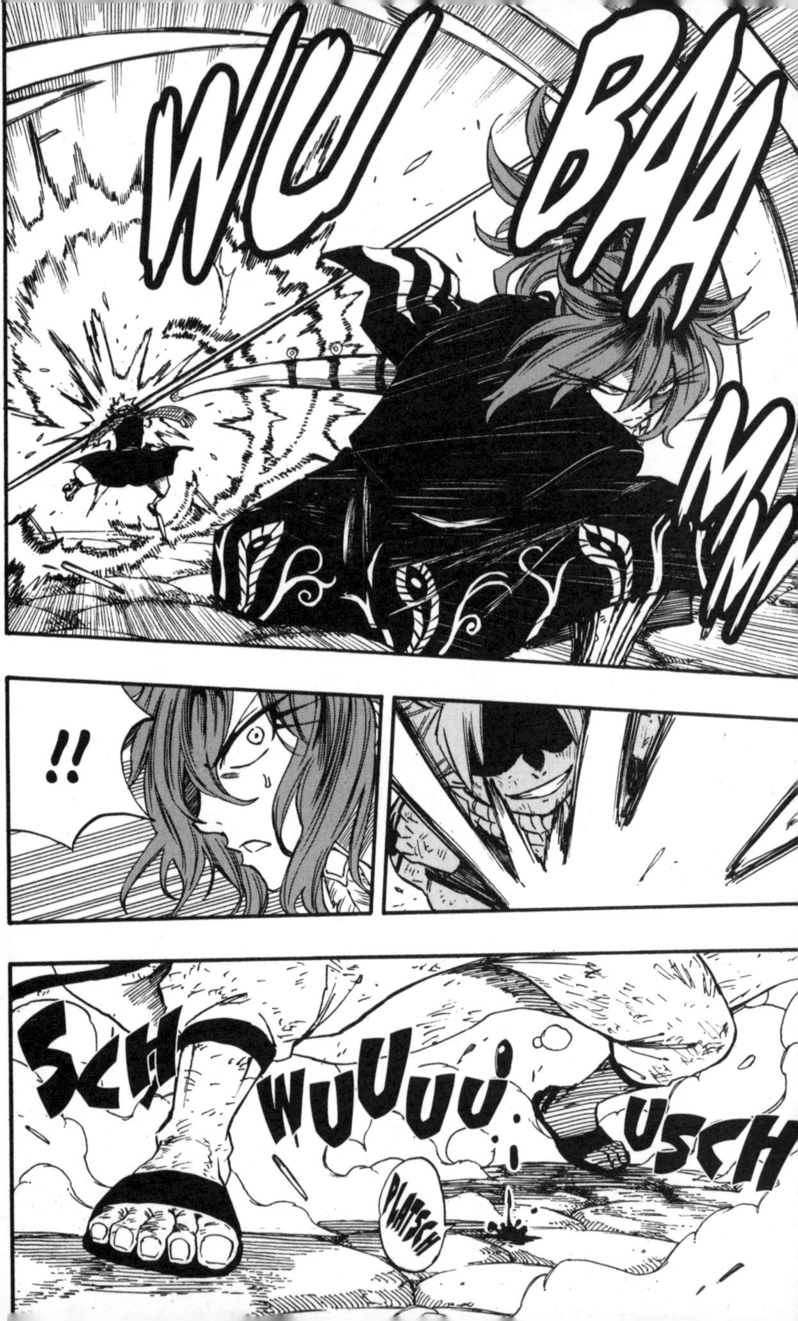
WUUBAMM
!!
SCHWUUUUUSCH
PLATSCH

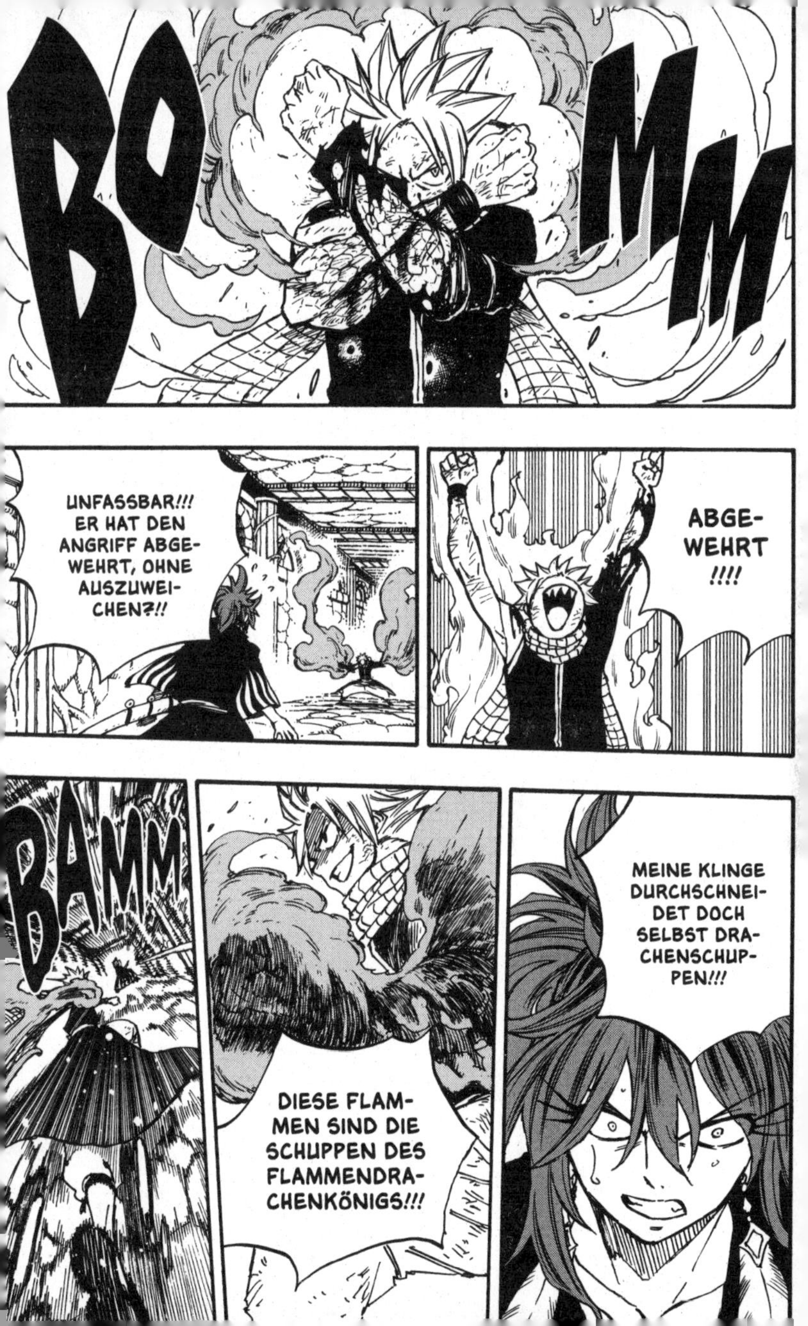
BOMM
ABGE-WEHRT!!!!
UNFASSBAR!!! ER HAT DEN ANGRIFF ABGE-WEHRT, OHNE AUSZUWEI-CHEN?!!
MEINE KLINGE DURCHSCHNEI-DET DOCH SELBST DRA-CHENSCHUP-PEN!!!
DIESE FLAM-MEN SIND DIE SCHUPPEN DES FLAMMENDRA-CHENKÖNIGS!!!
BAMM

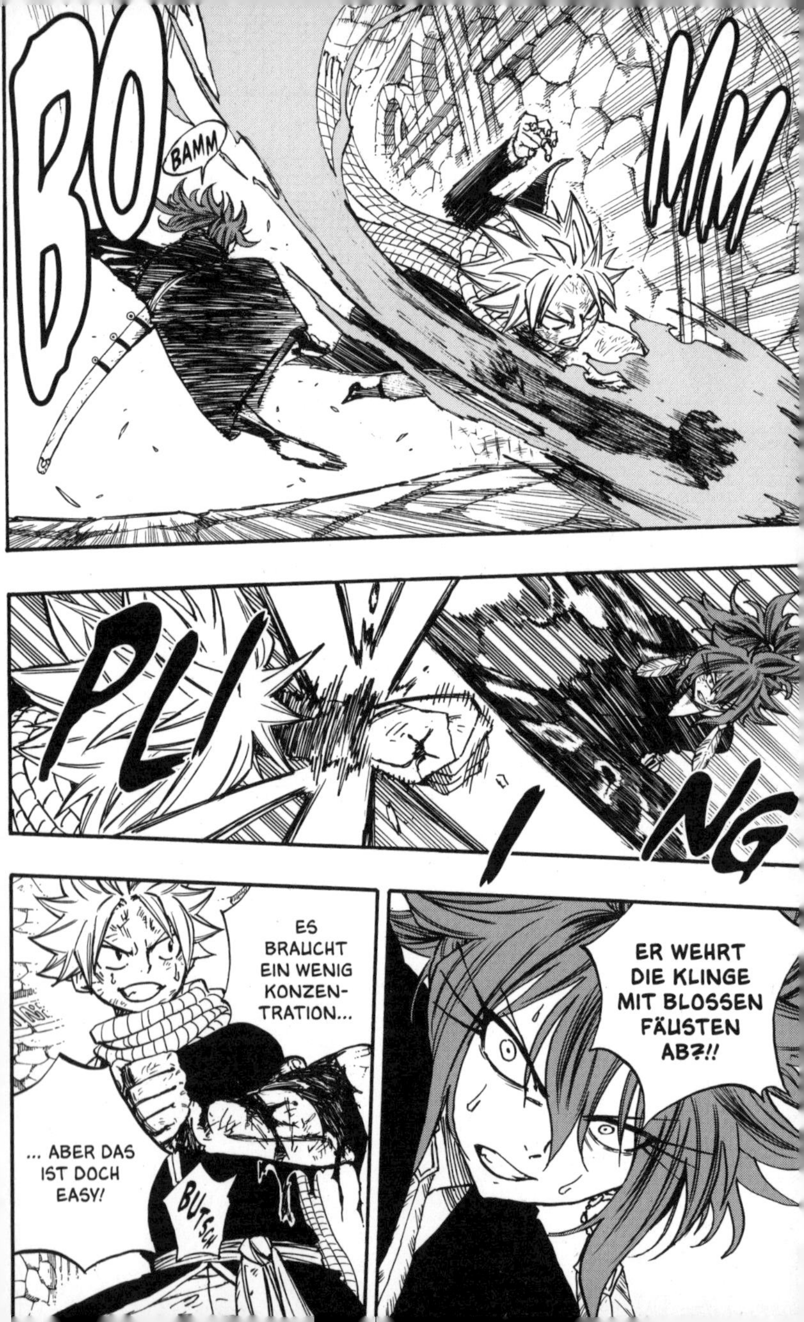
BO
MM
BAMM
PLI
I
NG
ER WEHRT DIE KLINGE MIT BLOSSEN FÄUSTEN AB?!!
ES BRAUCHT EIN WENIG KONZEN-TRATION...
... ABER DAS IST DOCH EASY!
BUTSCH

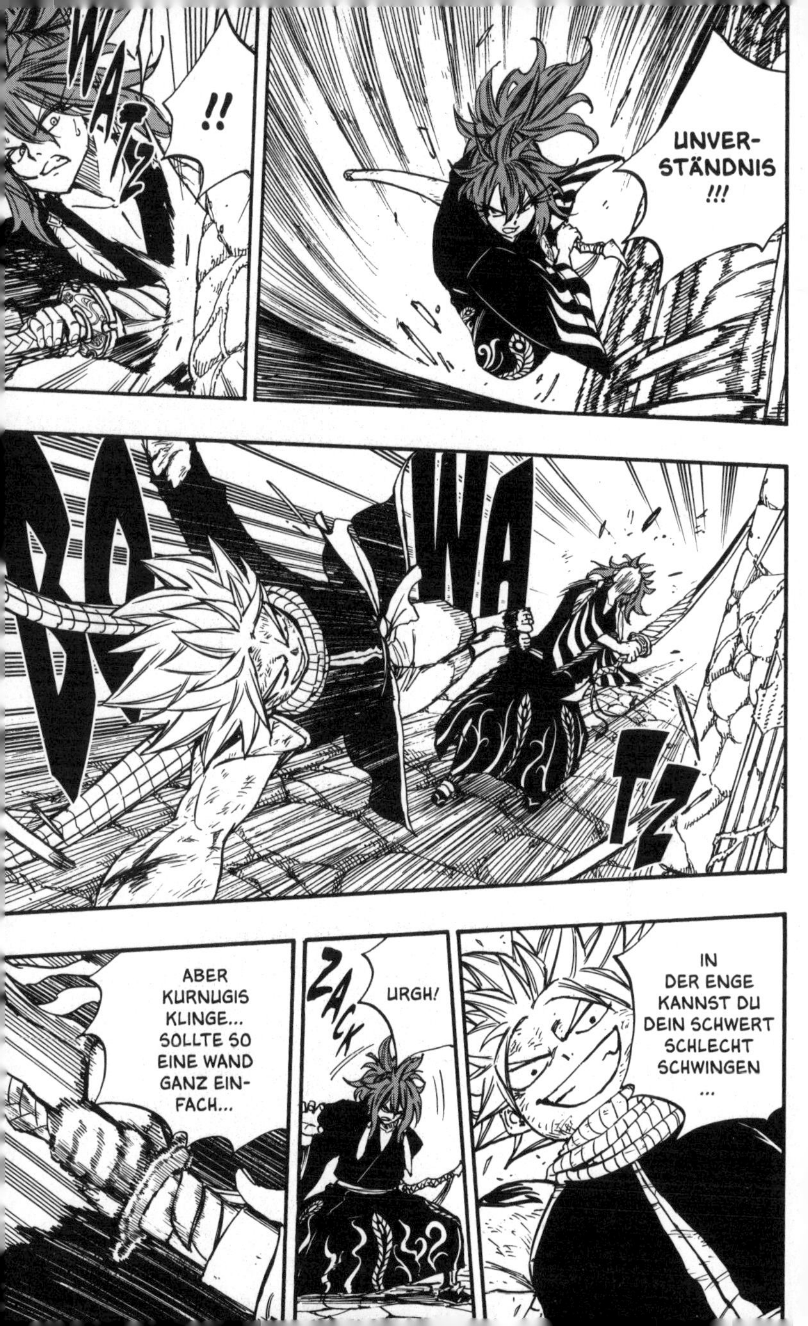
UNVER-
STÄNDNIS
!!!
WATZ
!!
WA
TZ
IN
DER ENGE
KANNST DU
DEIN SCHWERT
SCHLECHT
SCHWINGEN
...
ZACK
URGH!
ABER
KURNUGIS
KLINGE...
SOLLTE SO
EINE WAND
GANZ EIN-
FACH...

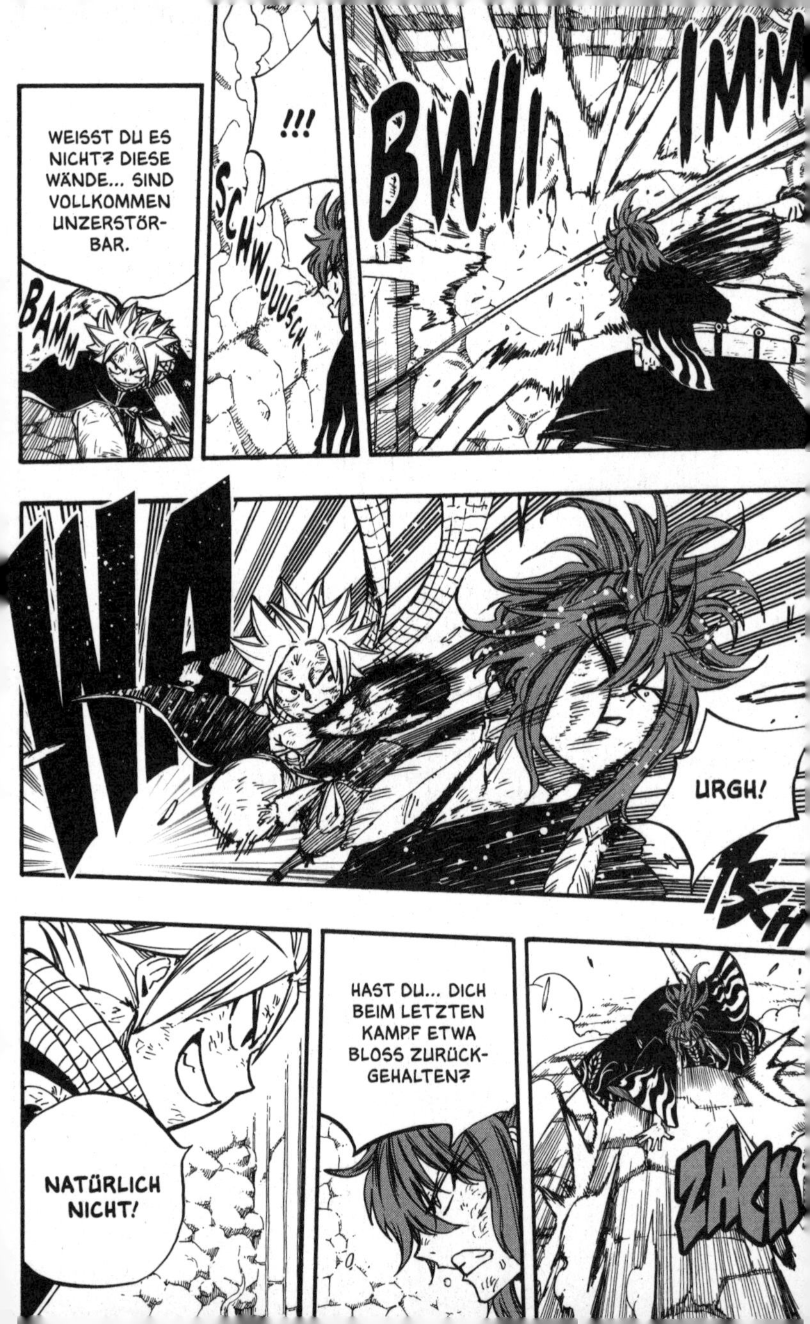
IMM
BWI
!!!
SCHWUUUSCH
WEISST DU ES NICHT? DIESE WÄNDE... SIND VOLLKOMMEN UNZERSTÖR-BAR.
BAMM
WA
URGH!
TSCH
ZACK
HAST DU... DICH BEIM LETZTEN KAMPF ETWA BLOSS ZURÜCK-GEHALTEN?
NATÜRLICH NICHT!

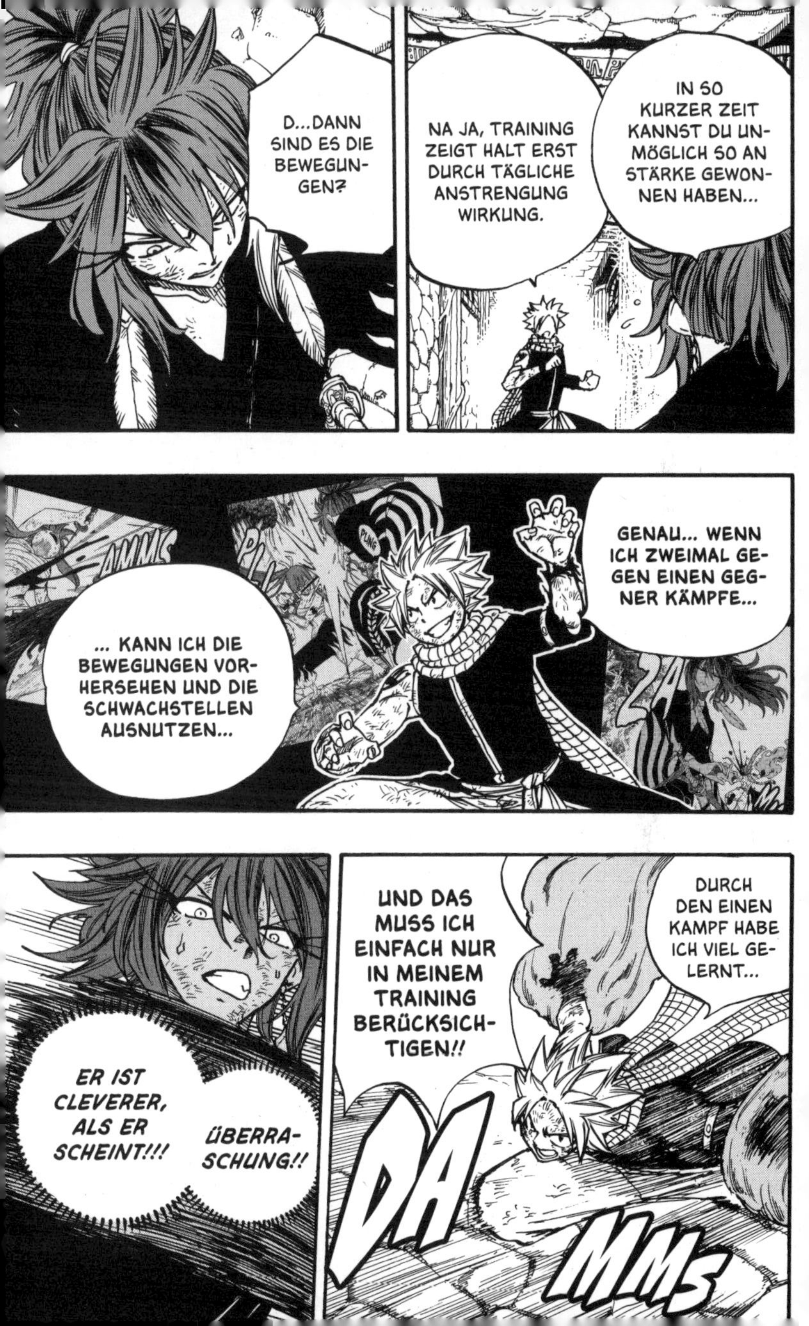
D...DANN SIND ES DIE BEWEGUNGEN?
NA JA, TRAINING ZEIGT HALT ERST DURCH TÄGLICHE ANSTRENGUNG WIRKUNG.
IN SO KURZER ZEIT KANNST DU UNMÖGLICH SO AN STÄRKE GEWONNEN HABEN...
GENAU... WENN ICH ZWEIMAL GEGEN EINEN GEGNER KÄMPFE...
... KANN ICH DIE BEWEGUNGEN VORHERSEHEN UND DIE SCHWACHSTELLEN AUSNUTZEN...
ER IST CLEVERER, ALS ER SCHEINT!!!
ÜBERRASCHUNG!!
UND DAS MUSS ICH EINFACH NUR IN MEINEM TRAINING BERÜCKSICHTIGEN!!
DURCH DEN EINEN KAMPF HABE ICH VIEL GELERNT...
DAMMS

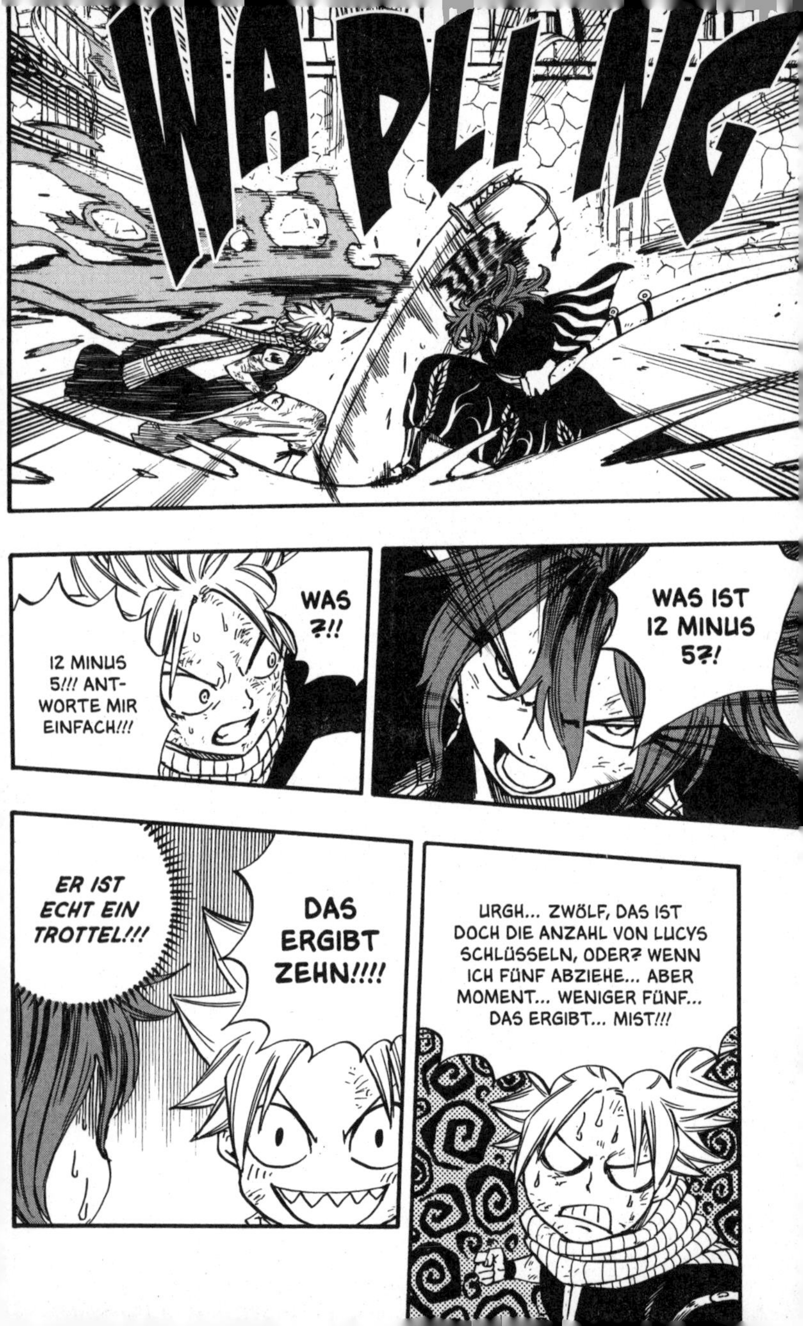
WAPLING
WAS IST 12 MINUS 5?!
WAS ?!!
12 MINUS 5!!! ANTWORTE MIR EINFACH!!!
URGH… ZWÖLF, DAS IST DOCH DIE ANZAHL VON LUCYS SCHLÜSSELN, ODER? WENN ICH FÜNF ABZIEHE… ABER MOMENT… WENIGER FÜNF… DAS ERGIBT… MIST!!!
DAS ERGIBT ZEHN!!!!
ER IST ECHT EIN TROTTEL!!!

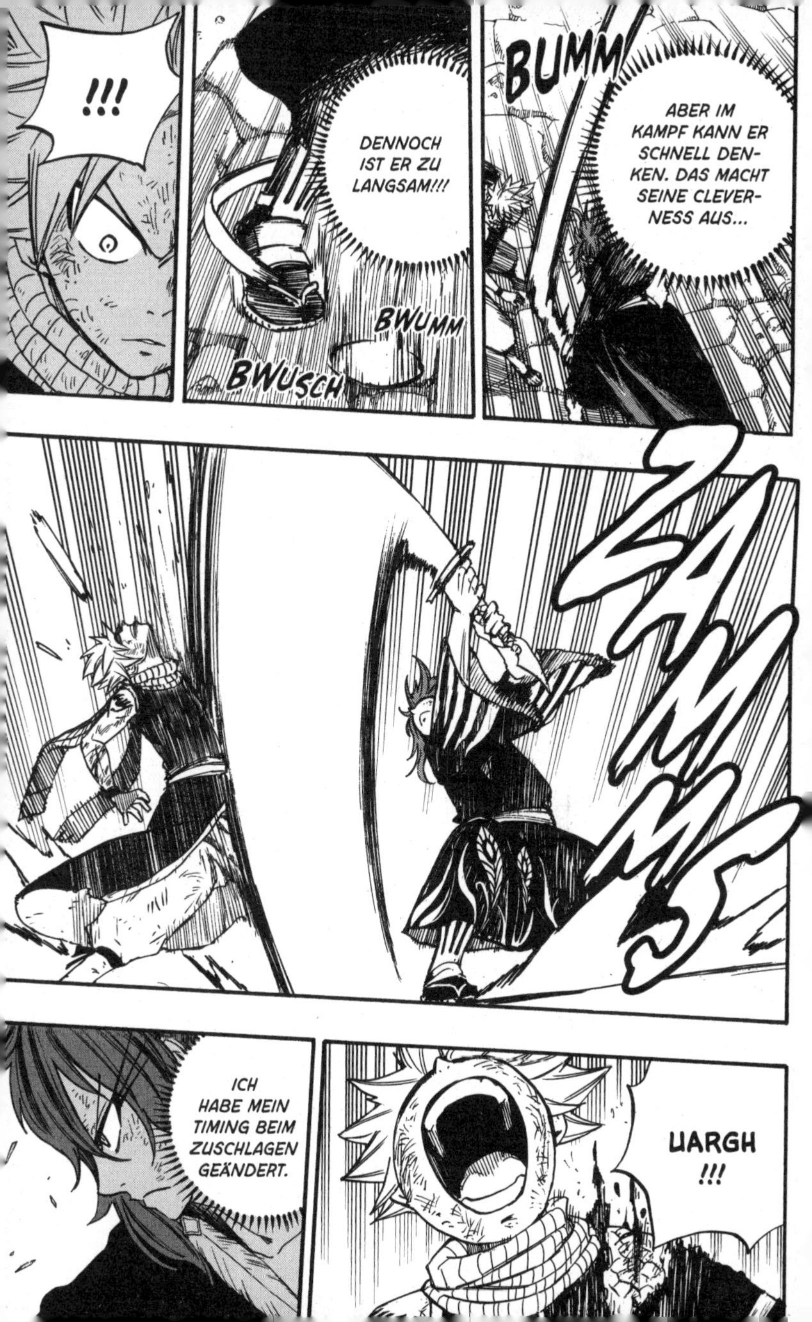
BUMM
ABER IM KAMPF KANN ER SCHNELL DENKEN. DAS MACHT SEINE CLEVERNESS AUS...
DENNOCH IST ER ZU LANGSAM!!!
BWUMM
BWUSCH
!!!
UARGH !!!
ICH HABE MEIN TIMING BEIM ZUSCHLAGEN GEÄNDERT.

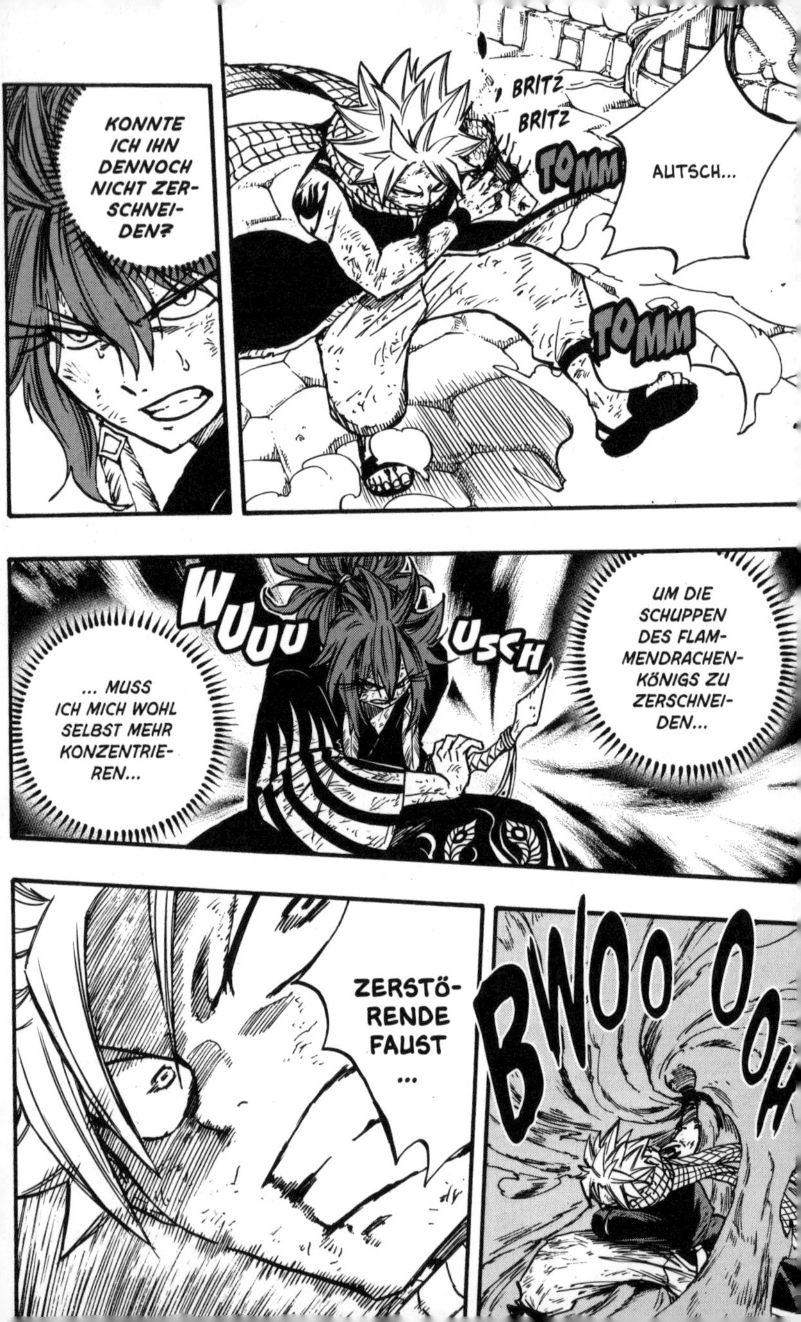
BRITZ
BRITZ
TOMM
AUTSCH...
KONNTE ICH IHN DENNOCH NICHT ZERSCHNEIDEN?
TOMM
WUUUUSCH
UM DIE SCHUPPEN DES FLAMMENDRACHENKÖNIGS ZU ZERSCHNEIDEN...
... MUSS ICH MICH WOHL SELBST MEHR KONZENTRIEREN...
BWOOOOH
ZERSTÖRENDE FAUST ...

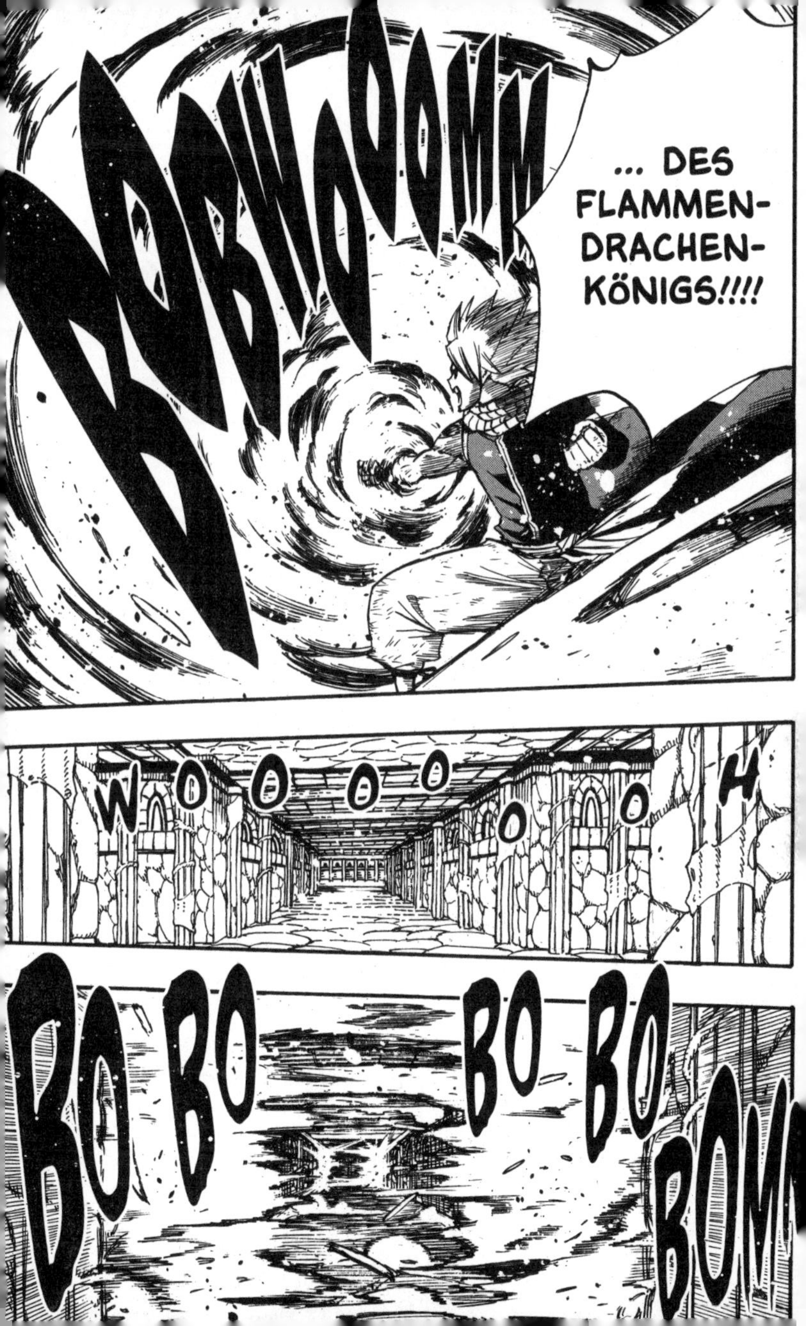
... DES FLAMMEN-DRACHEN-KÖNIGS!!!!
BO BO BO BO BOM

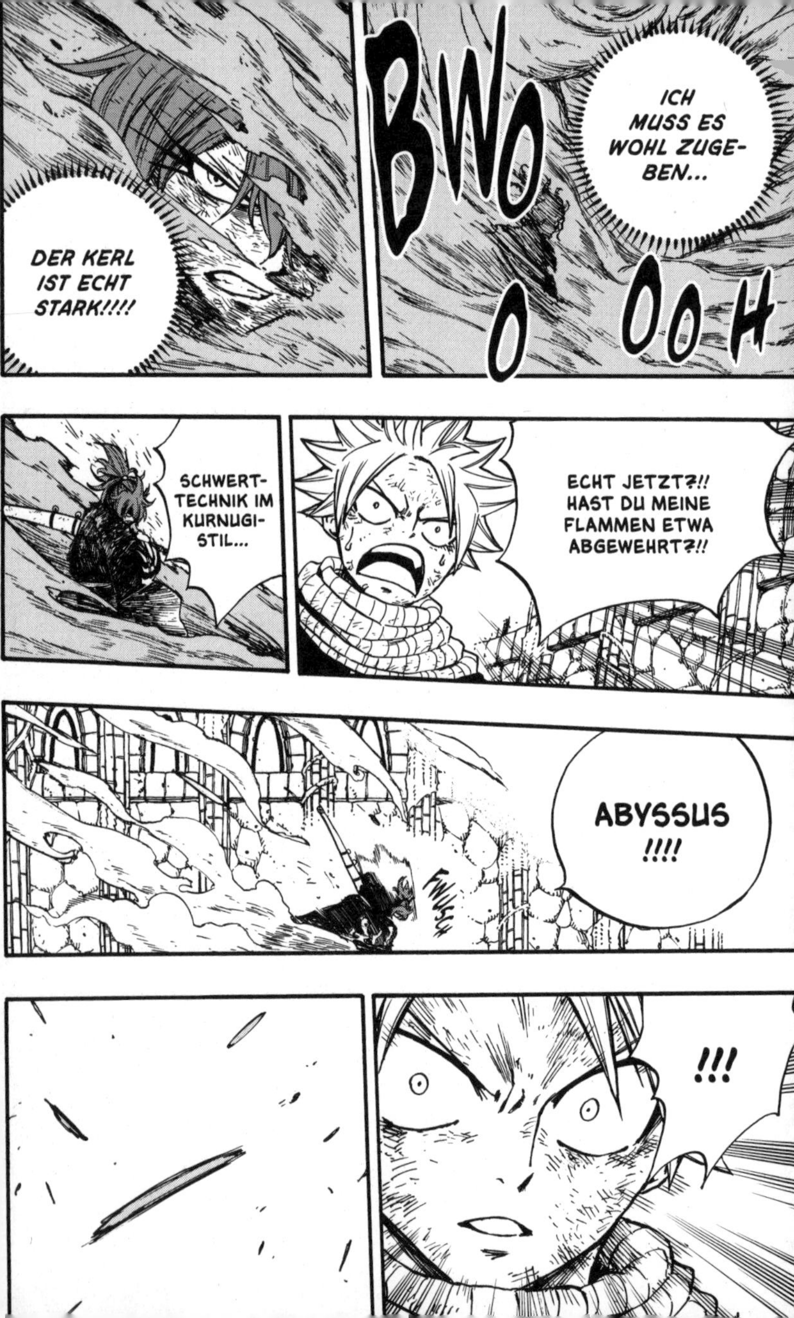
ICH MUSS ES WOHL ZUGEBEN...
BWOOOOH
DER KERL IST ECHT STARK!!!!
ECHT JETZT?!! HAST DU MEINE FLAMMEN ETWA ABGEWEHRT?!!
SCHWERTTECHNIK IM KURNUGI-STIL...
ABYSSUS !!!!
FWUSCH
!!!

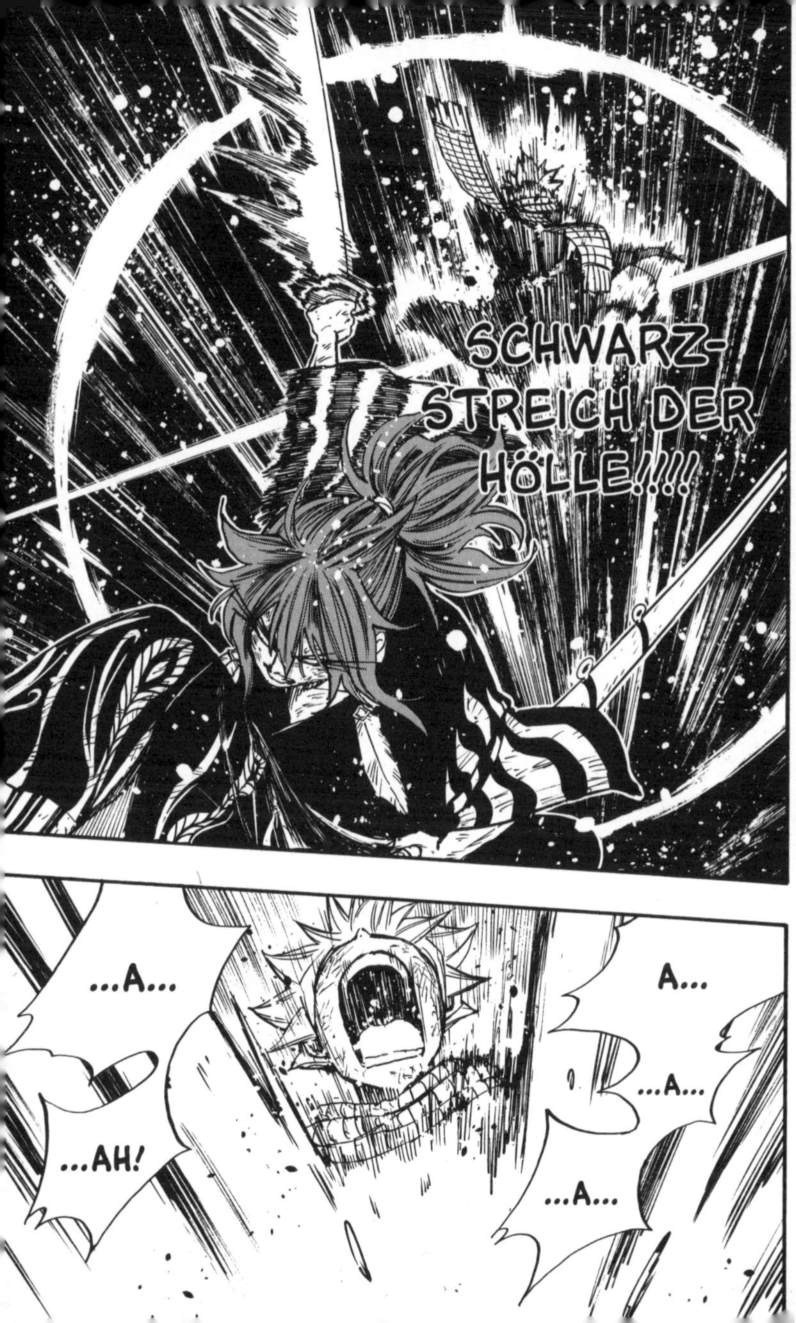
SCHWARZ-
STREICH DER
HÖLLE!!!!
A...
...A...
...A...
...A...
...AH!

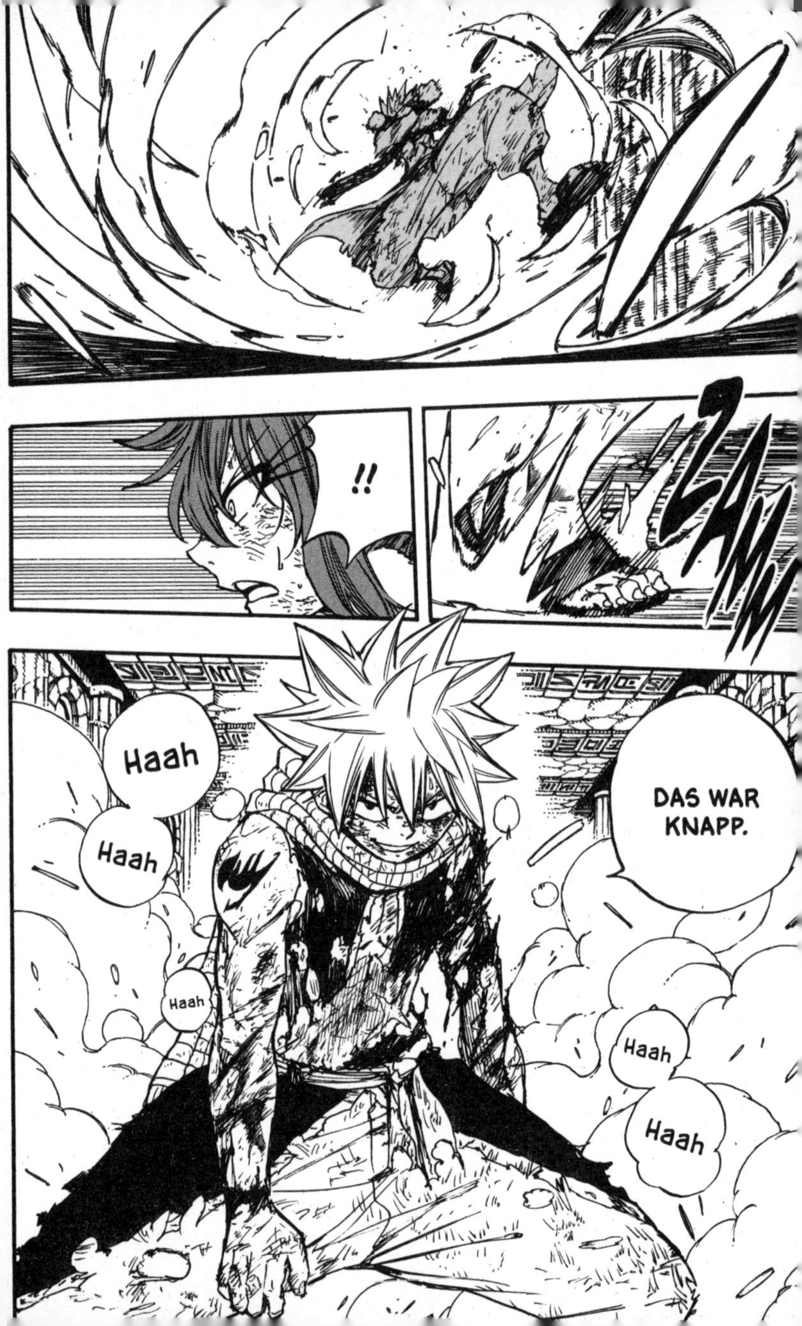
!!
DAS WAR KNAPP.
Haah
Haah
Haah
Haah
Haah

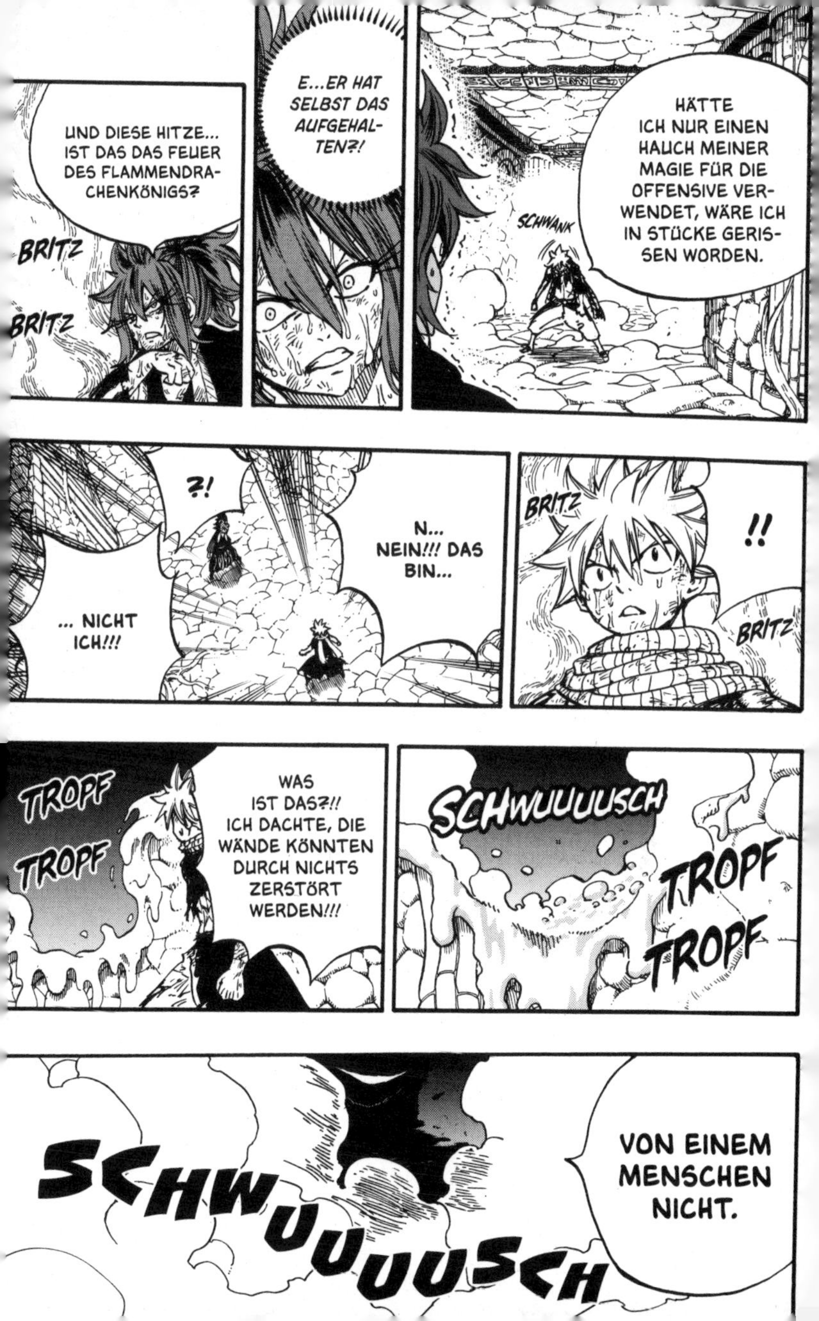
HÄTTE ICH NUR EINEN HAUCH MEINER MAGIE FÜR DIE OFFENSIVE VERWENDET, WÄRE ICH IN STÜCKE GERISSEN WORDEN.
SCHWANK
E...ER HAT SELBST DAS AUFGEHALTEN?!
UND DIESE HITZE... IST DAS DAS FEUER DES FLAMMENDRACHENKÖNIGS?
BRITZ
BRITZ
BRITZ
!!
BRITZ
?!
N... NEIN!!! DAS BIN...
... NICHT ICH!!!
SCHWUUUUUSCH
TROPF
TROPF
TROPF
TROPF
WAS IST DAS?!! ICH DACHTE, DIE WÄNDE KÖNNTEN DURCH NICHTS ZERSTÖRT WERDEN!!!
VON EINEM MENSCHEN NICHT.
SCHWUUUUUSCH

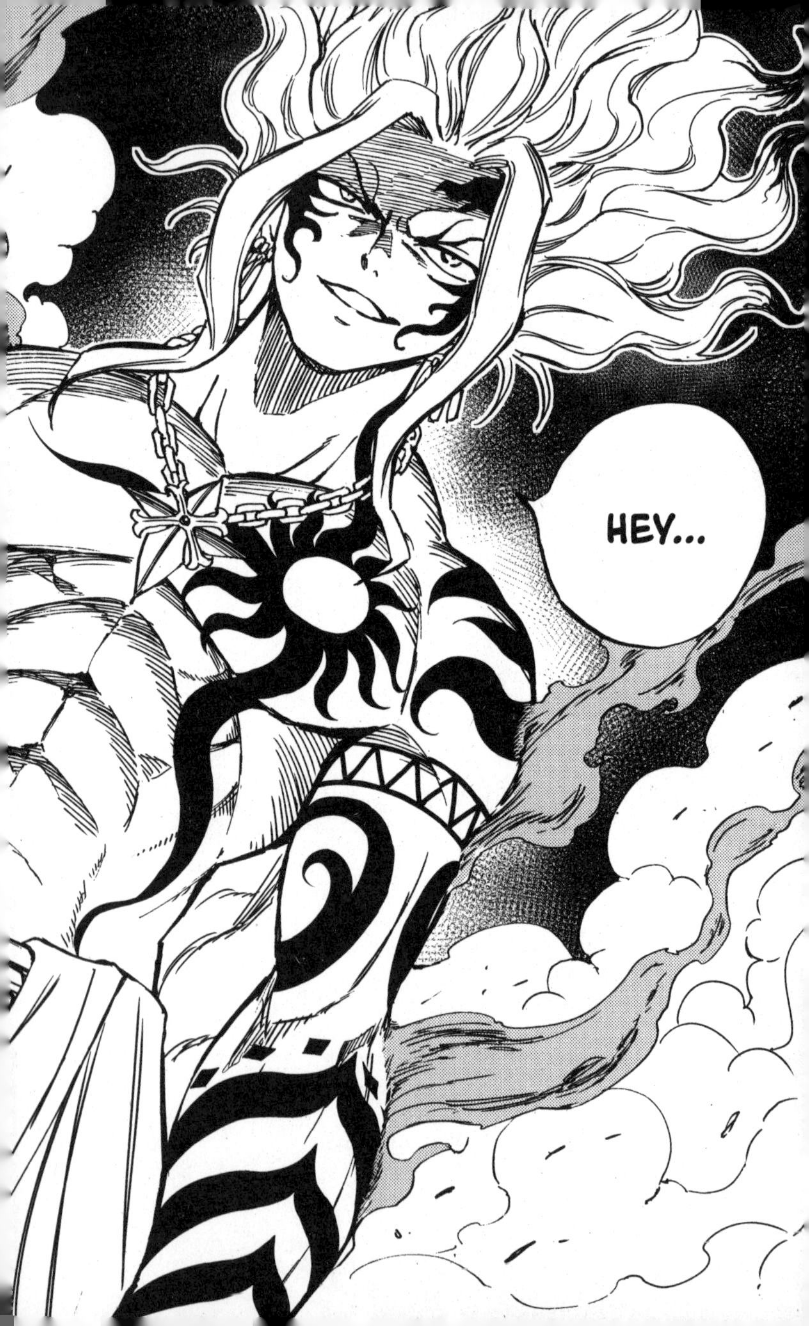
HEY...

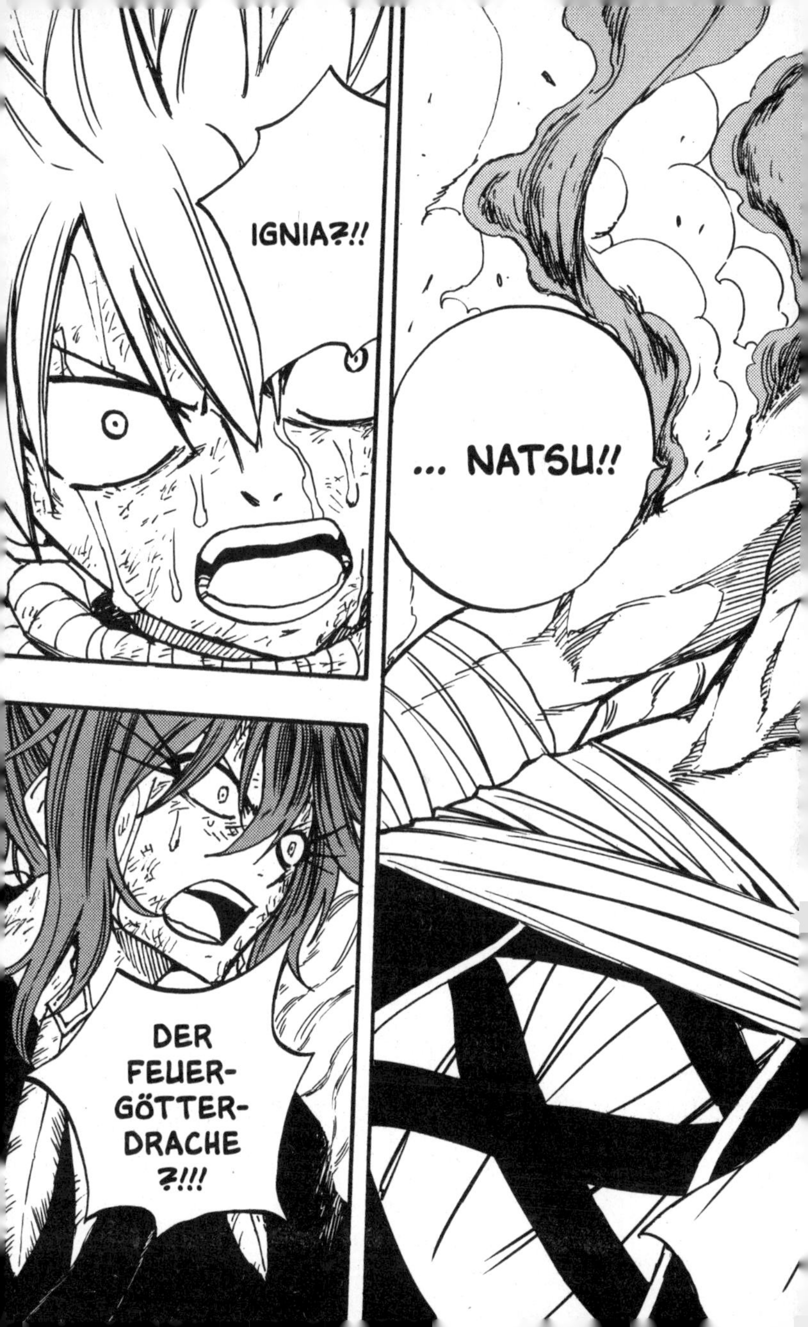
IGNIA?!!
... NATSU!!
DER FEUER-GÖTTER-DRACHE ?!!!

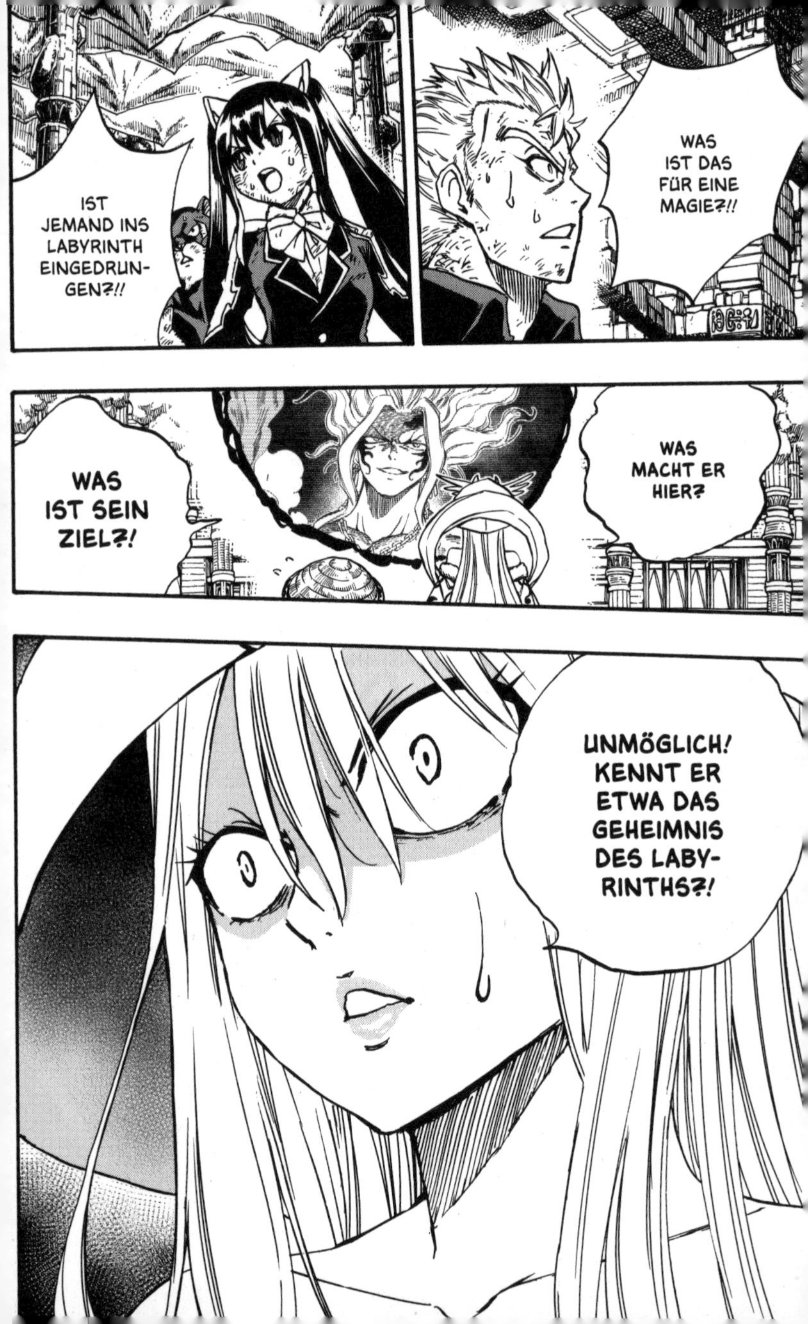
WAS IST DAS FÜR EINE MAGIE?!!
IST JEMAND INS LABYRINTH EINGEDRUNGEN?!!
WAS MACHT ER HIER?
WAS IST SEIN ZIEL?!
UNMÖGLICH! KENNT ER ETWA DAS GEHEIMNIS DES LABYRINTHS?!

FAIRY TAIL 100 YEARS QUEST

KAPITEL 101: ESSENZ DER FLAMMEN

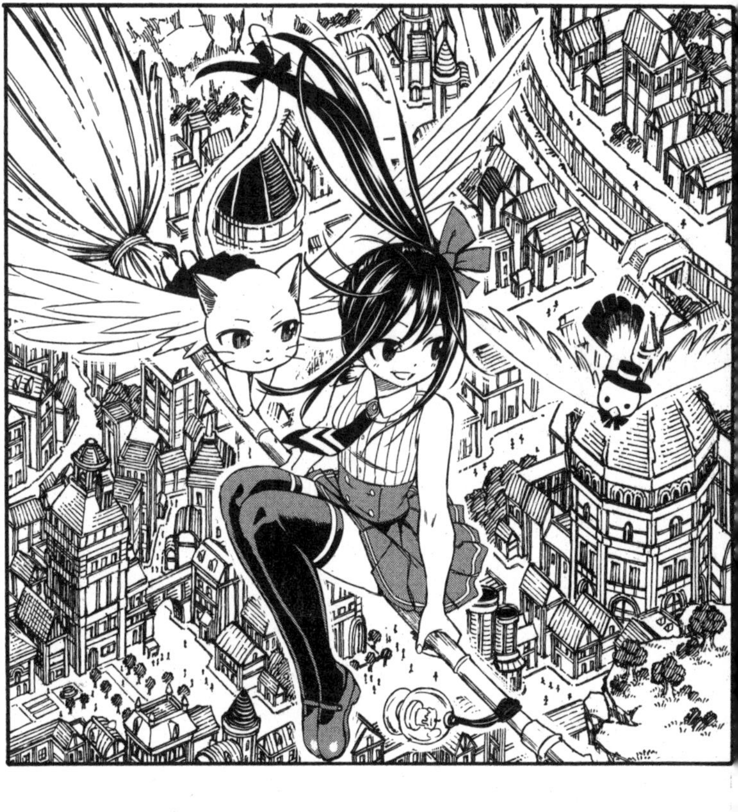

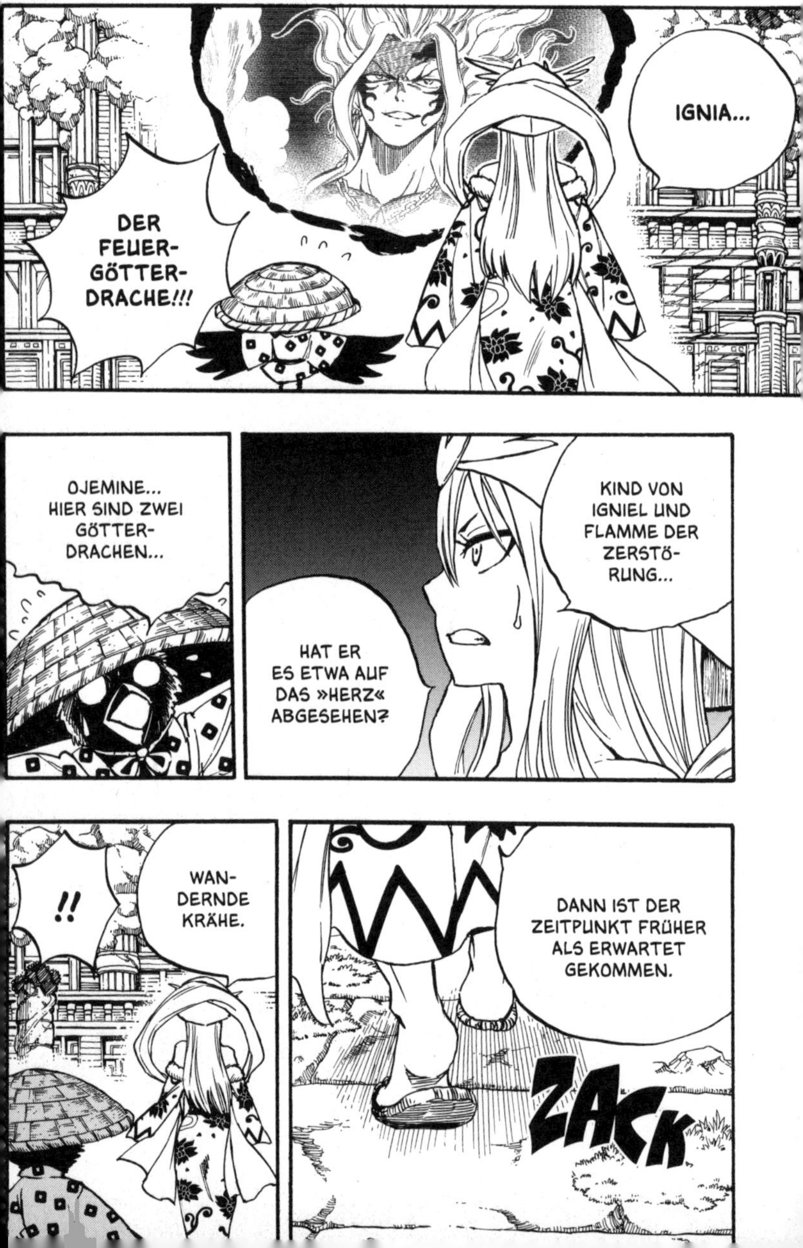
IGNIA...
DER FEUER-GÖTTER-DRACHE!!!
KIND VON IGNIEL UND FLAMME DER ZERSTÖRUNG...
HAT ER ES ETWA AUF DAS »HERZ« ABGESEHEN?
OJEMINE... HIER SIND ZWEI GÖTTER-DRACHEN...
DANN IST DER ZEITPUNKT FRÜHER ALS ERWARTET GEKOMMEN.
ZACK
WANDERNDE KRÄHE.
!!

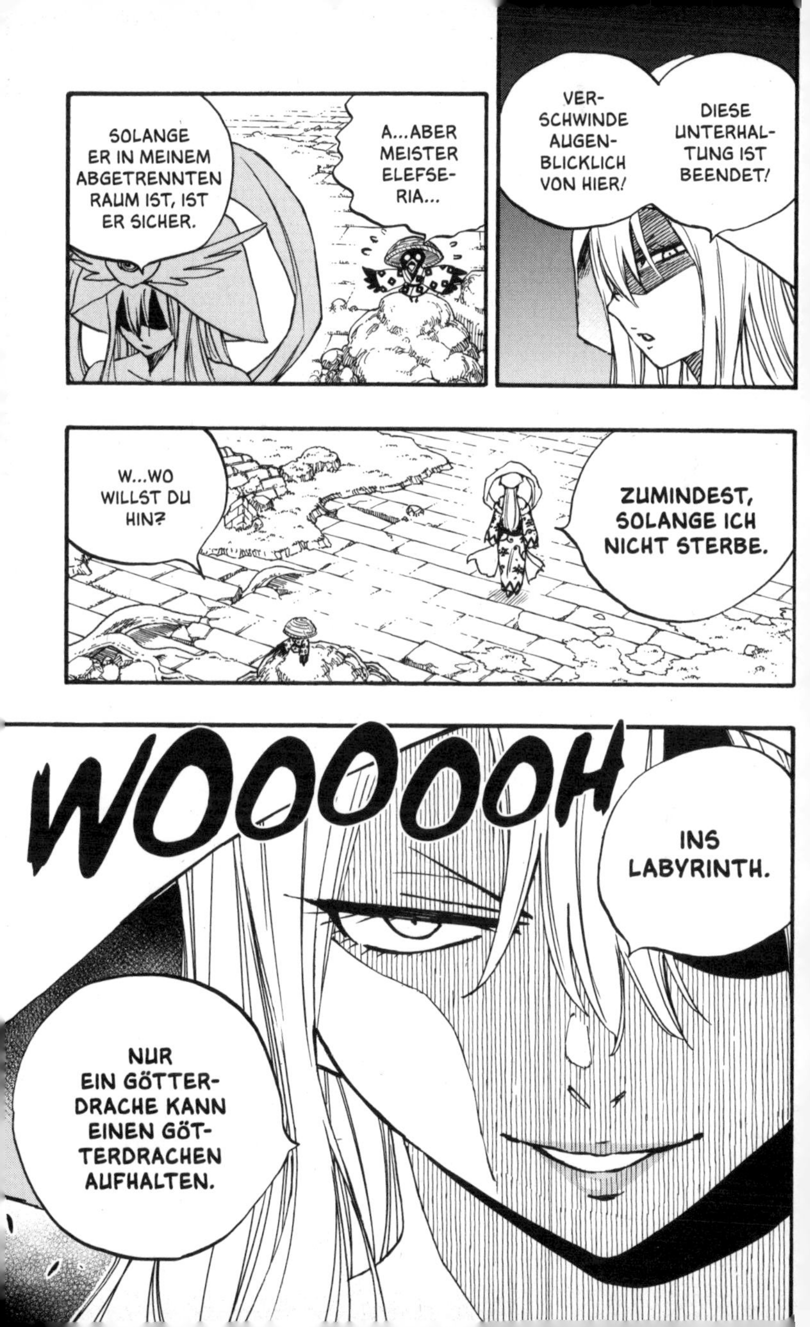
DIESE UNTERHALTUNG IST BEENDET!
VERSCHWINDE AUGENBLICKLICH VON HIER!
A...ABER MEISTER ELEFSERIA...
SOLANGE ER IN MEINEM ABGETRENNTEN RAUM IST, IST ER SICHER.
ZUMINDEST, SOLANGE ICH NICHT STERBE.
W...WO WILLST DU HIN?
WOOOOOH
INS LABYRINTH.
NUR EIN GÖTTERDRACHE KANN EINEN GÖTTERDRACHEN AUFHALTEN.

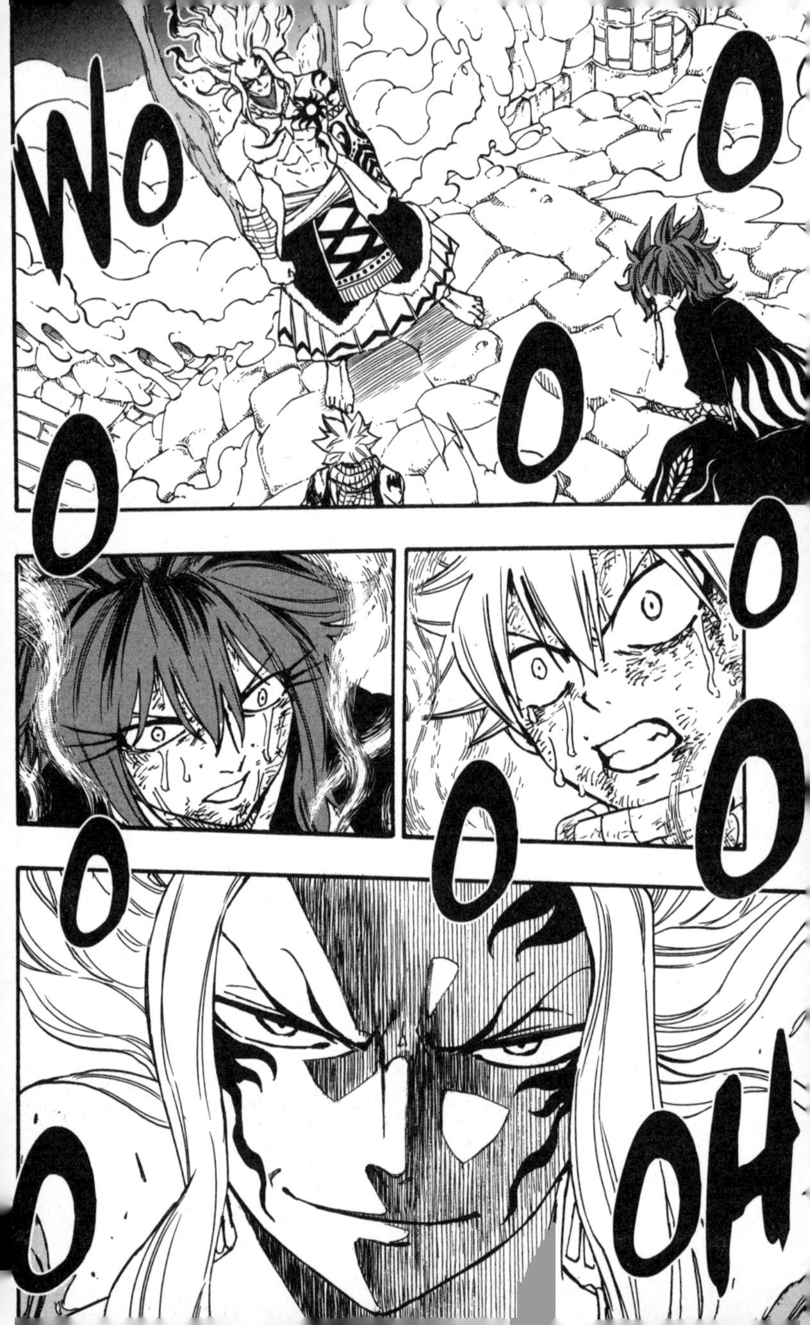
WOOOOOOOOOOOH

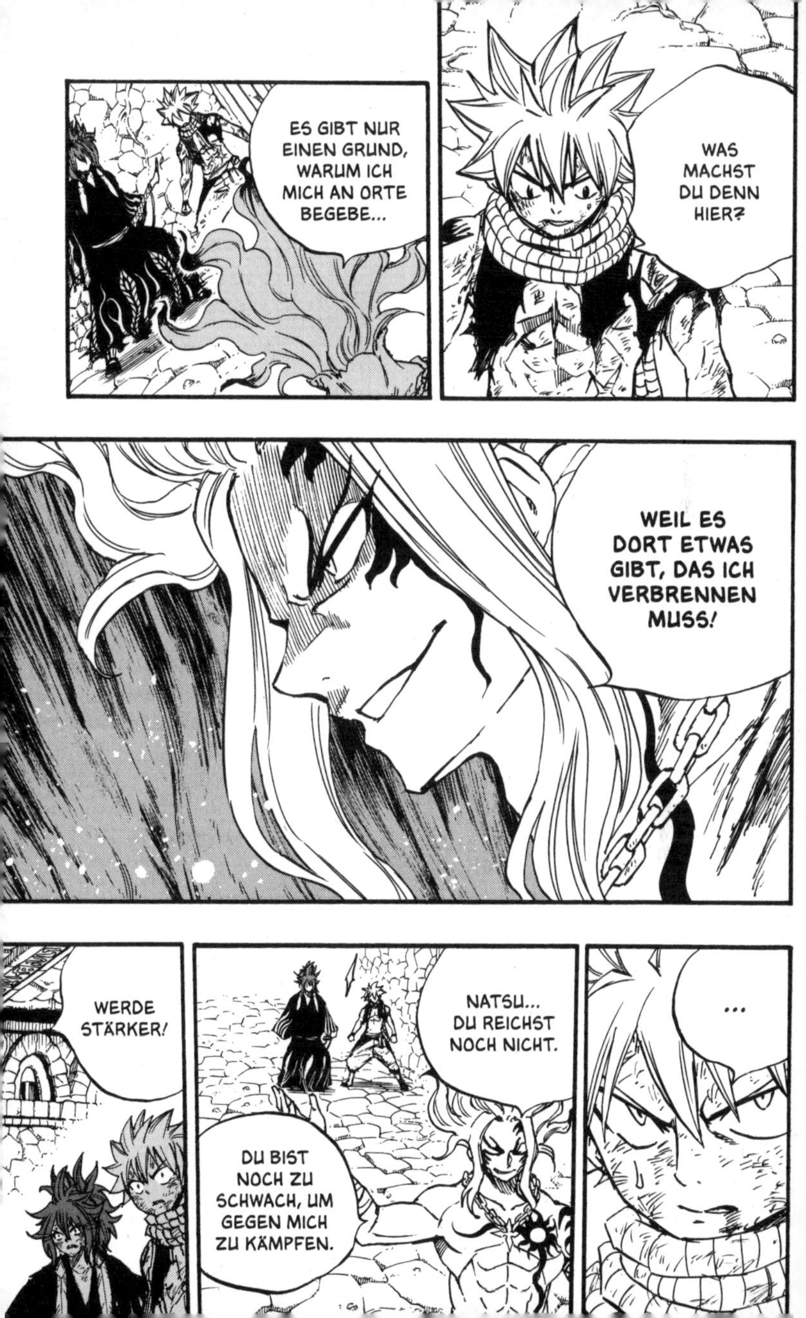
WAS MACHST DU DENN HIER?
ES GIBT NUR EINEN GRUND, WARUM ICH MICH AN ORTE BEGEBE...
WEIL ES DORT ETWAS GIBT, DAS ICH VERBRENNEN MUSS!
...
NATSU... DU REICHST NOCH NICHT.
DU BIST NOCH ZU SCHWACH, UM GEGEN MICH ZU KÄMPFEN.
WERDE STÄRKER!

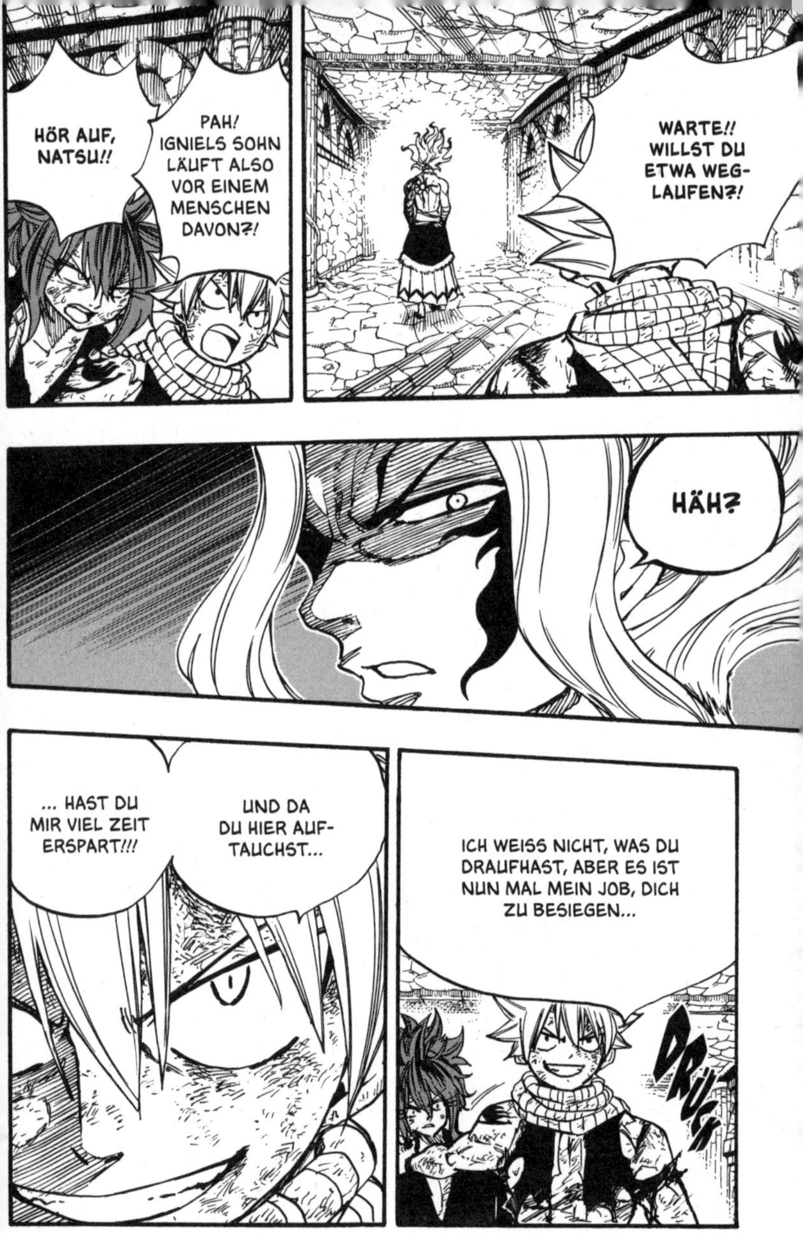
WARTE!! WILLST DU ETWA WEG-LAUFEN?!
PAH! IGNIELS SOHN LÄUFT ALSO VOR EINEM MENSCHEN DAVON?!
HÖR AUF, NATSU!!
HÄH?
ICH WEISS NICHT, WAS DU DRAUFHAST, ABER ES IST NUN MAL MEIN JOB, DICH ZU BESIEGEN...
DRÜCK
UND DA DU HIER AUF-TAUCHST...
... HAST DU MIR VIEL ZEIT ERSPART!!!

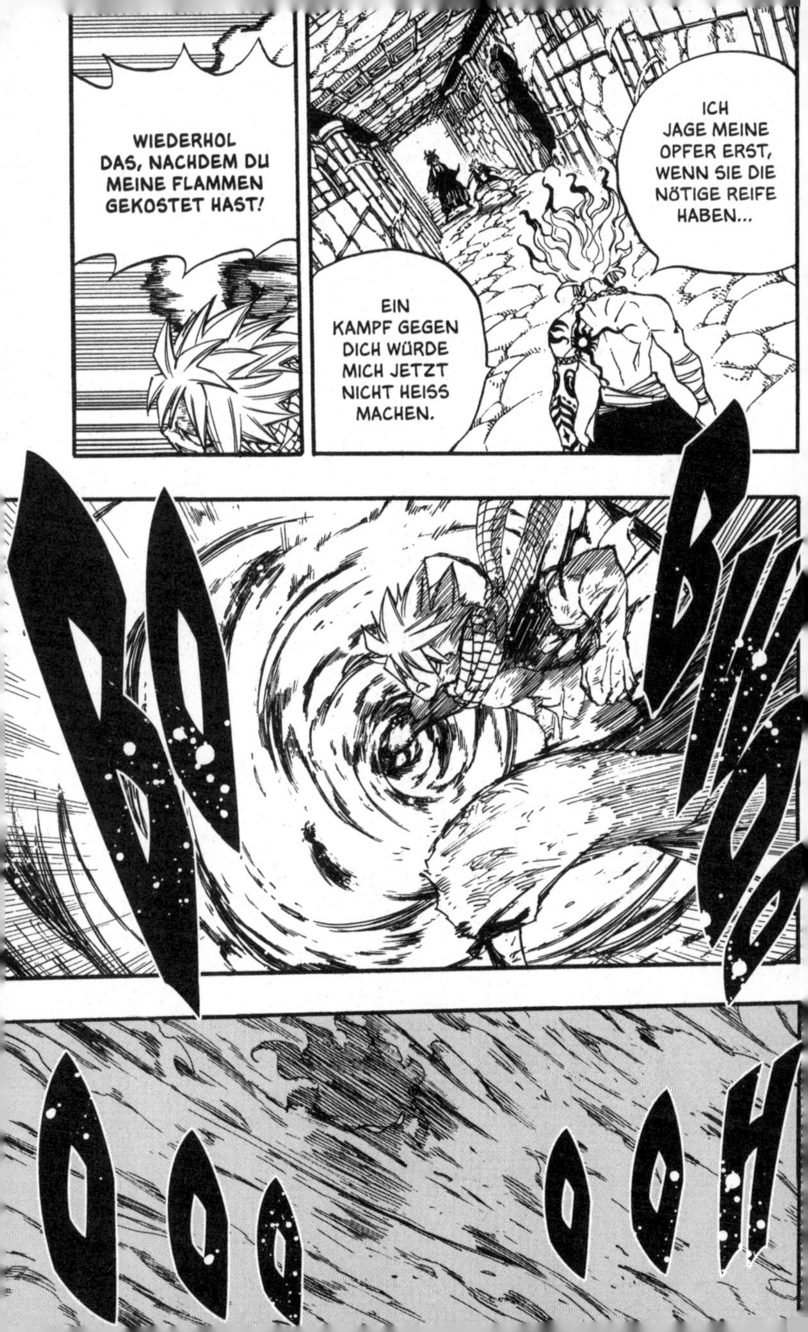
ICH JAGE MEINE OPFER ERST, WENN SIE DIE NÖTIGE REIFE HABEN...
EIN KAMPF GEGEN DICH WÜRDE MICH JETZT NICHT HEISS MACHEN.
WIEDERHOL DAS, NACHDEM DU MEINE FLAMMEN GEKOSTET HAST!

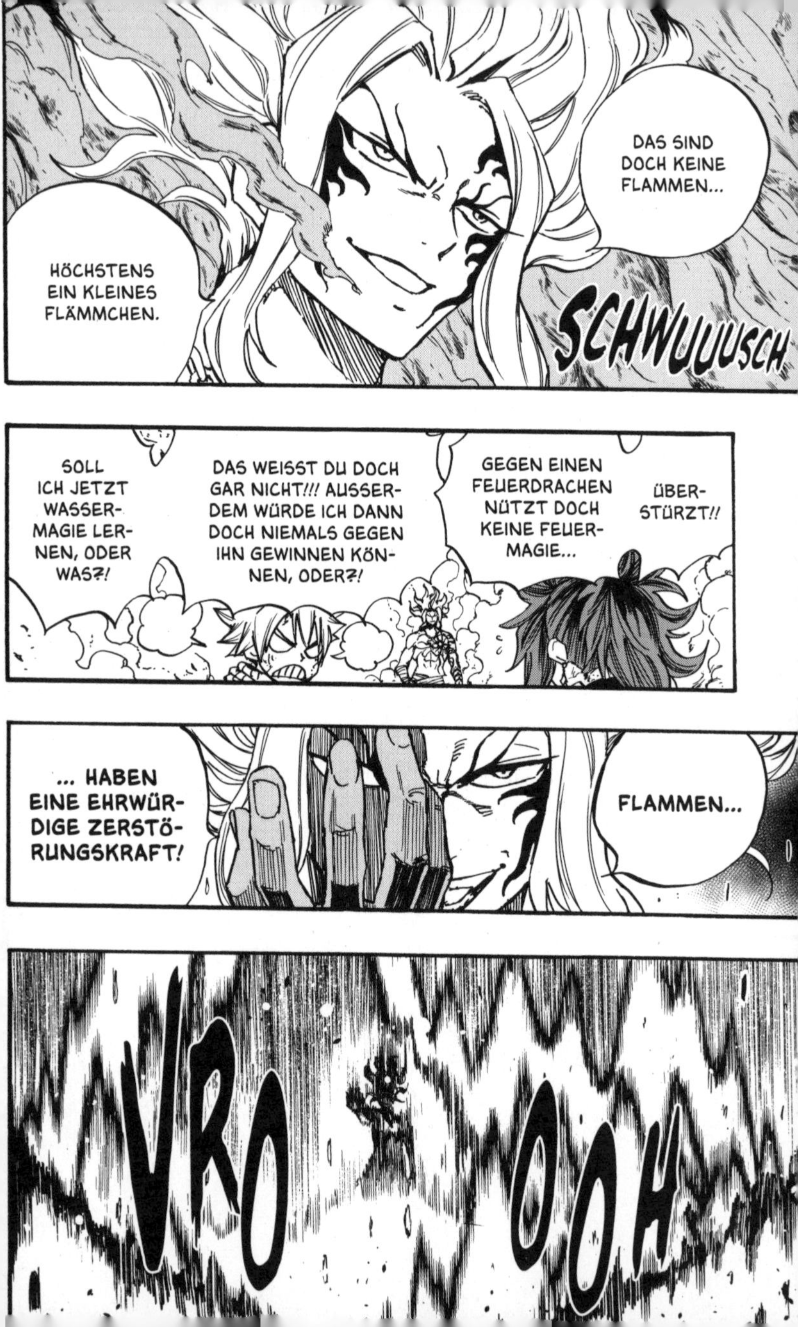
DAS SIND DOCH KEINE FLAMMEN...
HÖCHSTENS EIN KLEINES FLÄMMCHEN.
SCHWUUUUSCH
ÜBER-STÜRZT!!
GEGEN EINEN FEUERDRACHEN NÜTZT DOCH KEINE FEUER-MAGIE...
DAS WEISST DU DOCH GAR NICHT!!! AUSSER-DEM WÜRDE ICH DANN DOCH NIEMALS GEGEN IHN GEWINNEN KÖN-NEN, ODER?!
SOLL ICH JETZT WASSER-MAGIE LER-NEN, ODER WAS?!
FLAMMEN...
... HABEN EINE EHRWÜR-DIGE ZERSTÖRUNGSKRAFT!
VROOOH

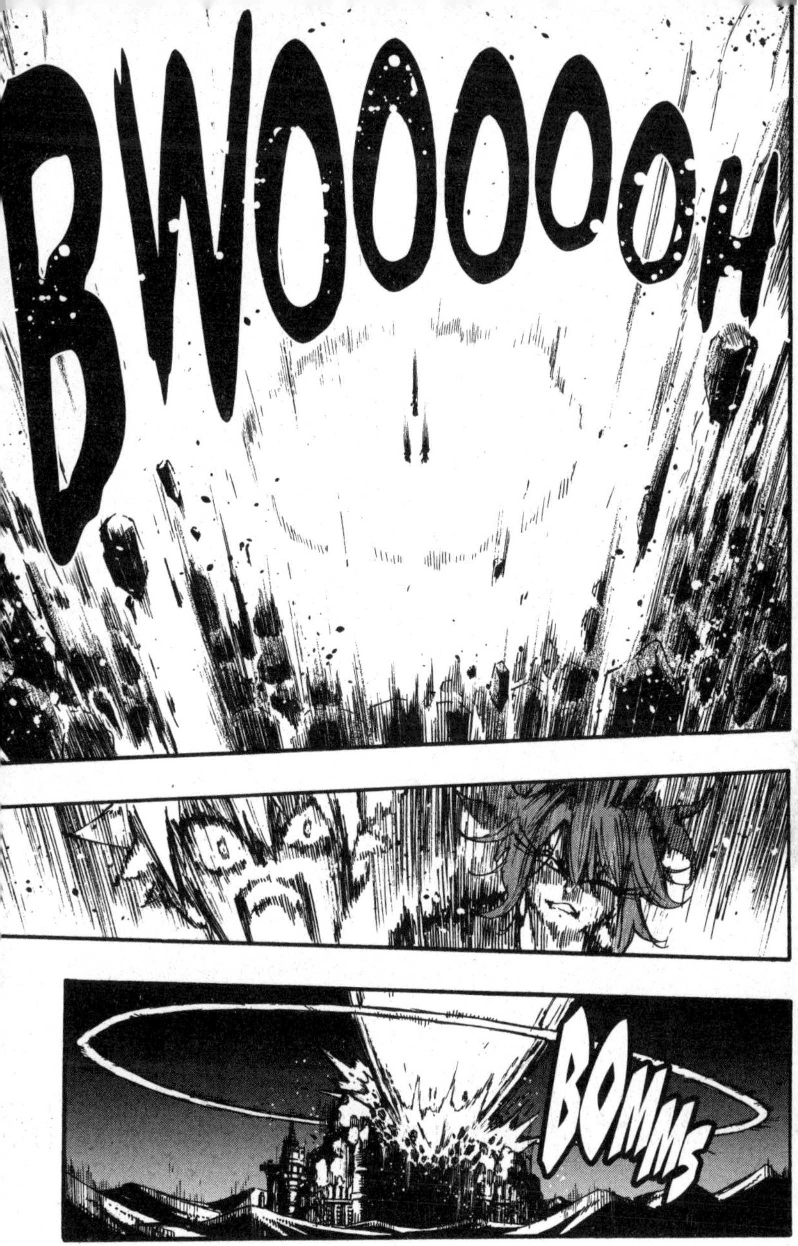
BWOOOOOH
BOMMS

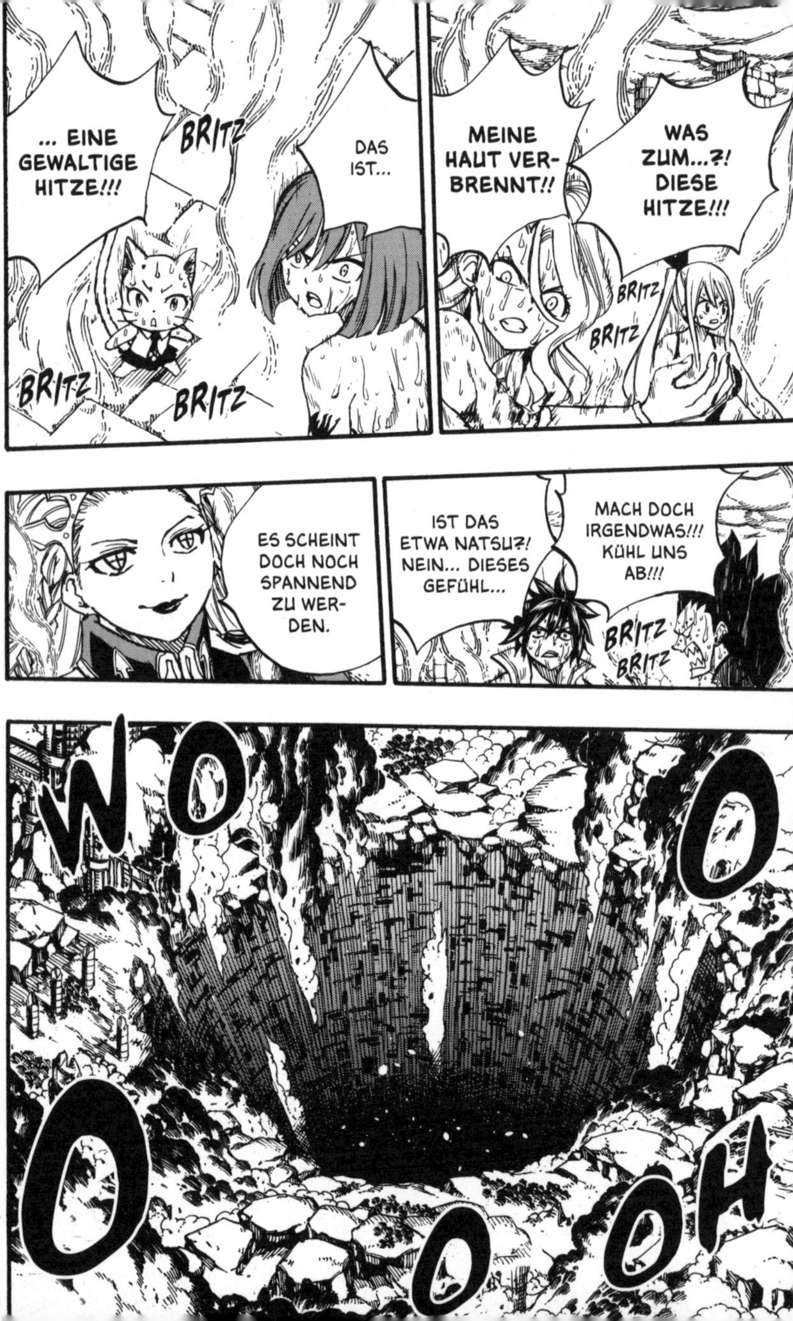
WAS ZUM...?! DIESE HITZE!!!
MEINE HAUT VER-BRENNT!!
BRITZ
BRITZ
DAS IST...
... EINE GEWALTIGE HITZE!!!
BRITZ
BRITZ
BRITZ
MACH DOCH IRGENDWAS!!! KÜHL UNS AB!!!
IST DAS ETWA NATSU?! NEIN... DIESES GEFÜHL...
BRITZ
BRITZ
ES SCHEINT DOCH NOCH SPANNEND ZU WER-DEN.
WOOOOOH

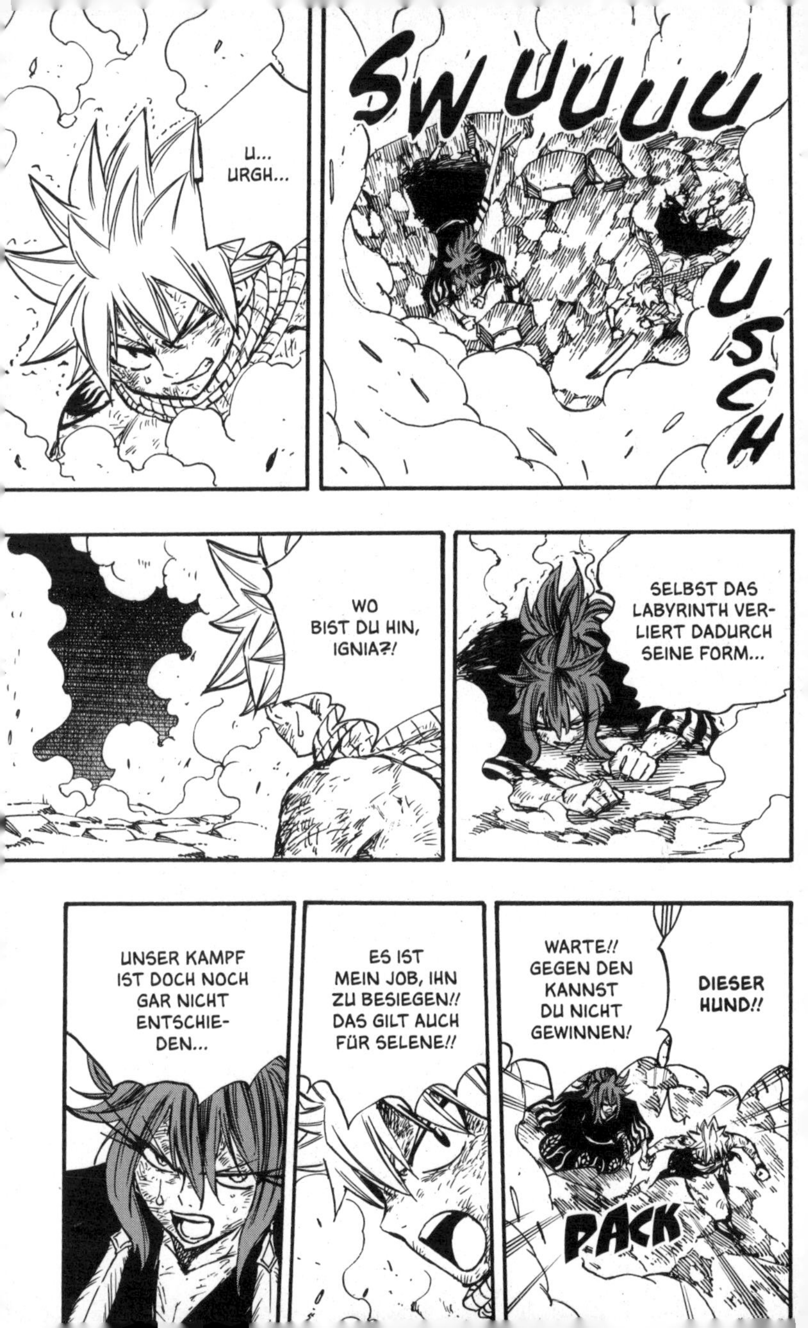

U...
URGH...
SWUUUUUSCH
WO
BIST DU HIN,
IGNIA?!
SELBST DAS
LABYRINTH VER-
LIERT DADURCH
SEINE FORM...
UNSER KAMPF
IST DOCH NOCH
GAR NICHT
ENTSCHIE-
DEN...
ES IST
MEIN JOB, IHN
ZU BESIEGEN!!
DAS GILT AUCH
FÜR SELENE!!
WARTE!!
GEGEN DEN
KANNST
DU NICHT
GEWINNEN!
DIESER
HUND!!
PACK

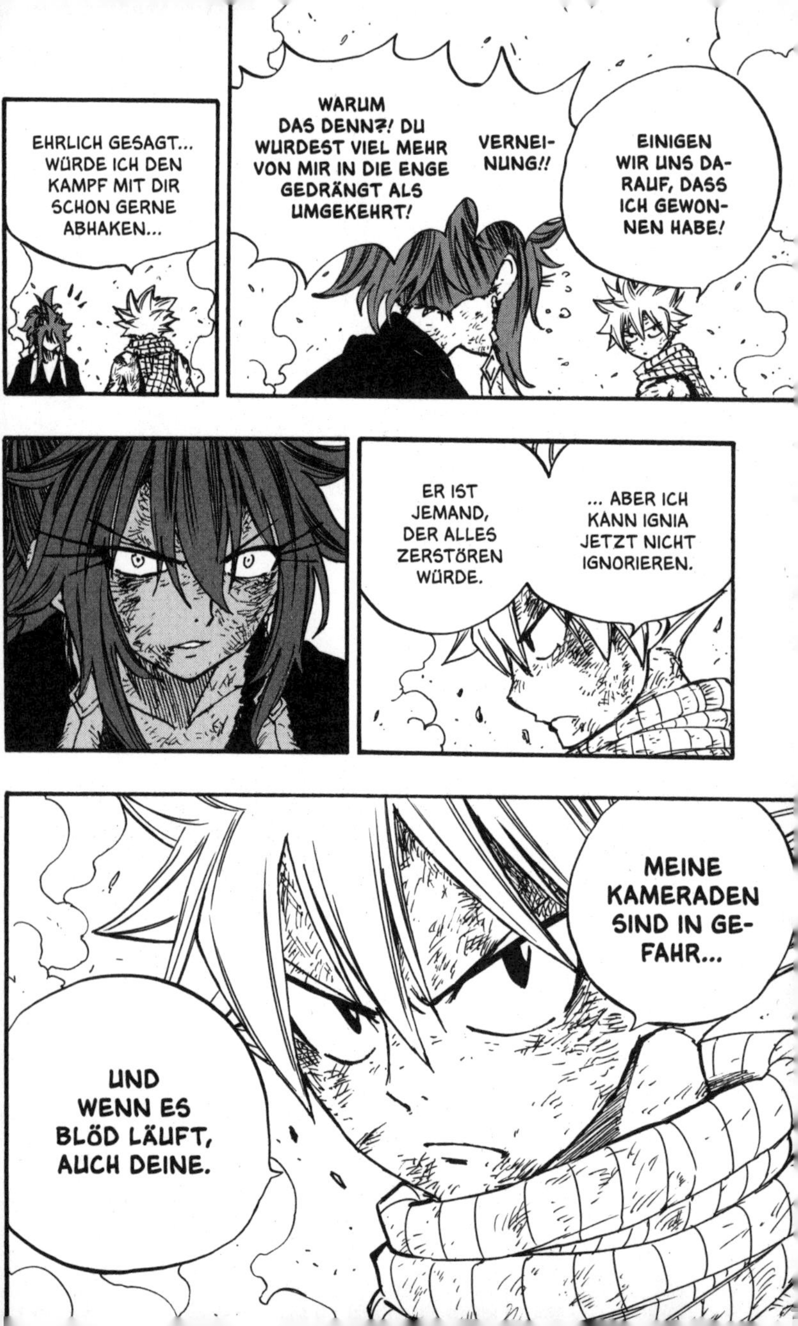
EINIGEN WIR UNS DARAUF, DASS ICH GEWONNEN HABE!
VERNEI-NUNG!!
WARUM DAS DENN?! DU WURDEST VIEL MEHR VON MIR IN DIE ENGE GEDRÄNGT ALS UMGEKEHRT!
EHRLICH GESAGT... WÜRDE ICH DEN KAMPF MIT DIR SCHON GERNE ABHAKEN...
... ABER ICH KANN IGNIA JETZT NICHT IGNORIEREN.
ER IST JEMAND, DER ALLES ZERSTÖREN WÜRDE.
MEINE KAMERADEN SIND IN GEFAHR...
UND WENN ES BLÖD LÄUFT, AUCH DEINE.

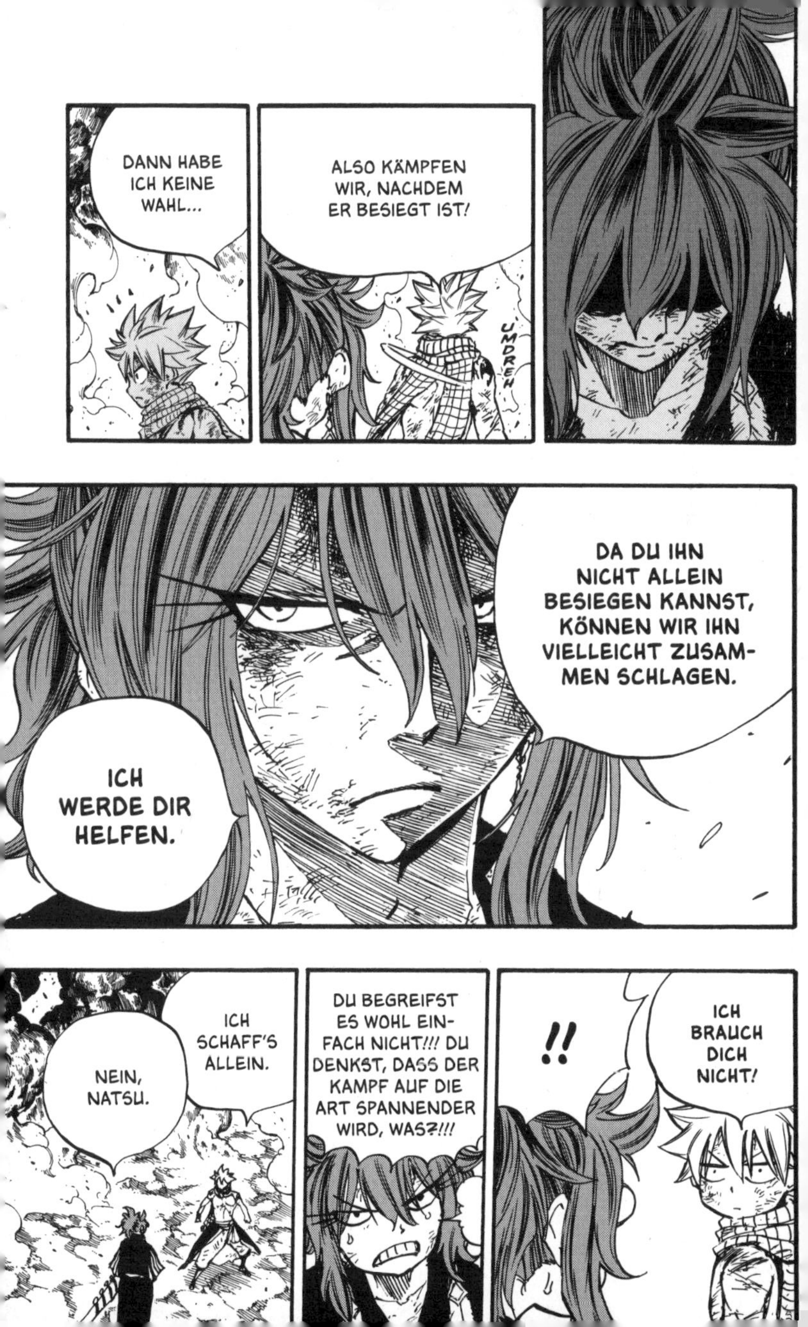
DANN HABE ICH KEINE WAHL…
ALSO KÄMPFEN WIR, NACHDEM ER BESIEGT IST!
UMDREH
DA DU IHN NICHT ALLEIN BESIEGEN KANNST, KÖNNEN WIR IHN VIELLEICHT ZUSAMMEN SCHLAGEN.
ICH WERDE DIR HELFEN.
NEIN, NATSU.
ICH SCHAFF'S ALLEIN.
DU BEGREIFST ES WOHL EINFACH NICHT!!! DU DENKST, DASS DER KAMPF AUF DIE ART SPANNENDER WIRD, WAS?!!!
!!
ICH BRAUCH DICH NICHT!

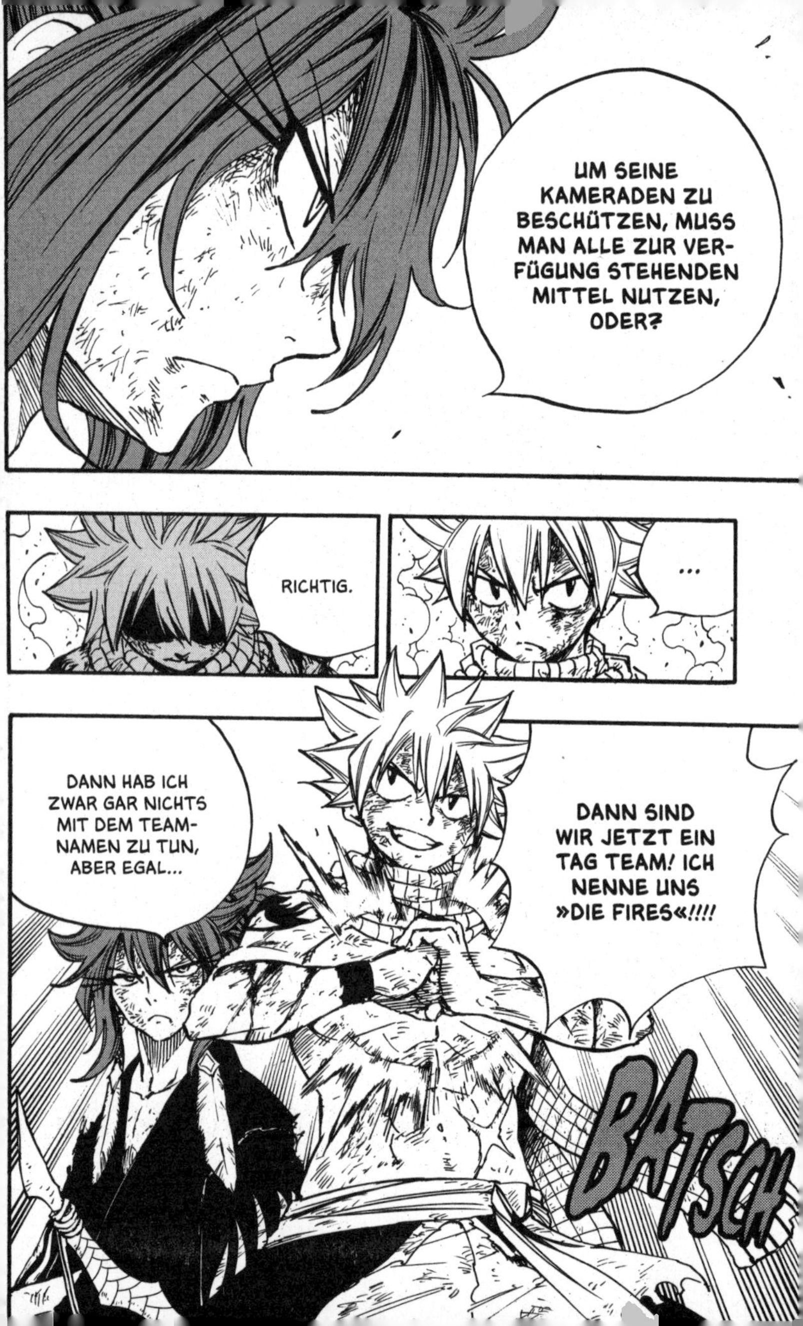
UM SEINE KAMERADEN ZU BESCHÜTZEN, MUSS MAN ALLE ZUR VERFÜGUNG STEHENDEN MITTEL NUTZEN, ODER?
...
RICHTIG.
DANN SIND WIR JETZT EIN TAG TEAM! ICH NENNE UNS »DIE FIRES«!!!!
DANN HAB ICH ZWAR GAR NICHTS MIT DEM TEAMNAMEN ZU TUN, ABER EGAL...
BATSCH

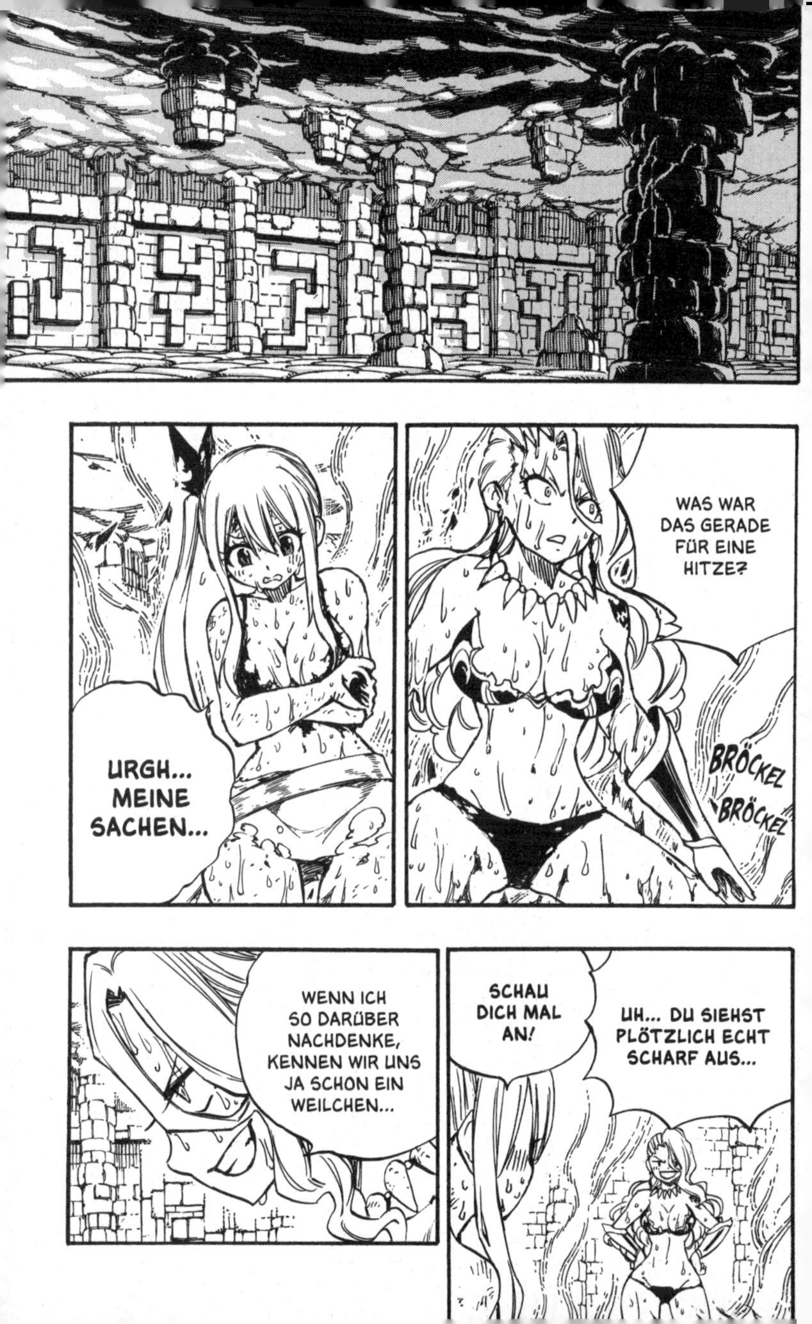
WAS WAR DAS GERADE FÜR EINE HITZE?
URGH... MEINE SACHEN...
BRÖCKEL
BRÖCKEL
UH... DU SIEHST PLÖTZLICH ECHT SCHARF AUS...
SCHAU DICH MAL AN!
WENN ICH SO DARÜBER NACHDENKE, KENNEN WIR UNS JA SCHON EIN WEILCHEN...

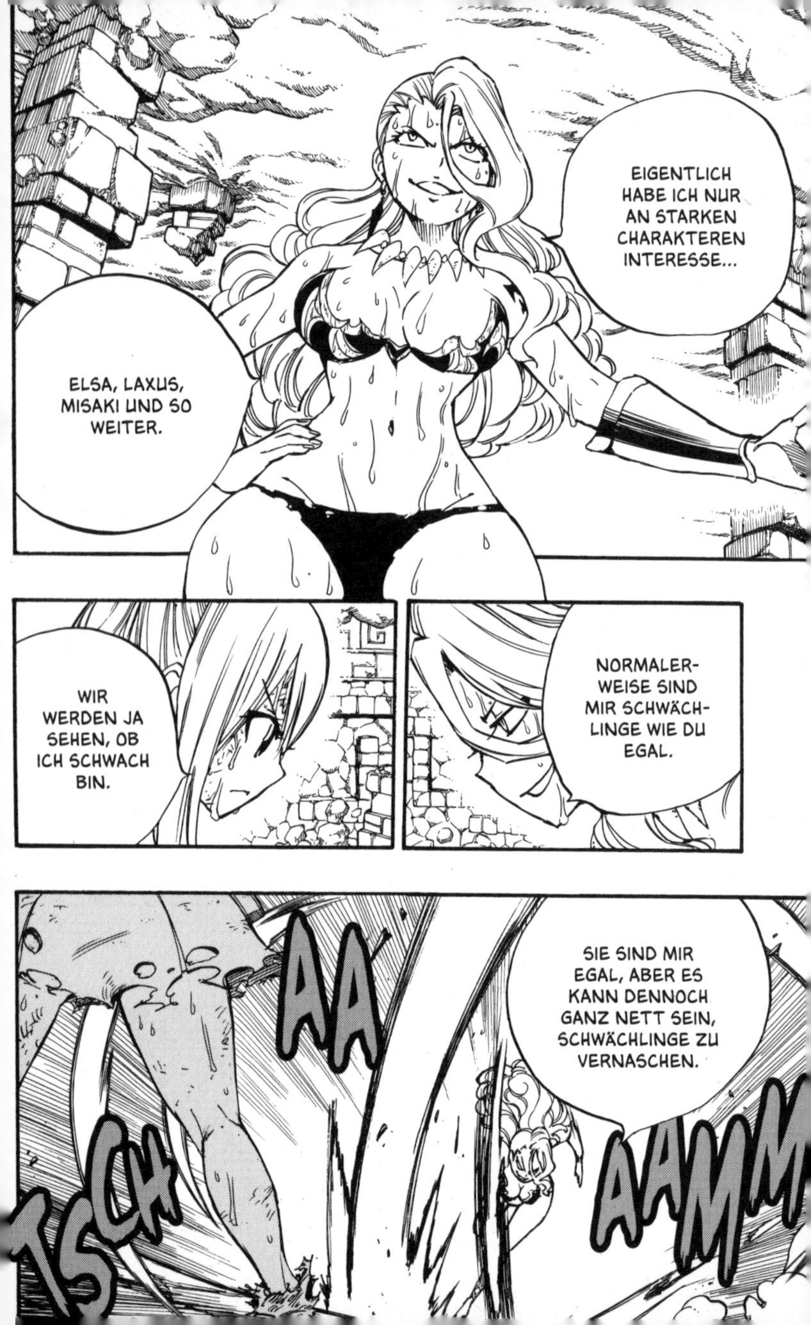

EIGENTLICH HABE ICH NUR AN STARKEN CHARAKTEREN INTERESSE...
ELSA, LAXUS, MISAKI UND SO WEITER.
NORMALER-WEISE SIND MIR SCHWÄCH-LINGE WIE DU EGAL.
WIR WERDEN JA SEHEN, OB ICH SCHWACH BIN.
SIE SIND MIR EGAL, ABER ES KANN DENNOCH GANZ NETT SEIN, SCHWÄCHLINGE ZU VERNASCHEN.
AAMM
AA
TSCH

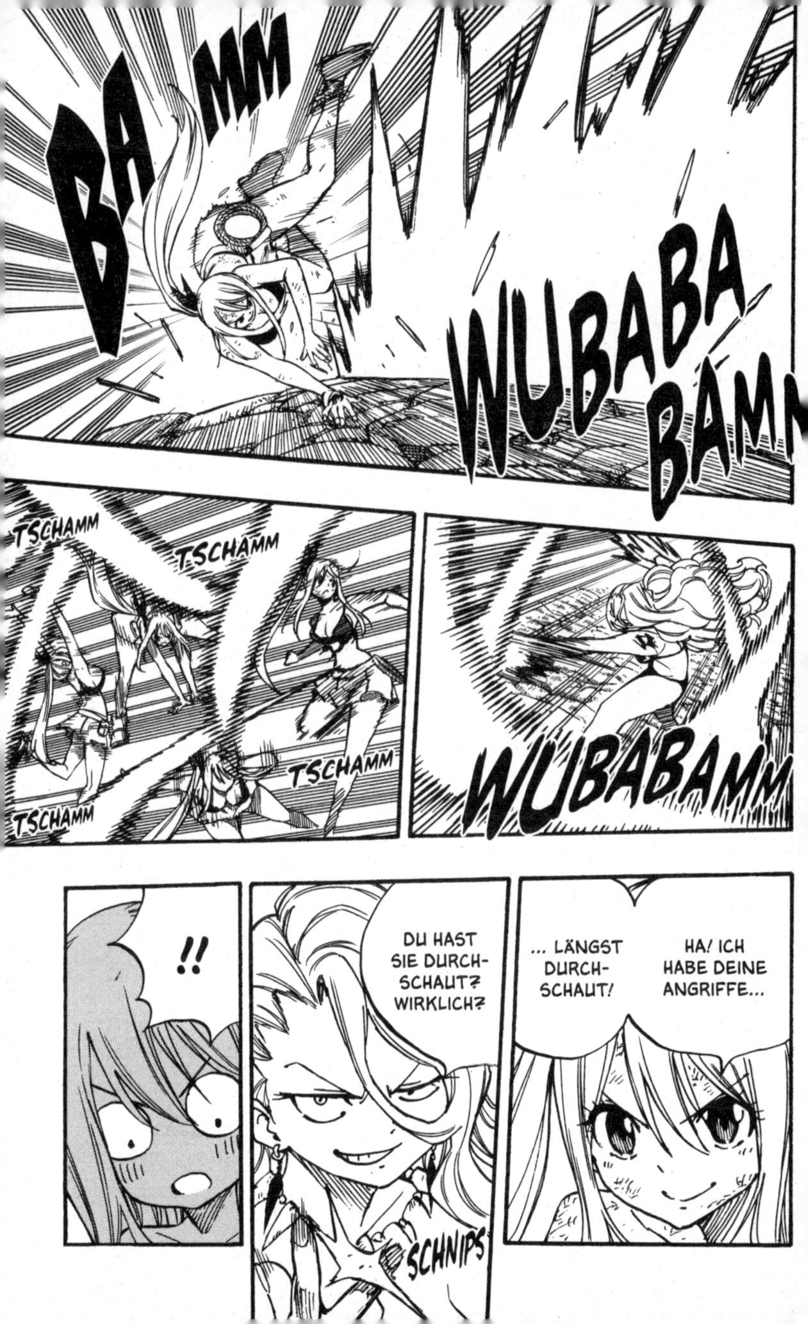
BAMM
WUBABA BAMM
WUBABAMM
TSCHAMM
TSCHAMM
TSCHAMM
TSCHAMM
HA! ICH HABE DEINE ANGRIFFE...
... LÄNGST DURCH-SCHAUT!
DU HAST SIE DURCH-SCHAUT? WIRKLICH?
SCHNIPS
!!

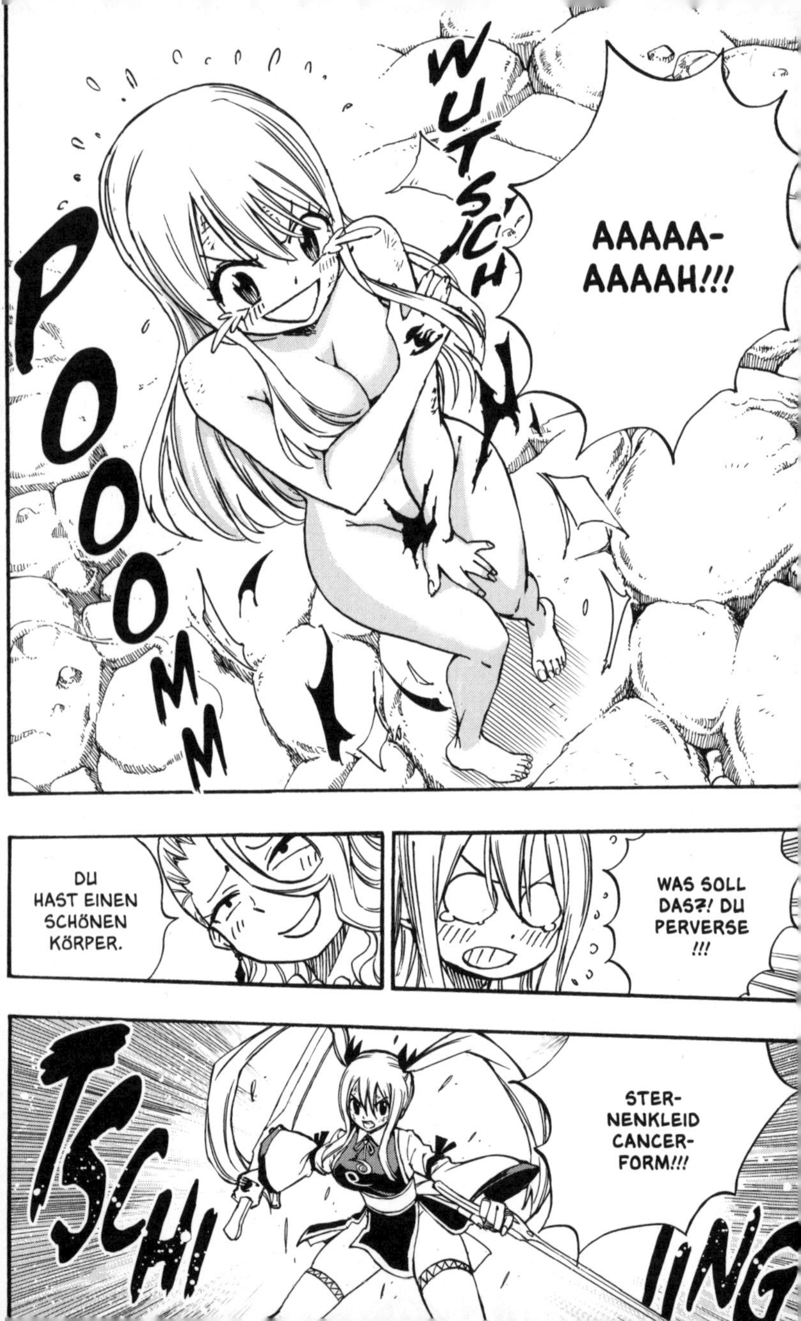
AAAAA-
AAAAH!!!
WUTSCH
POOOMM
DU
HAST EINEN
SCHÖNEN
KÖRPER.
WAS SOLL
DAS?! DU
PERVERSE
!!!
STER-
NENKLEID
CANCER-
FORM!!!
TSCHIING

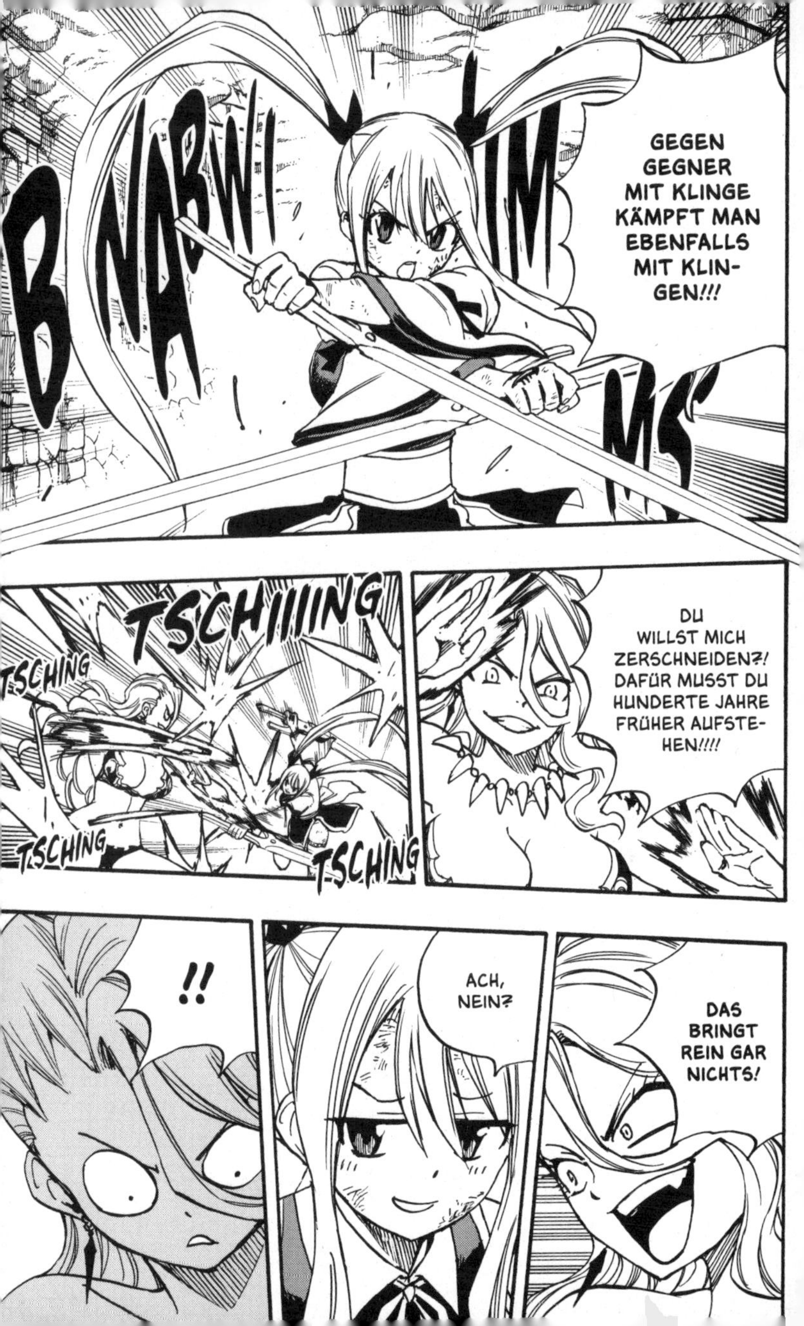
GEGEN GEGNER MIT KLINGE KÄMPFT MAN EBENFALLS MIT KLINGEN!!!
DU WILLST MICH ZERSCHNEIDEN?! DAFÜR MUSST DU HUNDERTE JAHRE FRÜHER AUFSTEHEN!!!!
TSCHIIIING
TSCHING
TSCHING
TSCHING
DAS BRINGT REIN GAR NICHTS!
ACH, NEIN?
!!

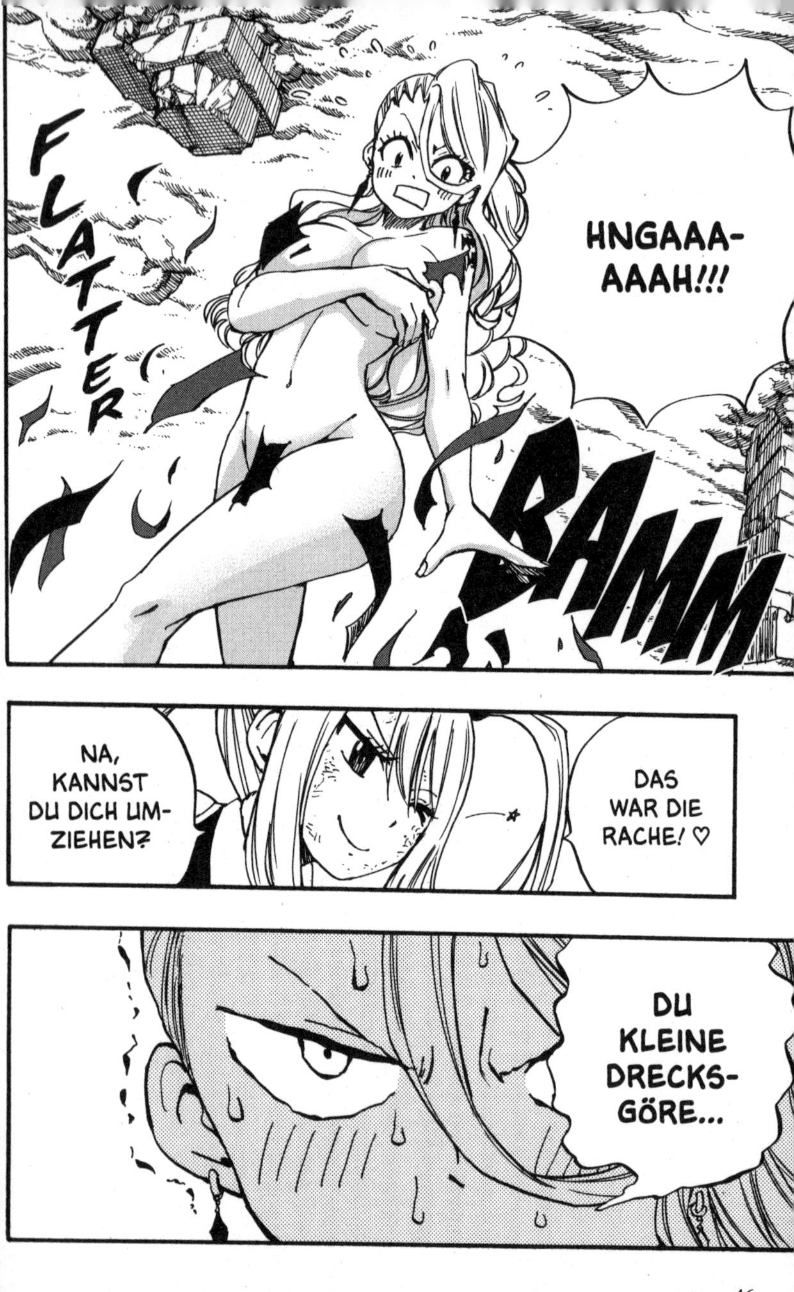
FLATTER
HNGAAA-
AAAH!!!
BAMM
DAS WAR DIE RACHE! ♡
NA, KANNST DU DICH UM-
ZIEHEN?
DU KLEINE DRECKS-
GÖRE...

FAIRY TAIL
100 YEARS QUEST

KAPITEL 102: DER KAMPF ZWEIER FRAUEN

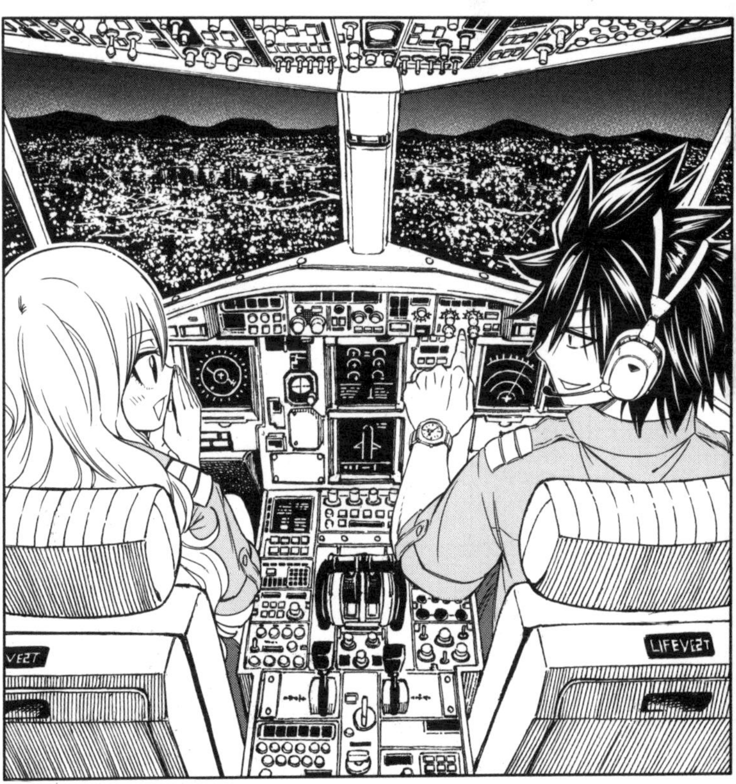

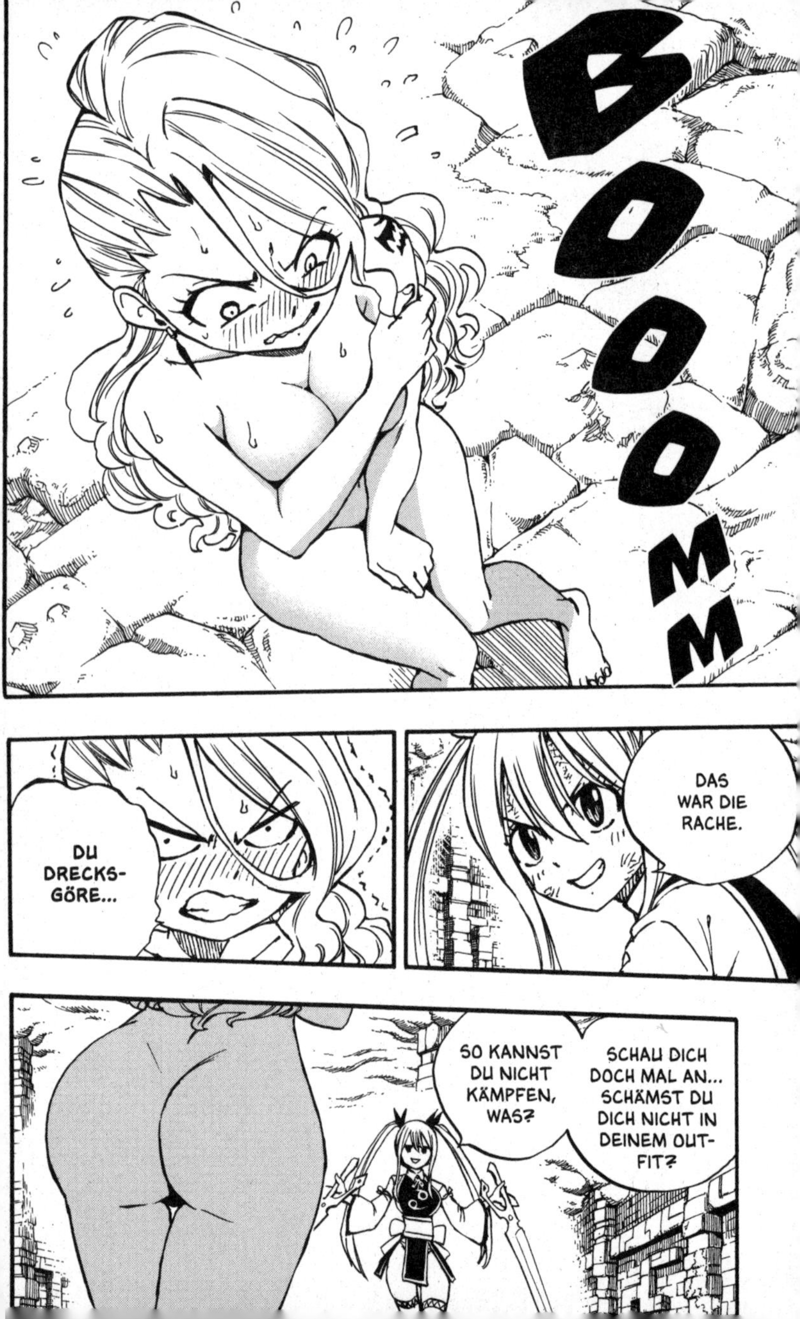
BOOOMM
DAS WAR DIE RACHE.
DU DRECKS-GÖRE...
SCHAU DICH DOCH MAL AN... SCHÄMST DU DICH NICHT IN DEINEM OUTFIT?
SO KANNST DU NICHT KÄMPFEN, WAS?

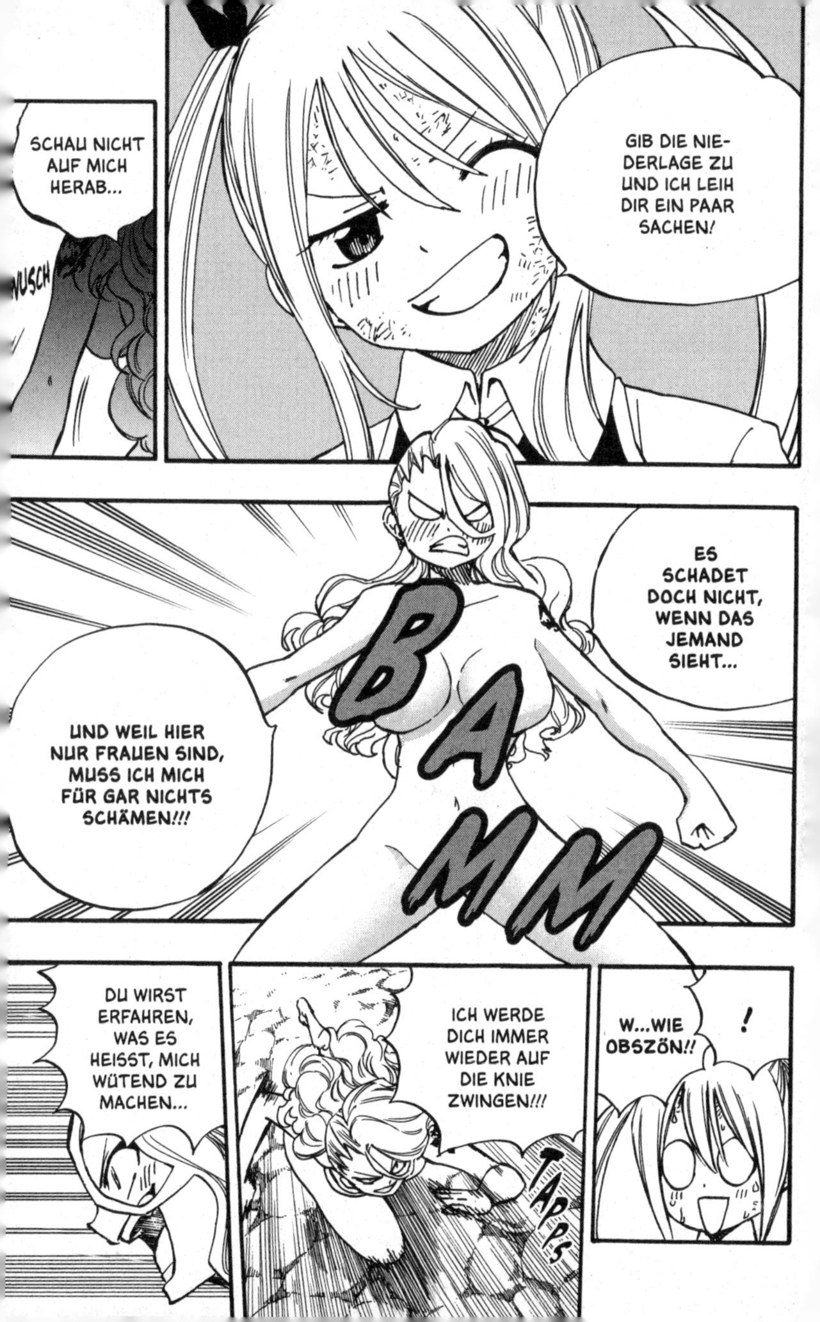
GIB DIE NIEDERLAGE ZU UND ICH LEIH DIR EIN PAAR SACHEN!
SCHAU NICHT AUF MICH HERAB...
ES SCHADET DOCH NICHT, WENN DAS JEMAND SIEHT...
UND WEIL HIER NUR FRAUEN SIND, MUSS ICH MICH FÜR GAR NICHTS SCHÄMEN!!!
BAMM
W...WIE OBSZÖN!!
!
ICH WERDE DICH IMMER WIEDER AUF DIE KNIE ZWINGEN!!!
TAPPS
DU WIRST ERFAHREN, WAS ES HEISST, MICH WÜTEND ZU MACHEN...

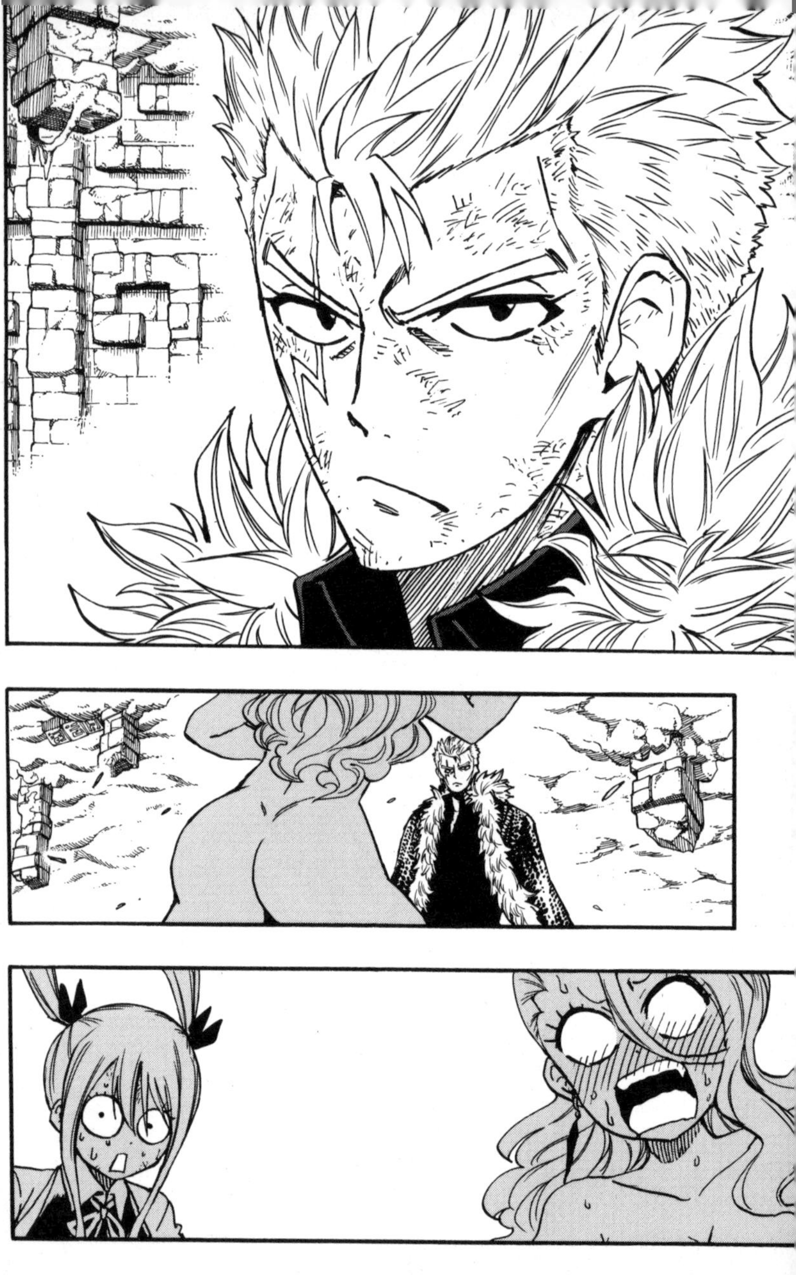

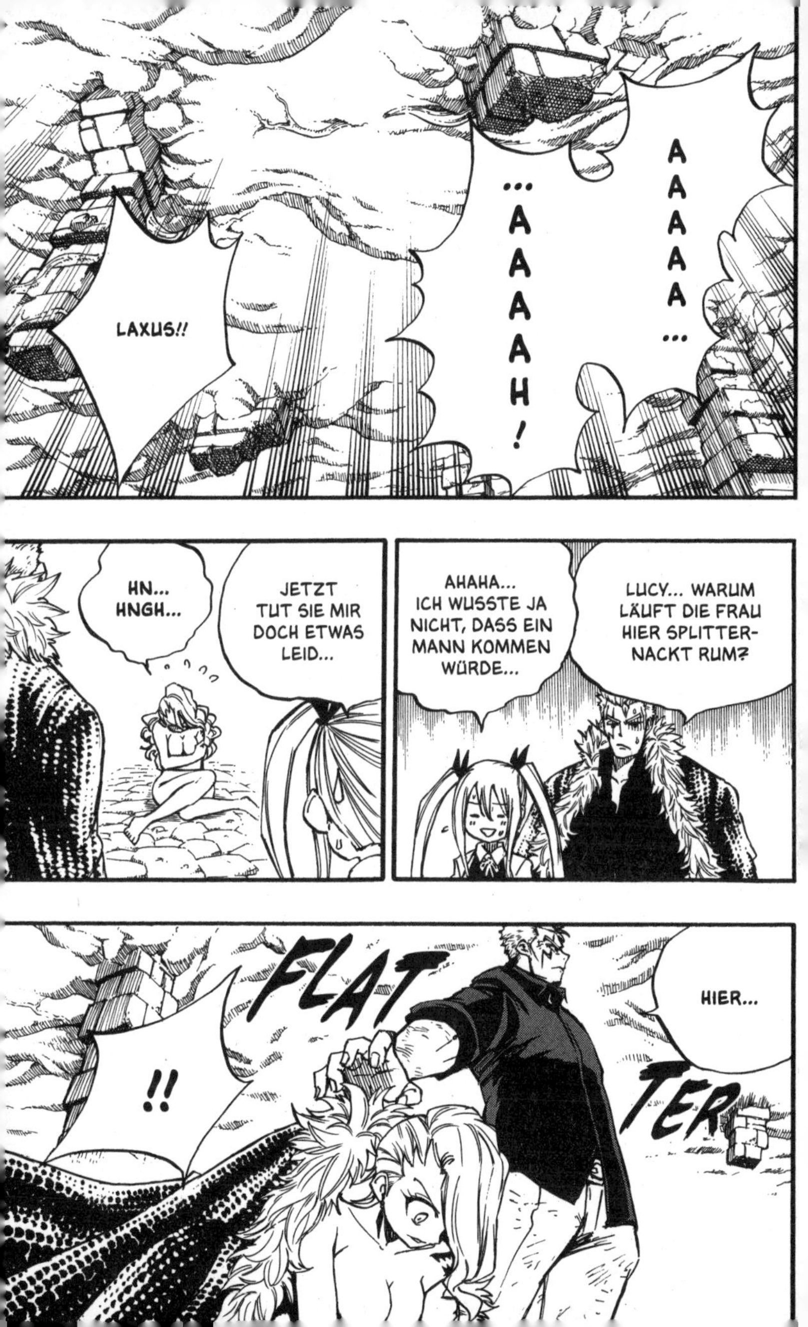
AAAAA…
…ÄAAAAH!
LAXUS!!
LUCY… WARUM LÄUFT DIE FRAU HIER SPLITTER-NACKT RUM?
AHAHA… ICH WUSSTE JA NICHT, DASS EIN MANN KOMMEN WÜRDE…
JETZT TUT SIE MIR DOCH ETWAS LEID…
HN… HNGH…
HIER…
FLAT
TER
!!

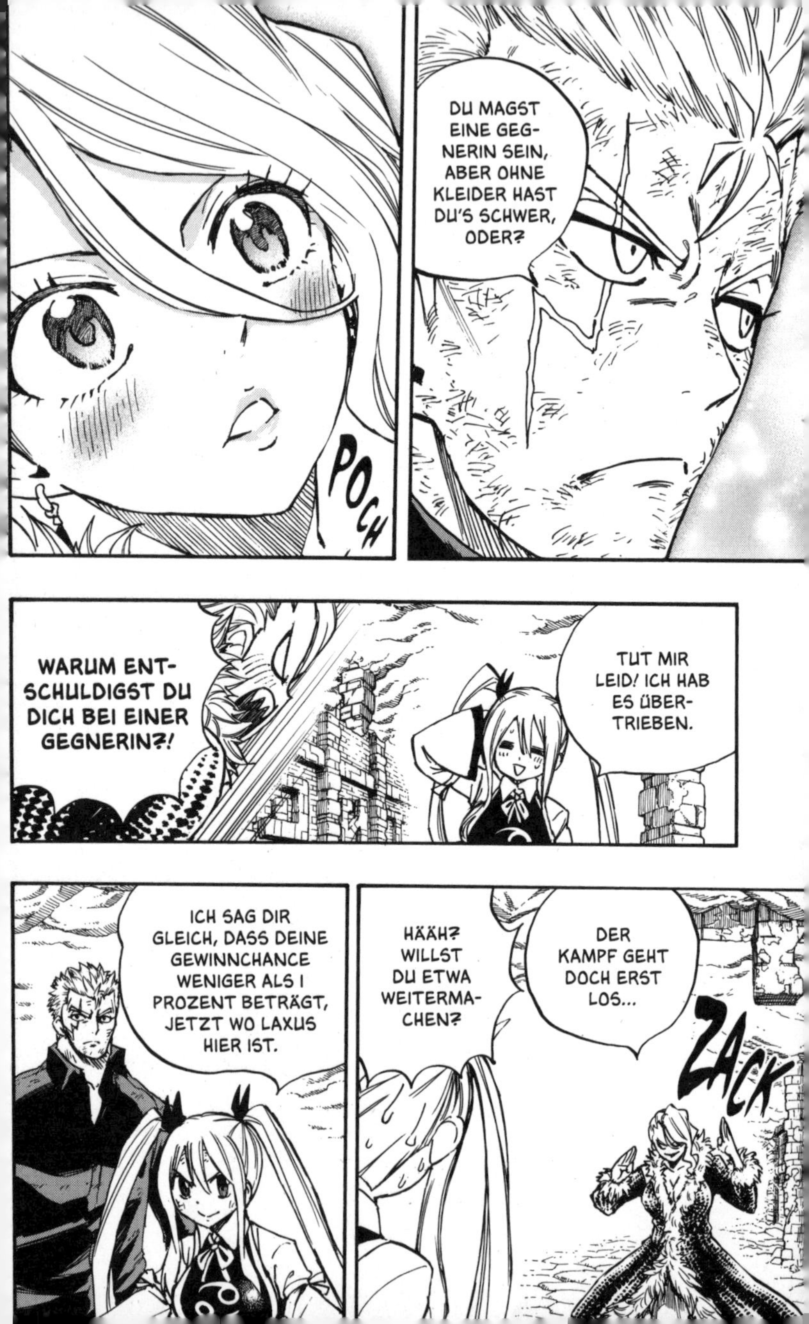
DU MAGST EINE GEGNERIN SEIN, ABER OHNE KLEIDER HAST DU'S SCHWER, ODER?
POCH
TUT MIR LEID! ICH HAB ES ÜBERTRIEBEN.
WARUM ENTSCHULDIGST DU DICH BEI EINER GEGNERIN?!
DER KAMPF GEHT DOCH ERST LOS...
ZACK
HÄÄH? WILLST DU ETWA WEITERMACHEN?
ICH SAG DIR GLEICH, DASS DEINE GEWINNCHANCE WENIGER ALS 1 PROZENT BETRÄGT, JETZT WO LAXUS HIER IST.

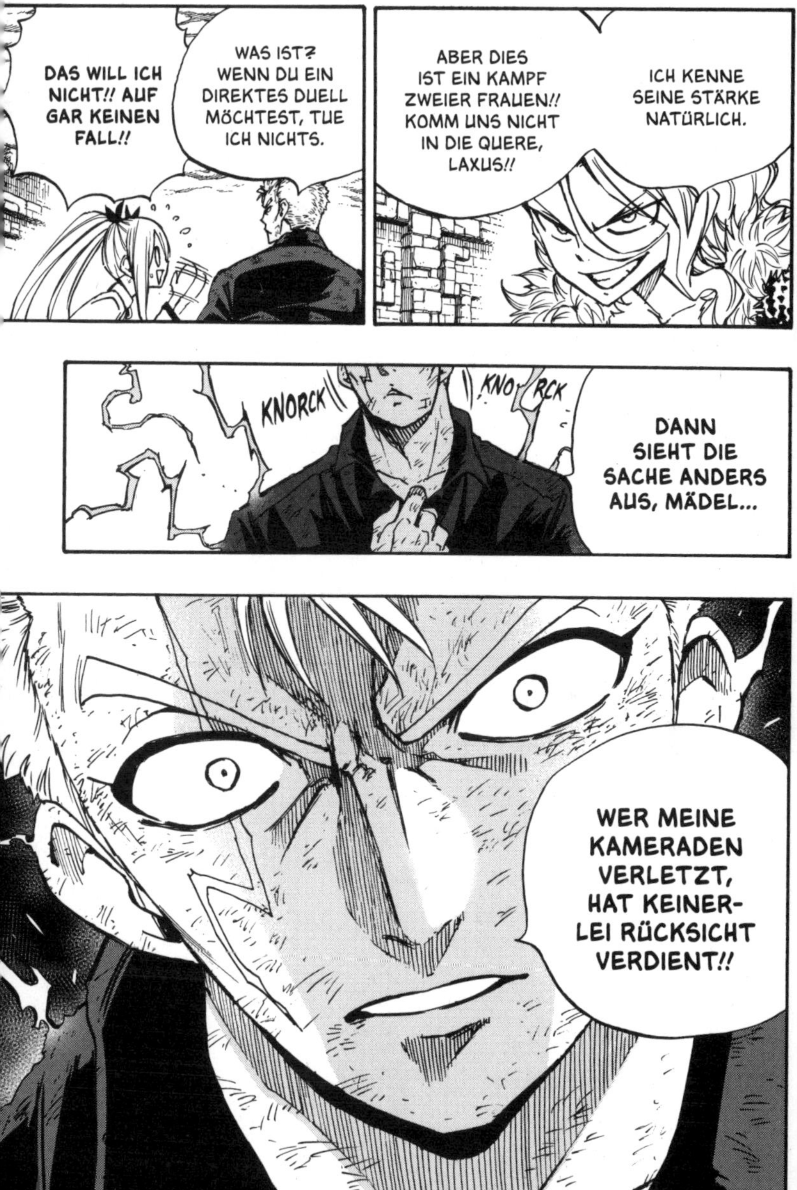

ICH KENNE SEINE STÄRKE NATÜRLICH.
ABER DIES IST EIN KAMPF ZWEIER FRAUEN!! KOMM UNS NICHT IN DIE QUERE, LAXUS!!
WAS IST? WENN DU EIN DIREKTES DUELL MÖCHTEST, TUE ICH NICHTS.
DAS WILL ICH NICHT!! AUF GAR KEINEN FALL!!
DANN SIEHT DIE SACHE ANDERS AUS, MÄDEL...
KNO RCK
KNORCK
WER MEINE KAMERADEN VERLETZT, HAT KEINER-LEI RÜCKSICHT VERDIENT!!

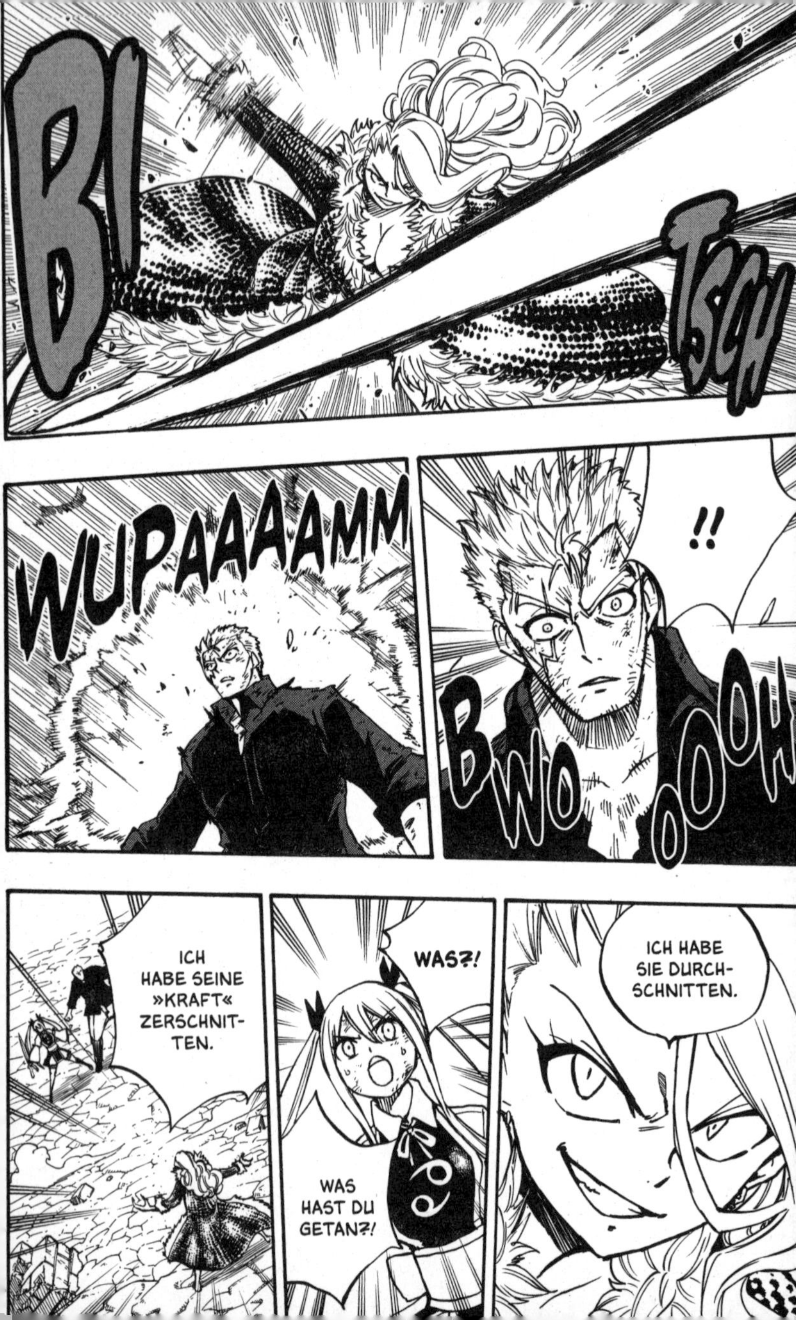

BI
TSCH
WUPAAAAMM
!!
BWOOOOH
ICH HABE SEINE »KRAFT« ZERSCHNITTEN.
WAS?!
WAS HAST DU GETAN?!
ICH HABE SIE DURCHSCHNITTEN.

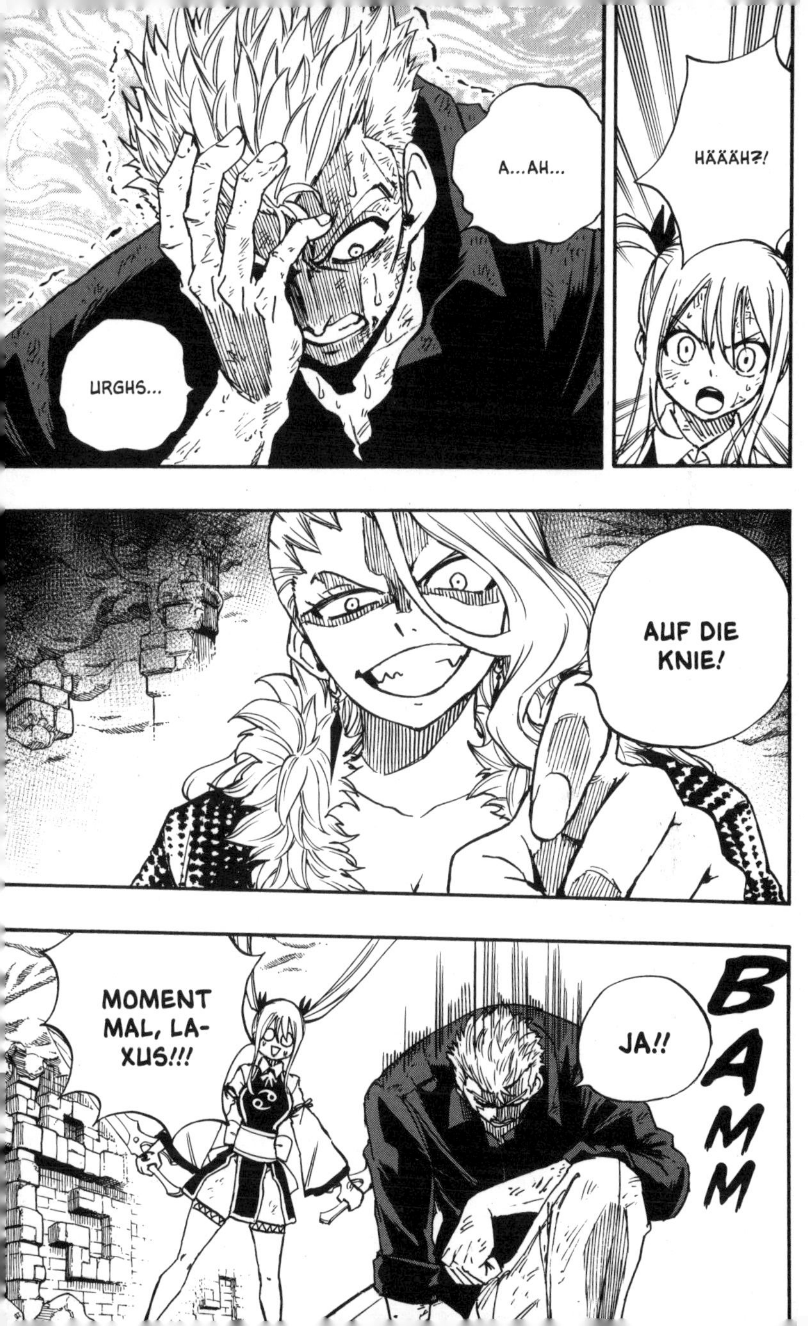
HÄÄÄH?!
A...AH...
URGHS...
AUF DIE KNIE!
BAMM
JA!!
MOMENT MAL, LA-XUS!!!

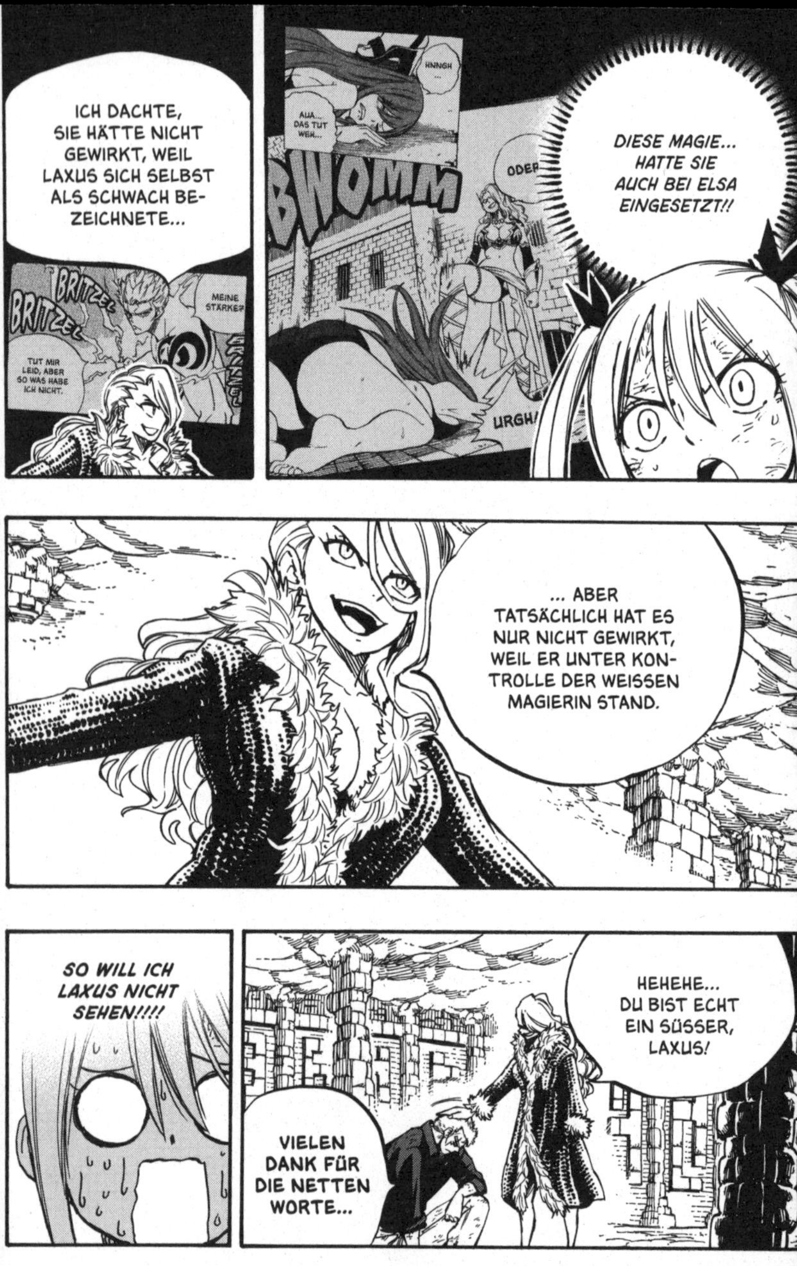
DIESE MAGIE... HATTE SIE AUCH BEI ELSA EINGESETZT!!
HNNGH ...
AUA... DAS TUT WEH...
BWOMM
ODER
URGH!
ICH DACHTE, SIE HÄTTE NICHT GEWIRKT, WEIL LAXUS SICH SELBST ALS SCHWACH BEZEICHNETE...
MEINE STÄRKE?
BRITZEL
BRITZEL
TUT MIR LEID, ABER SO WAS HABE ICH NICHT.
... ABER TATSÄCHLICH HAT ES NUR NICHT GEWIRKT, WEIL ER UNTER KONTROLLE DER WEISSEN MAGIERIN STAND.
HEHEHE... DU BIST ECHT EIN SÜSSER, LAXUS!
VIELEN DANK FÜR DIE NETTEN WORTE...
SO WILL ICH LAXUS NICHT SEHEN!!!!

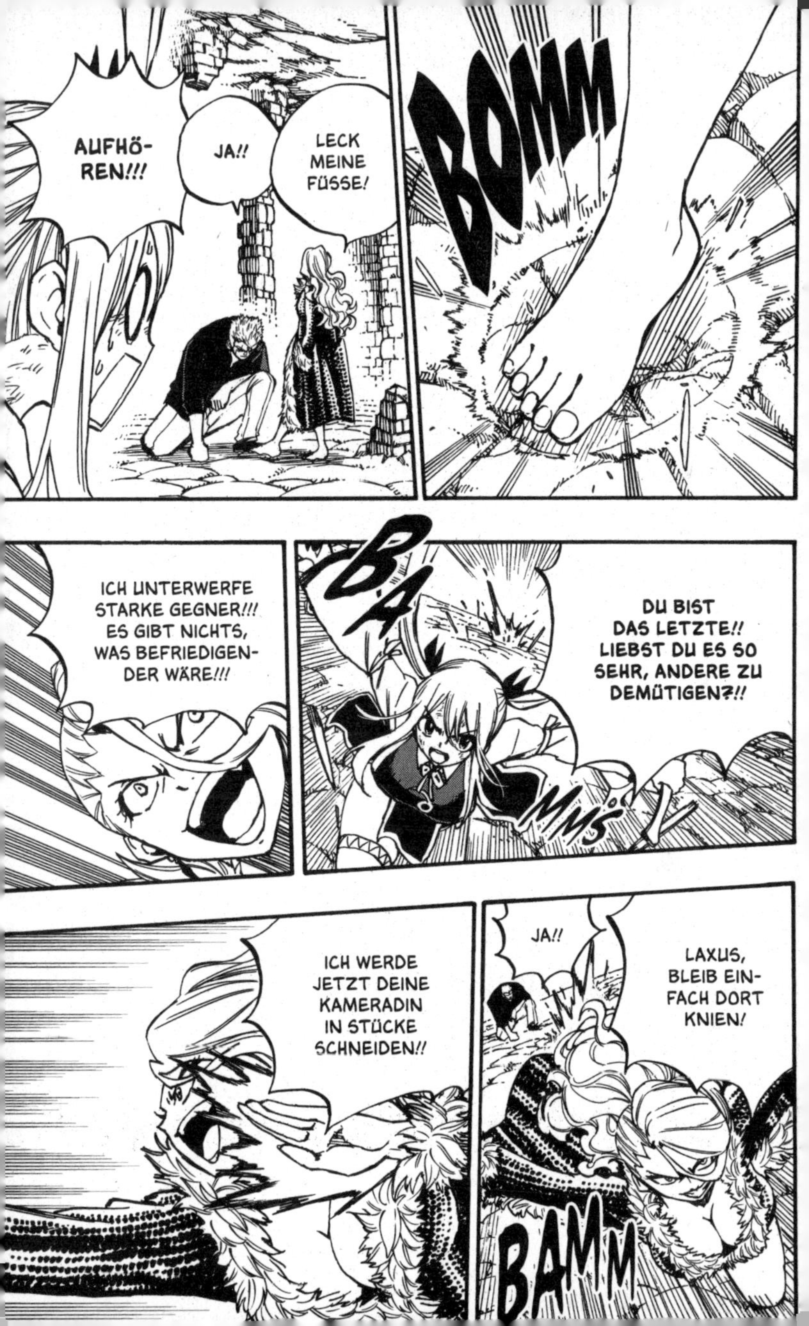
BOMMM
LECK MEINE FÜSSE!
JA!!
AUFHÖREN!!!
BAMMS
DU BIST DAS LETZTE!! LIEBST DU ES SO SEHR, ANDERE ZU DEMÜTIGEN?!!
ICH UNTERWERFE STARKE GEGNER!!! ES GIBT NICHTS, WAS BEFRIEDIGENDER WÄRE!!!
LAXUS, BLEIB EINFACH DORT KNIEN!
JA!!
BAMM
ICH WERDE JETZT DEINE KAMERADIN IN STÜCKE SCHNEIDEN!!

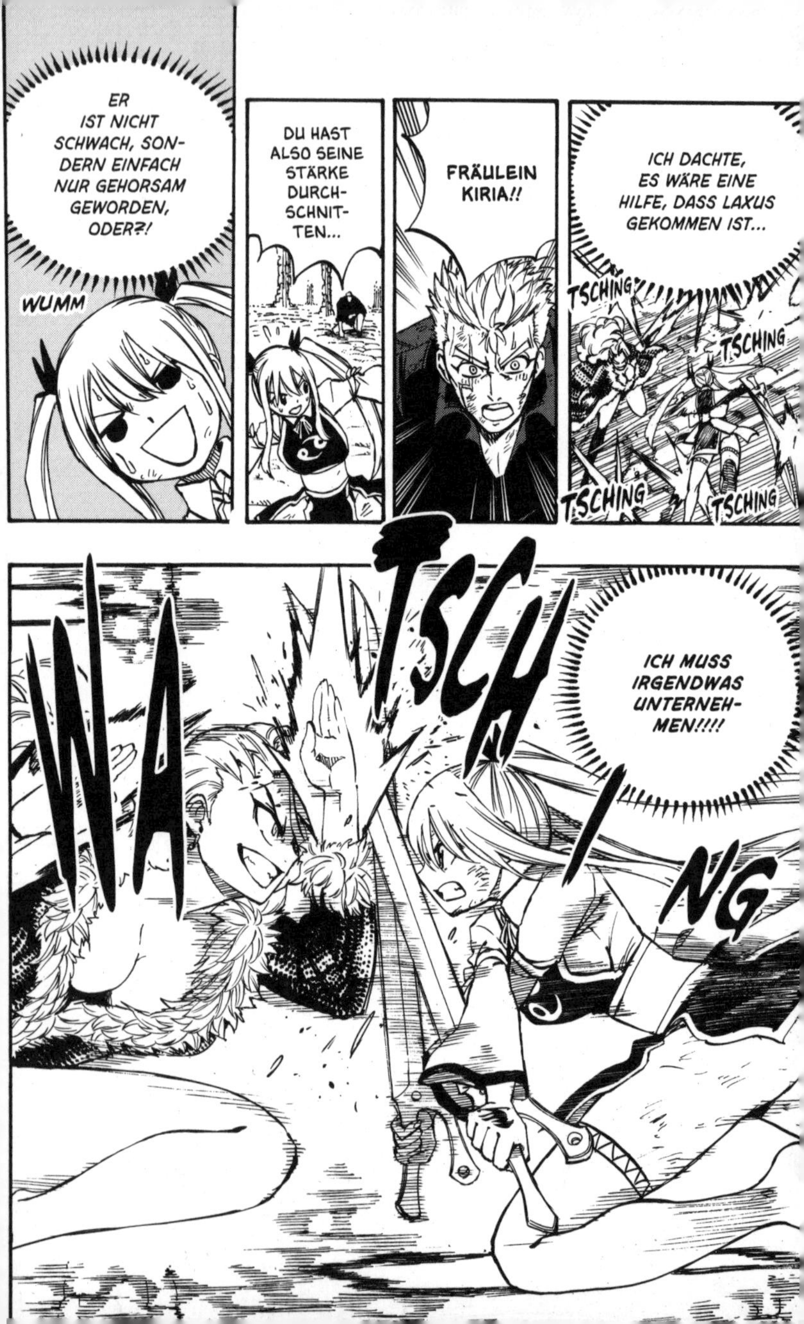
ER IST NICHT SCHWACH, SONDERN EINFACH NUR GEHORSAM GEWORDEN, ODER?!
WUMM
DU HAST ALSO SEINE STÄRKE DURCHSCHNITTEN...
FRÄULEIN KIRIA!!
ICH DACHTE, ES WÄRE EINE HILFE, DASS LAXUS GEKOMMEN IST...
TSCHING
TSCHING
TSCHING
TSCHING
WA
TSCHIING
ICH MUSS IRGENDWAS UNTERNEHMEN!!!!

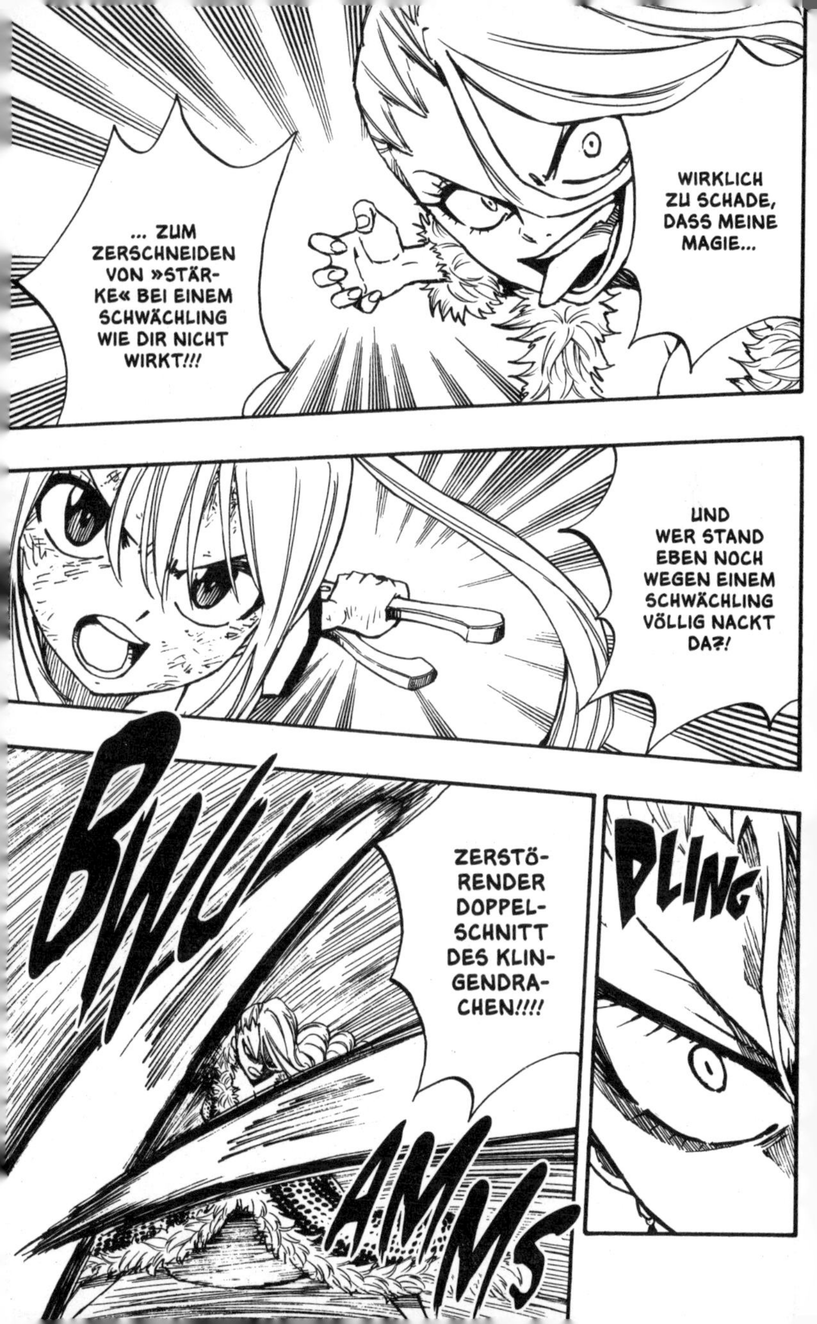
WIRKLICH ZU SCHADE, DASS MEINE MAGIE...
... ZUM ZERSCHNEIDEN VON »STÄRKE« BEI EINEM SCHWÄCHLING WIE DIR NICHT WIRKT!!!
UND WER STAND EBEN NOCH WEGEN EINEM SCHWÄCHLING VÖLLIG NACKT DA?!
PLING
ZERSTÖRENDER DOPPELSCHNITT DES KLINGENDRACHEN!!!!
BWUAMMS

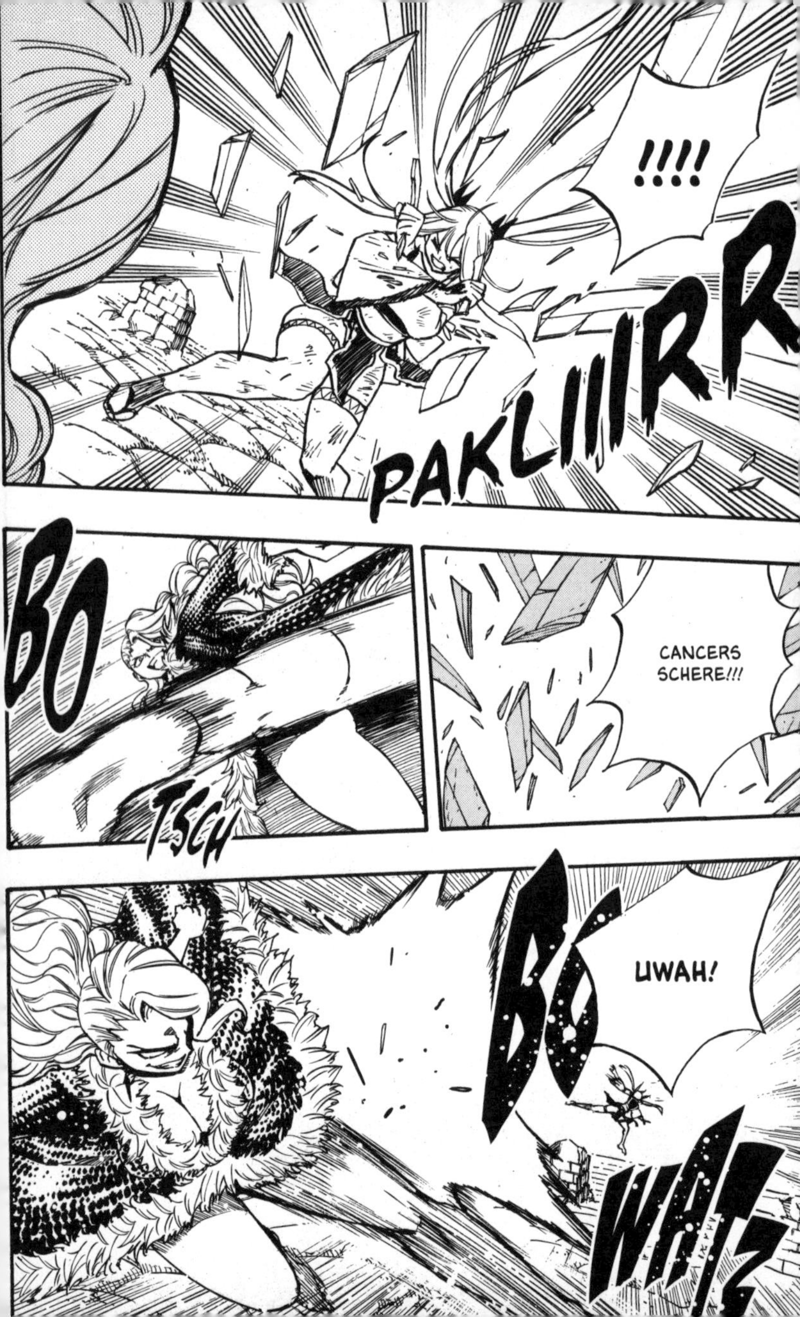
!!!!
PAKLIIIRR
CANCERS SCHERE!!!
BO
TSCH
UWAH!
BO
WATZ

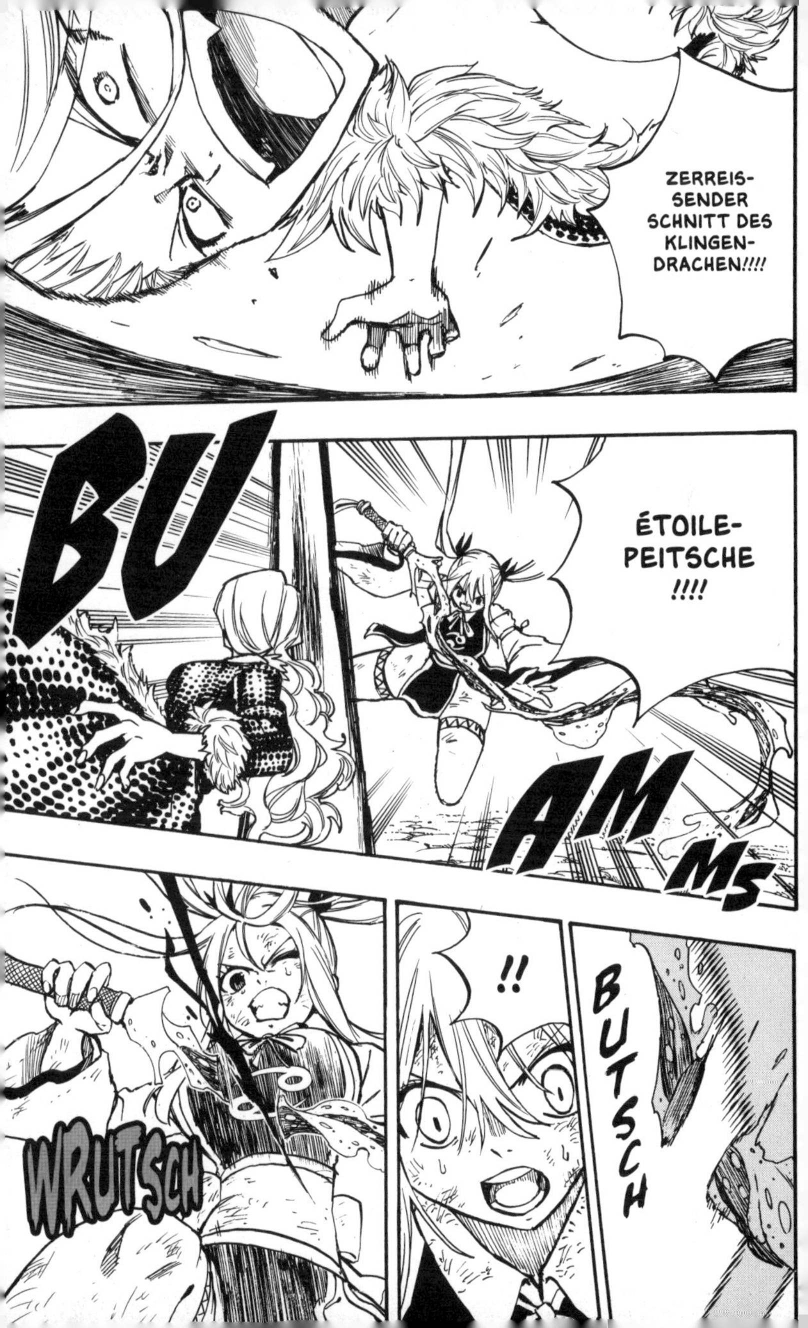
ZERREIS-
SENDER
SCHNITT DES
KLINGEN-
DRACHEN!!!!
ÉTOILE-
PEITSCHE
!!!!
BU
AM
MS
BUTSCH
!!
WRUTSCH

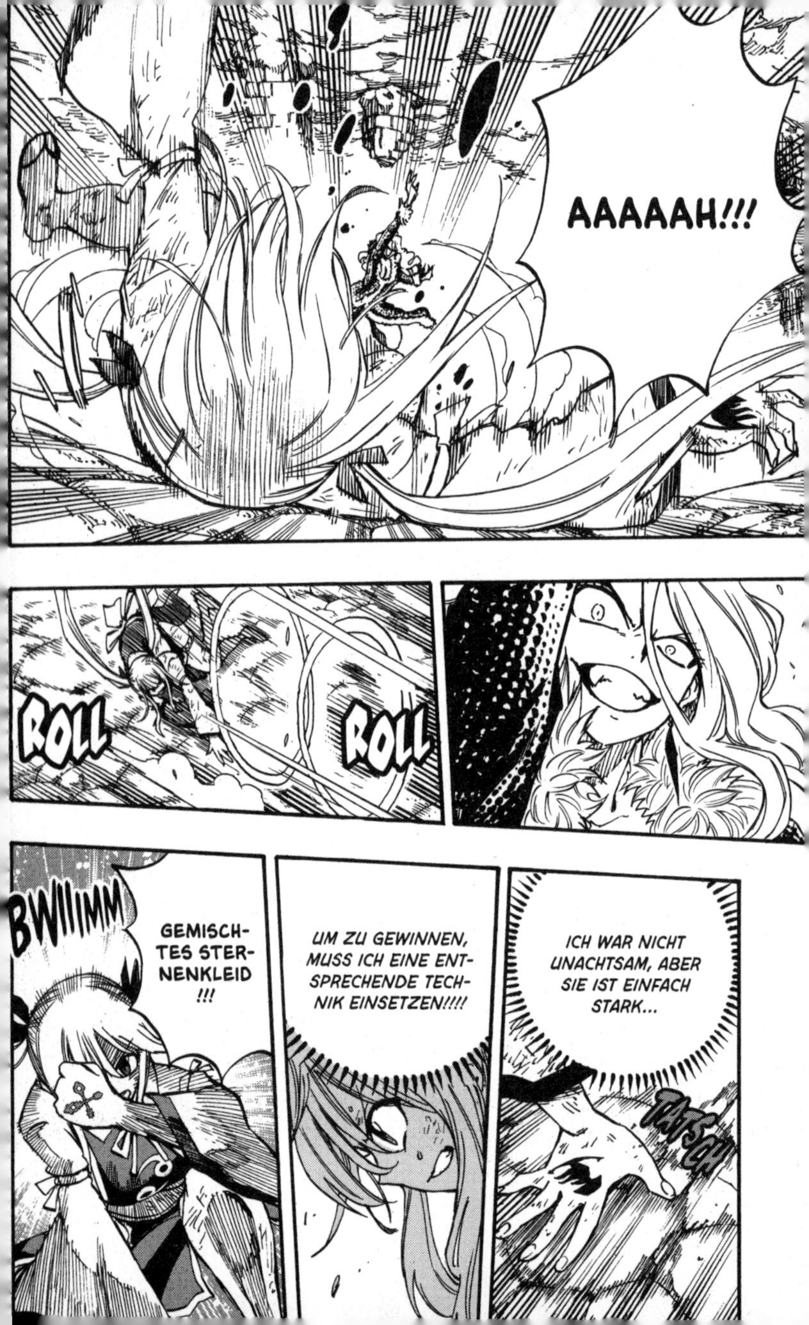
AAAAAH!!!
ROLL
ROLL
ICH WAR NICHT UNACHTSAM, ABER SIE IST EINFACH STARK...
TATSCH
UM ZU GEWINNEN, MUSS ICH EINE ENT-SPRECHENDE TECH-NIK EINSETZEN!!!!
BWIIIMM
GEMISCH-TES STER-NENKLEID !!!

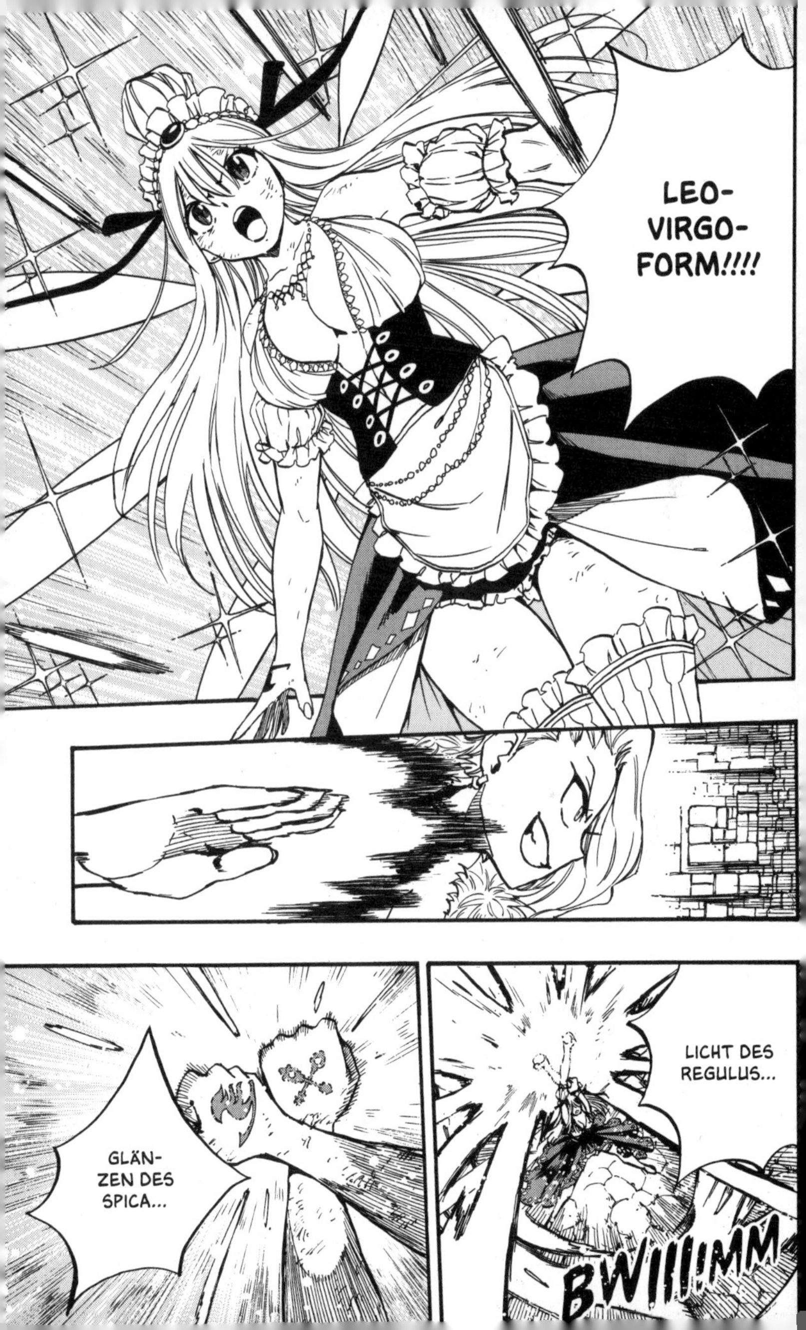
LEO-
VIRGO-
FORM!!!!
LICHT DES
REGULUS...
GLÄN-
ZEN DES
SPICA...
BWIIIMM

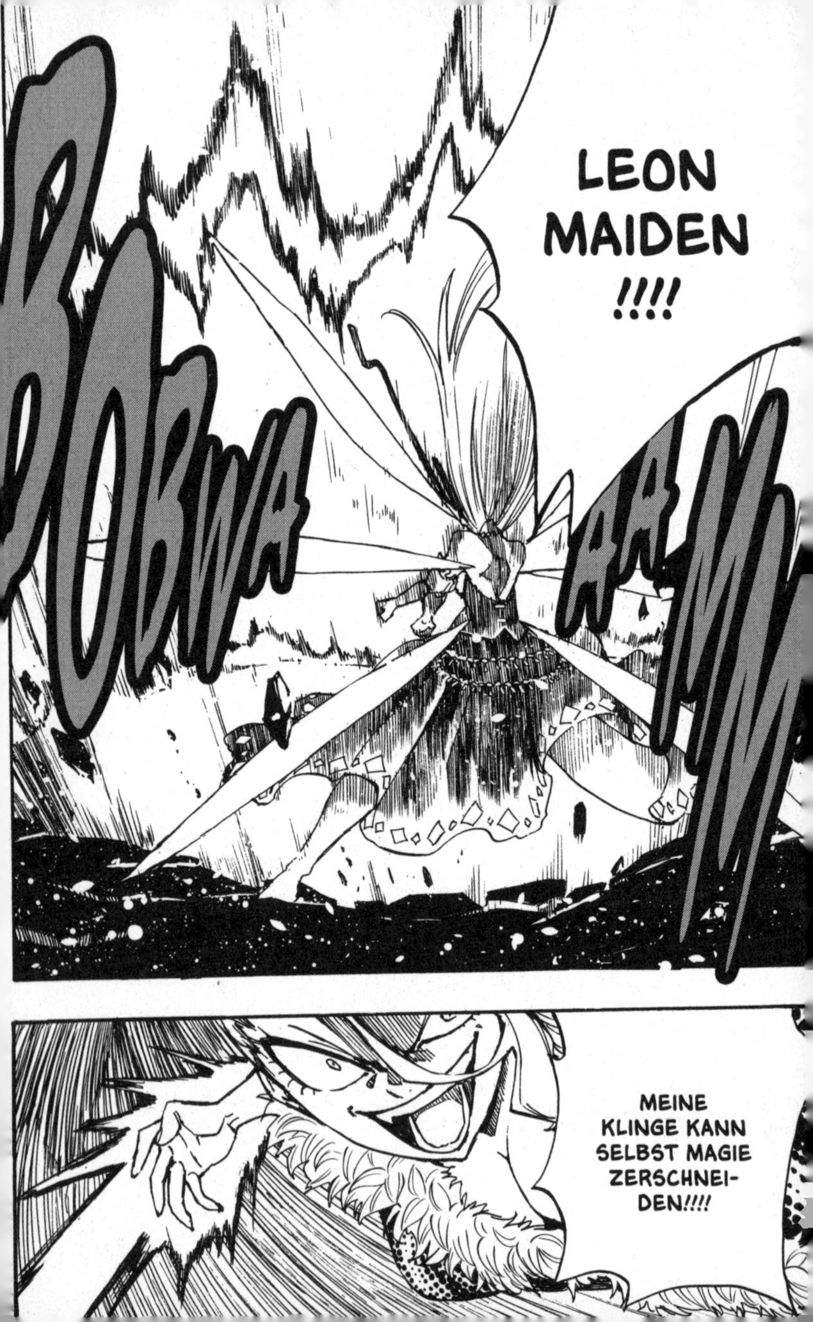
LEON MAIDEN !!!!
MEINE KLINGE KANN SELBST MAGIE ZERSCHNEI-DEN!!!!

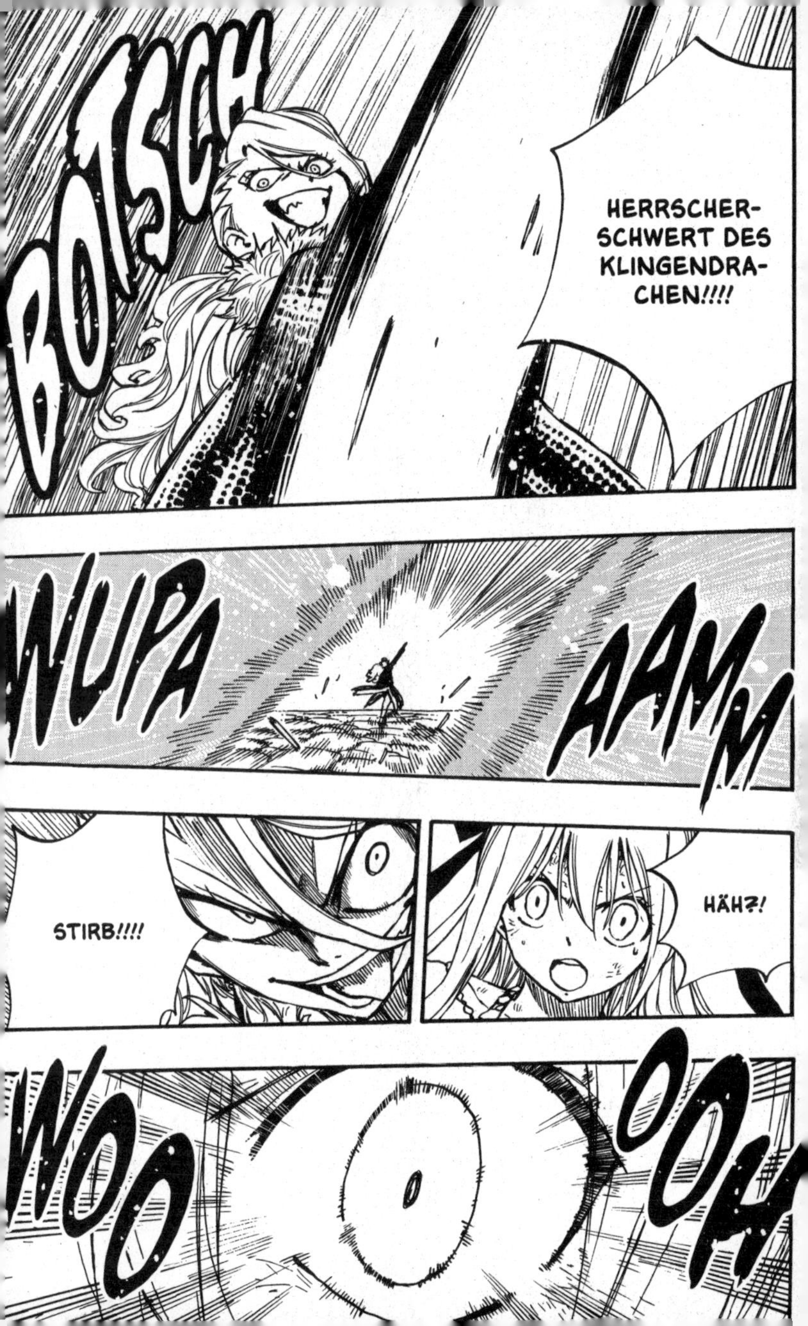
HERRSCHER-
SCHWERT DES
KLINGENDRA-
CHEN!!!!
BOTSCH
AAMM
WUPA
HÄH?!
STIRB!!!!
WOOOOH

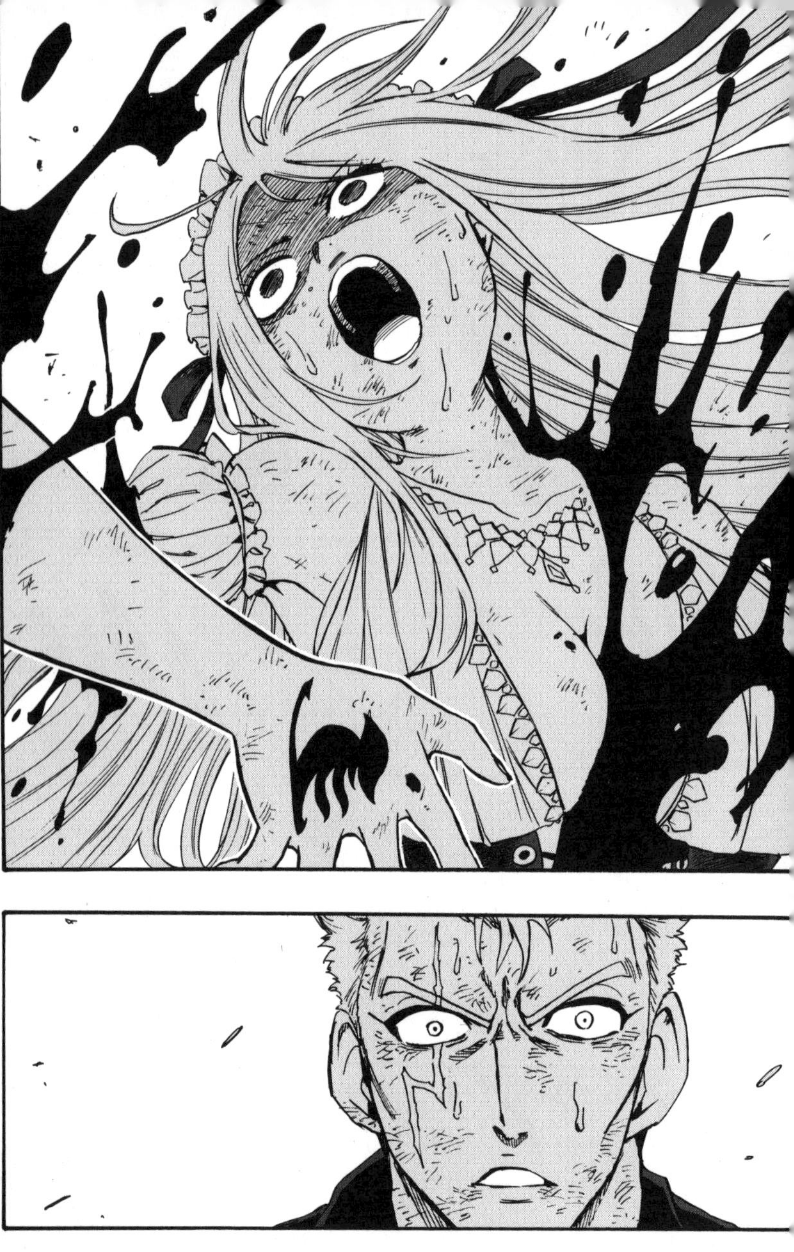

FAIRY TAIL 100 YEARS QUEST

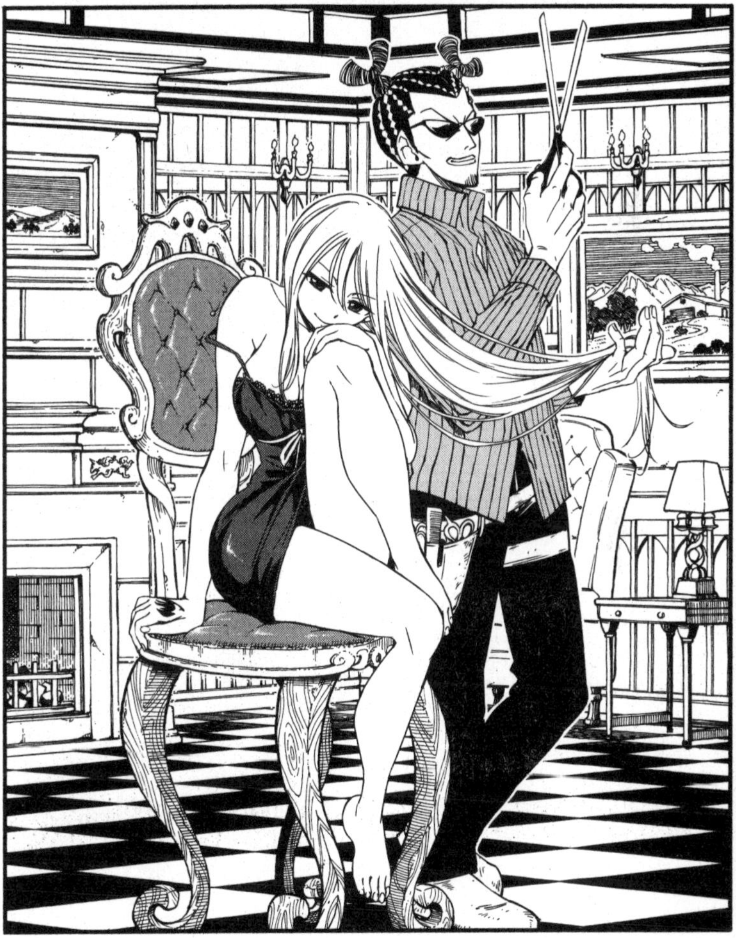

KAPITEL 103: ERINNERUNGEN DER KAMERADEN

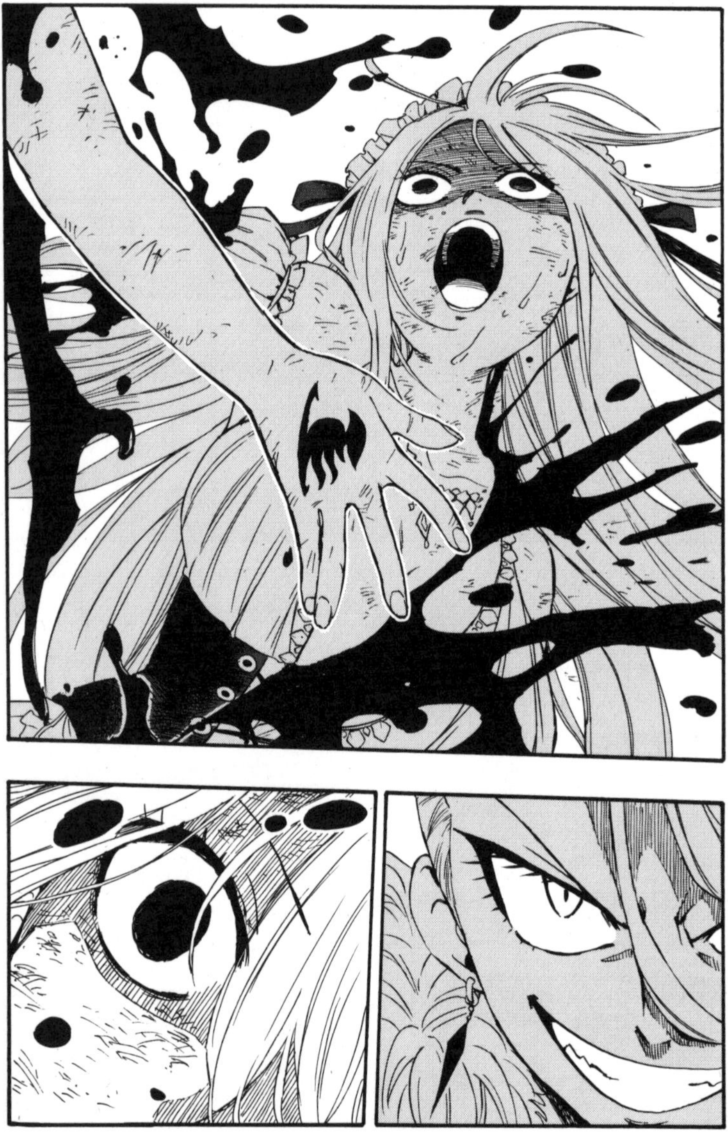

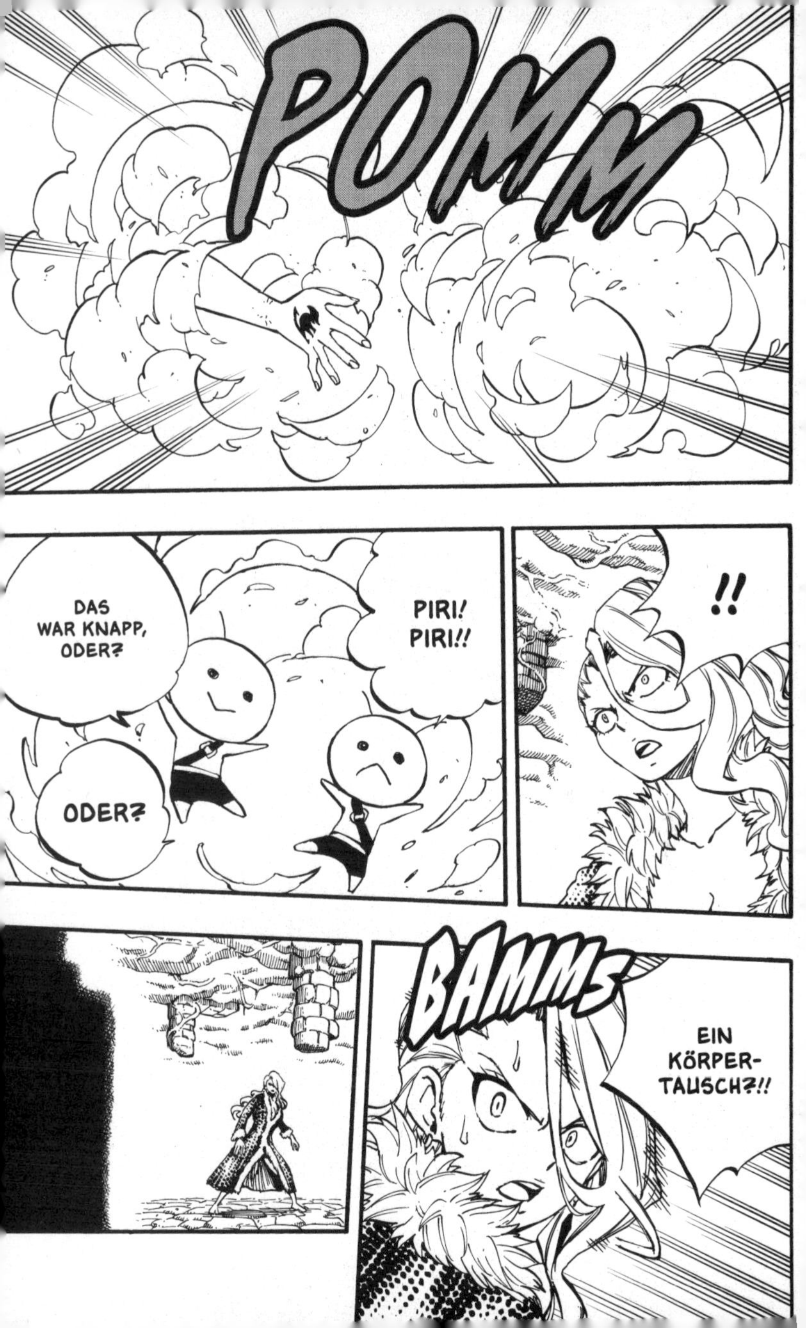
POMM
PIRI! PIRI!!
DAS WAR KNAPP, ODER?
ODER?
!!
EIN KÖRPER-TAUSCH?!!
BAMMS

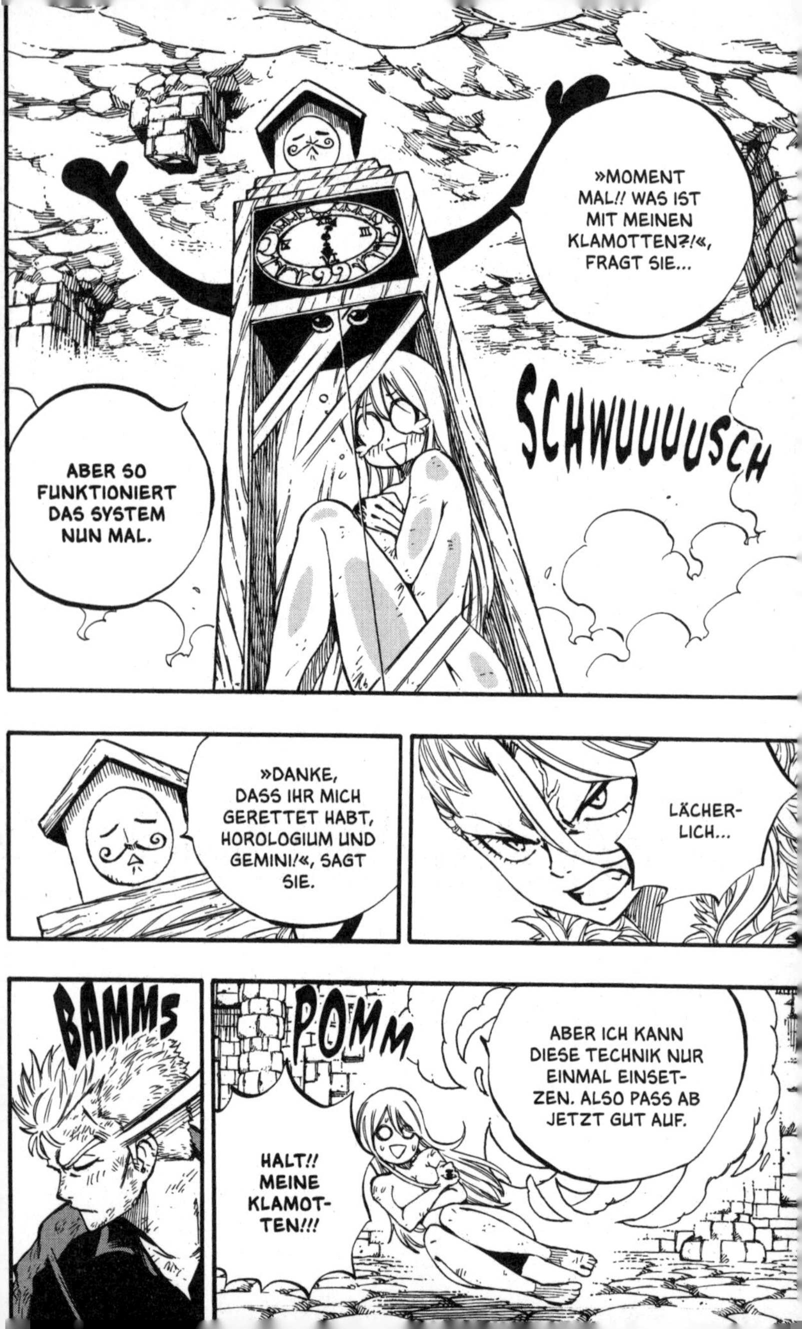
»MOMENT MAL!! WAS IST MIT MEINEN KLAMOTTEN?!«, FRAGT SIE...
SCHWUUUUUSCH
ABER SO FUNKTIONIERT DAS SYSTEM NUN MAL.
»DANKE, DASS IHR MICH GERETTET HABT, HOROLOGIUM UND GEMINI!«, SAGT SIE.
LÄCHER-LICH...
BAMMS
POMM
ABER ICH KANN DIESE TECHNIK NUR EINMAL EINSET-ZEN. ALSO PASS AB JETZT GUT AUF.
HALT!! MEINE KLAMOT-TEN!!!

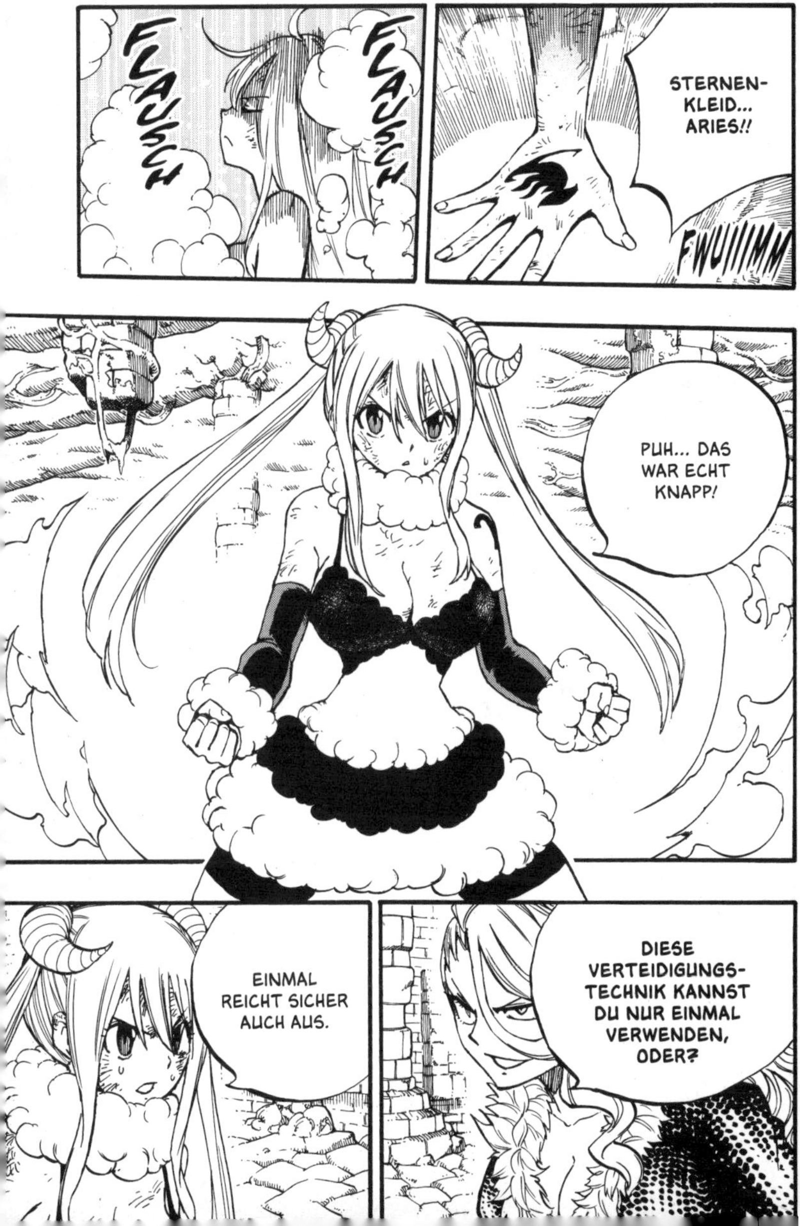
FLAUSCH
FLAUSCH
STERNEN-KLEID... ARIES!!
FWUIIMM
PUH... DAS WAR ECHT KNAPP!
DIESE VERTEIDIGUNGS-TECHNIK KANNST DU NUR EINMAL VERWENDEN, ODER?
EINMAL REICHT SICHER AUCH AUS.

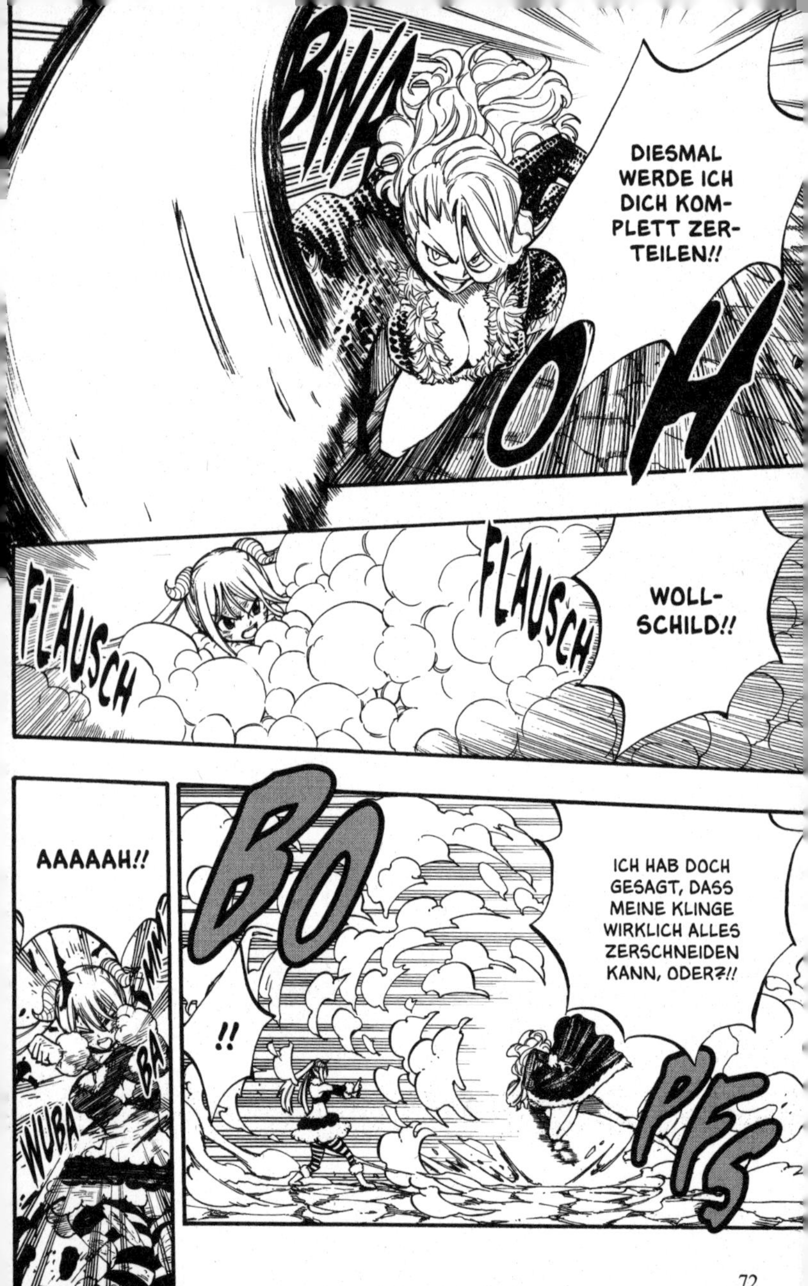

BWA
OH
DIESMAL WERDE ICH DICH KOMPLETT ZERTEILEN!!
WOLLSCHILD!!
FLAUSCH
FLAUSCH
ICH HAB DOCH GESAGT, DASS MEINE KLINGE WIRKLICH ALLES ZERSCHNEIDEN KANN, ODER?!!
BO
!!
PFS
AAAAAH!!
BA
WUBA

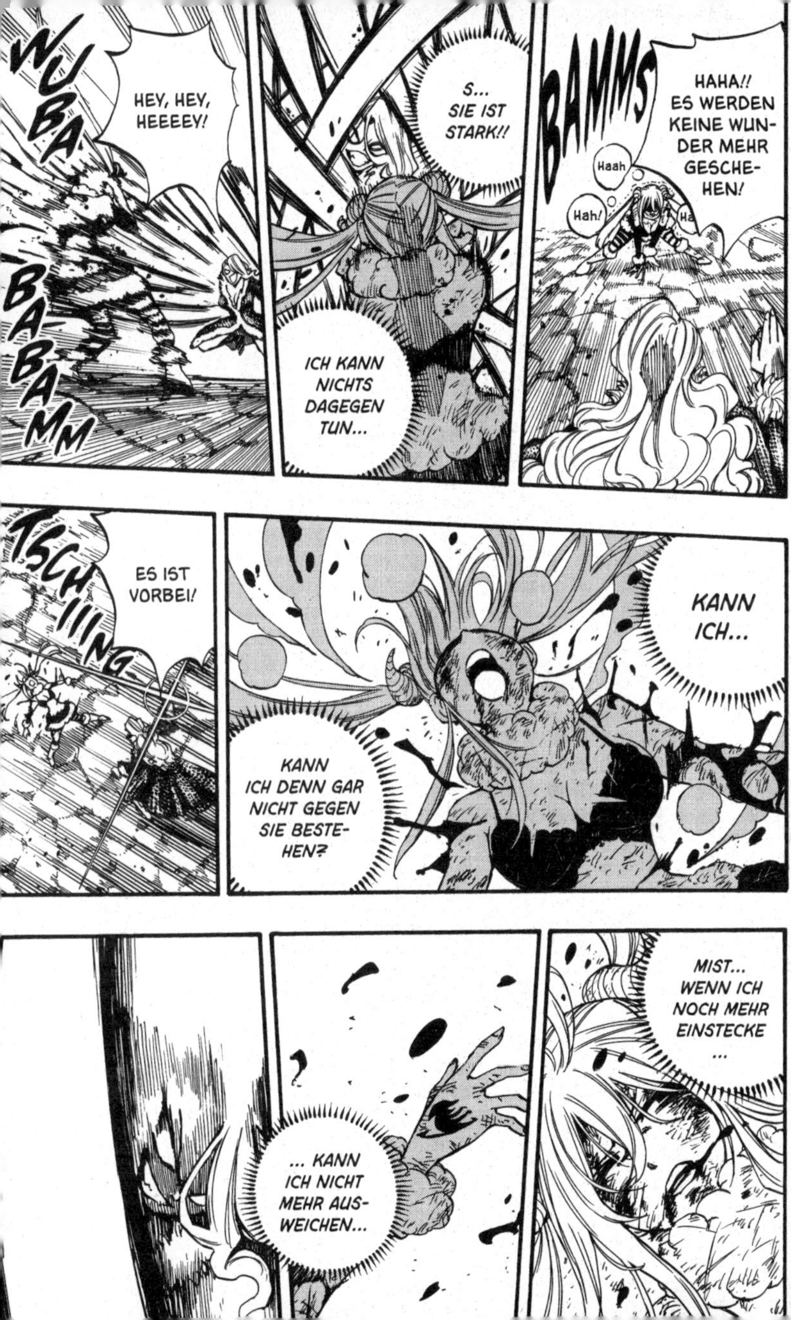
BAMMS
HAHA!! ES WERDEN KEINE WUNDER MEHR GESCHEHEN!
Haah
Hah!
S... SIE IST STARK!!
ICH KANN NICHTS DAGEGEN TUN...
HEY, HEY, HEEEEY!
WUBA
BABABAMM
KANN ICH...
KANN ICH DENN GAR NICHT GEGEN SIE BESTEHEN?
TSCHIIING
ES IST VORBEI!
MIST... WENN ICH NOCH MEHR EINSTECKE ...
... KANN ICH NICHT MEHR AUSWEICHEN...

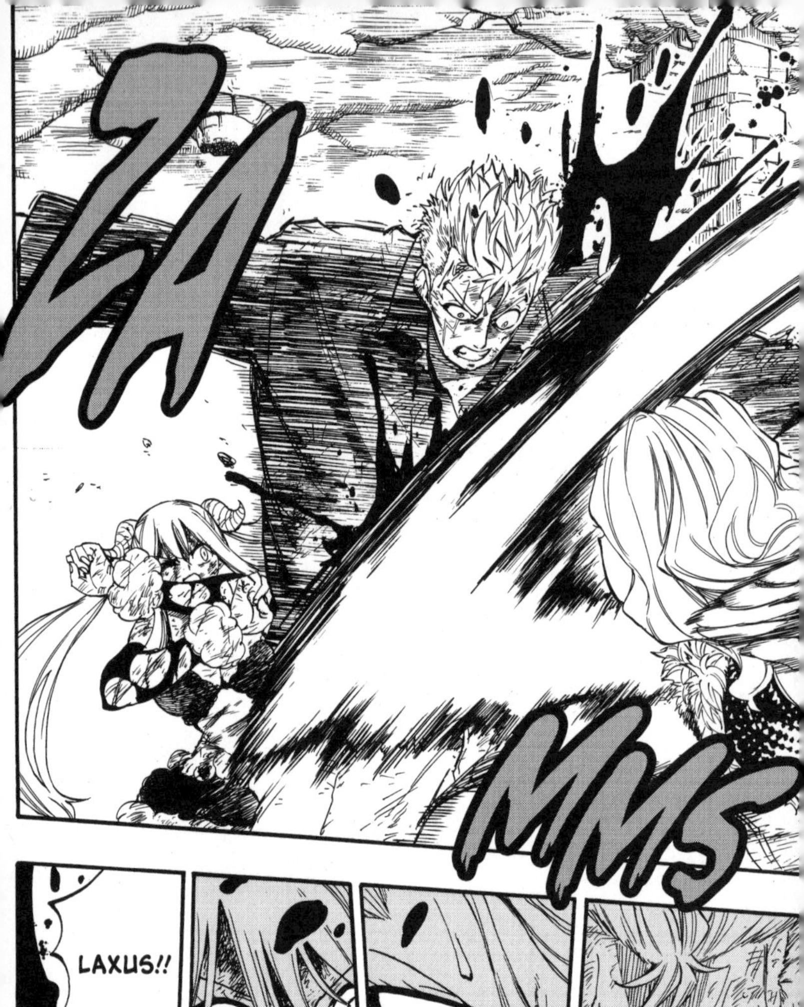
LAXUS!!

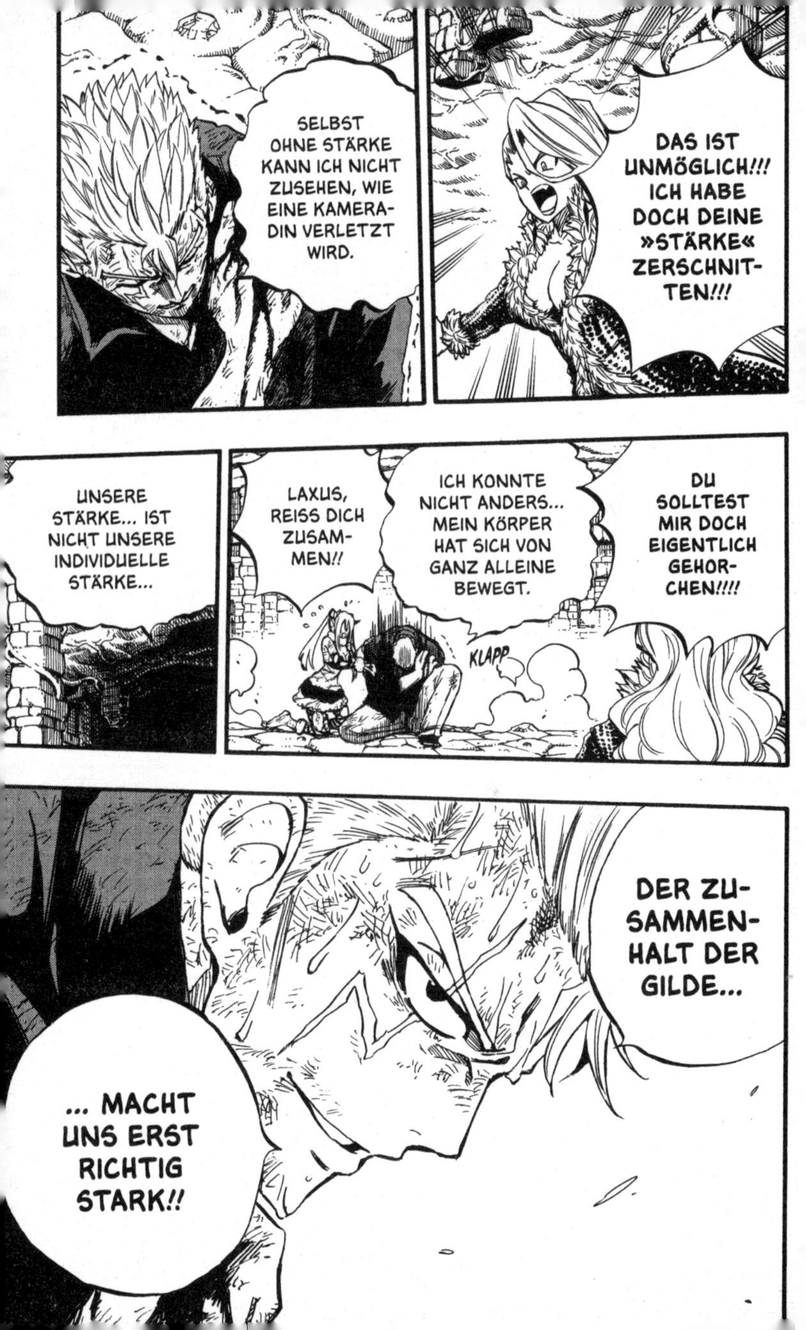
DAS IST UNMÖGLICH!!! ICH HABE DOCH DEINE »STÄRKE« ZERSCHNITTEN!!!
SELBST OHNE STÄRKE KANN ICH NICHT ZUSEHEN, WIE EINE KAMERADIN VERLETZT WIRD.
DU SOLLTEST MIR DOCH EIGENTLICH GEHORCHEN!!!!
ICH KONNTE NICHT ANDERS... MEIN KÖRPER HAT SICH VON GANZ ALLEINE BEWEGT.
LAXUS, REISS DICH ZUSAMMEN!!
KLAPP
UNSERE STÄRKE... IST NICHT UNSERE INDIVIDUELLE STÄRKE...
DER ZUSAMMENHALT DER GILDE...
... MACHT UNS ERST RICHTIG STARK!!

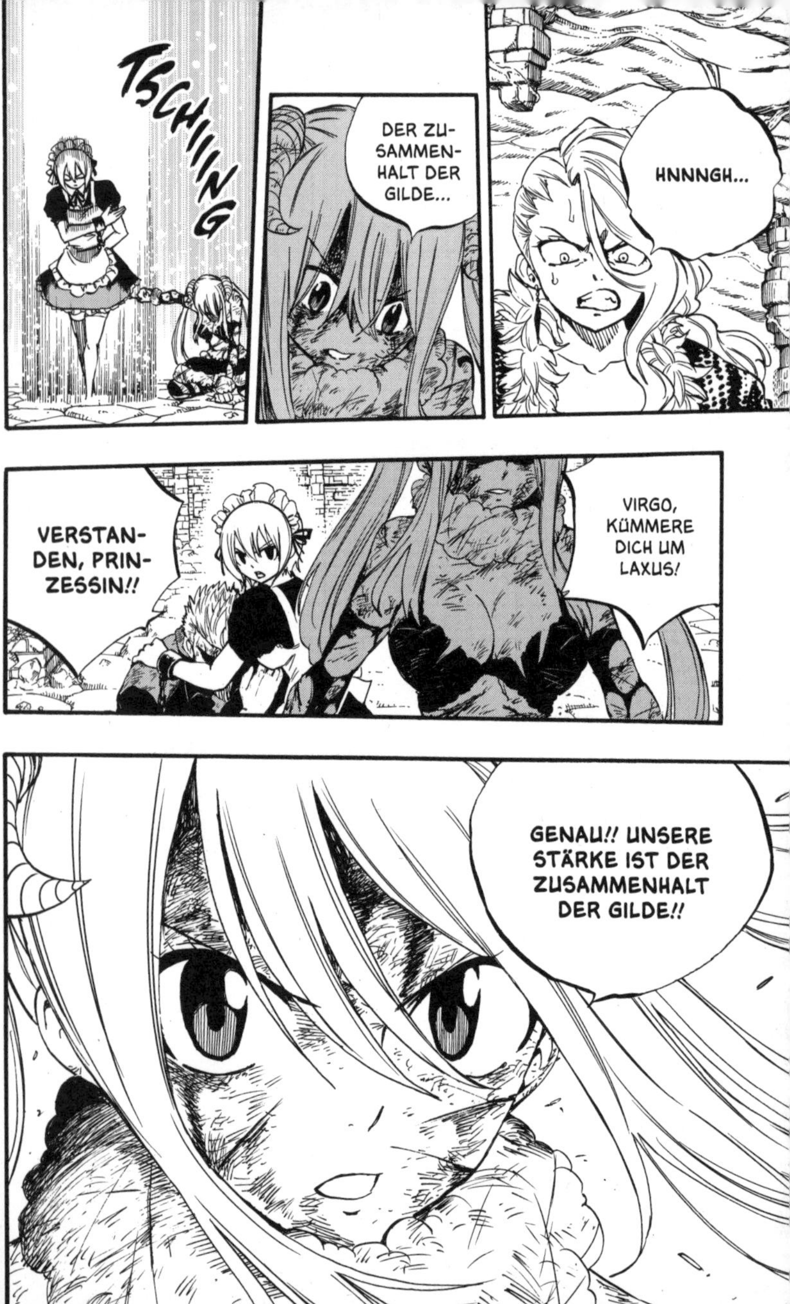
HNNNGH...
DER ZU-
SAMMEN-
HALT DER
GILDE...
TSCHIIING
VIRGO,
KÜMMERE
DICH UM
LAXUS!
VERSTAN-
DEN, PRIN-
ZESSIN!!
GENAU!! UNSERE
STÄRKE IST DER
ZUSAMMENHALT
DER GILDE!!

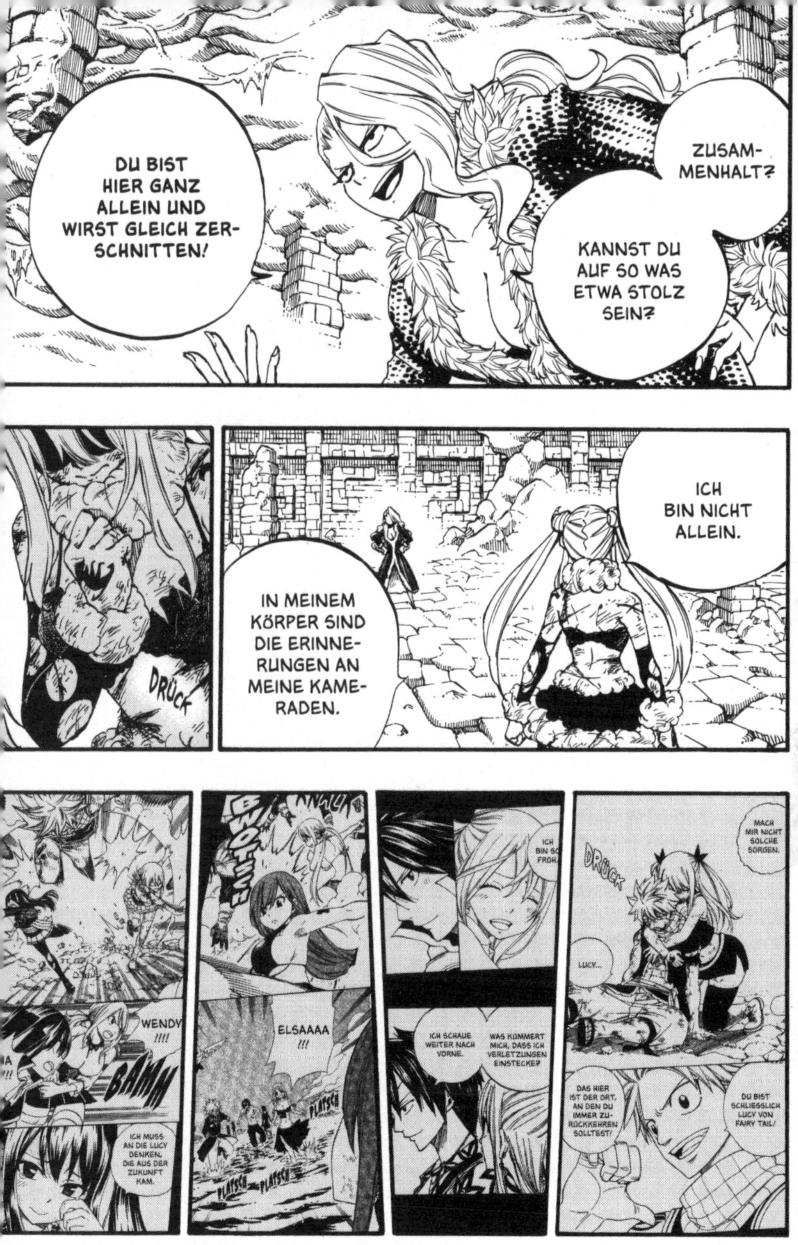
ZUSAMMENHALT?
KANNST DU AUF SO WAS ETWA STOLZ SEIN?
DU BIST HIER GANZ ALLEIN UND WIRST GLEICH ZERSCHNITTEN!
ICH BIN NICHT ALLEIN.
IN MEINEM KÖRPER SIND DIE ERINNERUNGEN AN MEINE KAMERADEN.
DRÜCK
MACH MIR NICHT SOLCHE SORGEN.
DRÜCK
LUCY...
DU BIST SCHLIESSLICH LUCY VON FAIRY TAIL!
DAS HIER IST DER ORT, AN DEN DU IMMER ZURÜCKKEHREN SOLLTEST!
ICH BIN SO FROH.
WAS KÜMMERT MICH, DASS ICH VERLETZUNGEN EINSTECKE?
ICH SCHAUE WEITER NACH VORNE.
ELSAAAA !!!
PLATSCH
PLATSCH
PLATSCH
WENDY !!!!
BAMM
ICH MUSS AN DIE LUCY DENKEN, DIE AUS DER ZUKUNFT KAM.

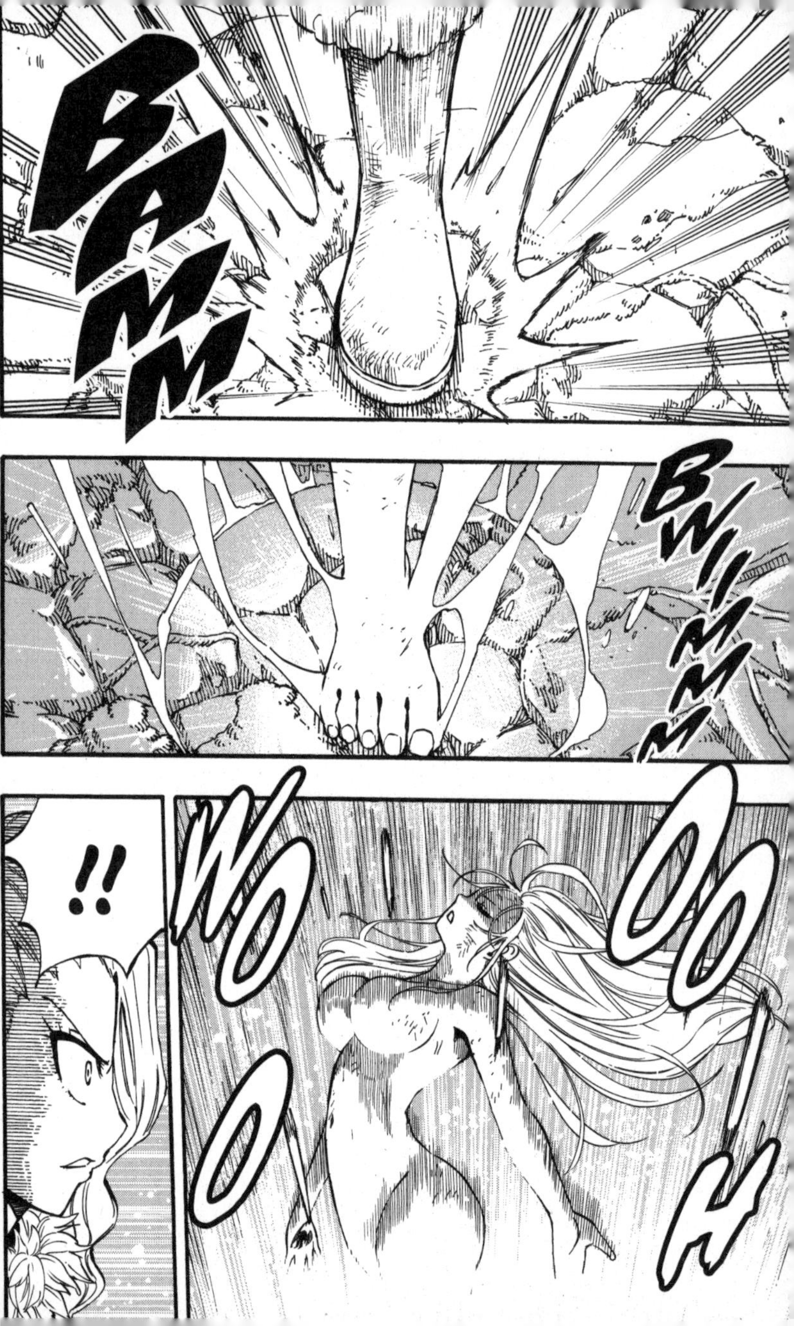
BAMM
BWIMMM
WOOOOOH
!!

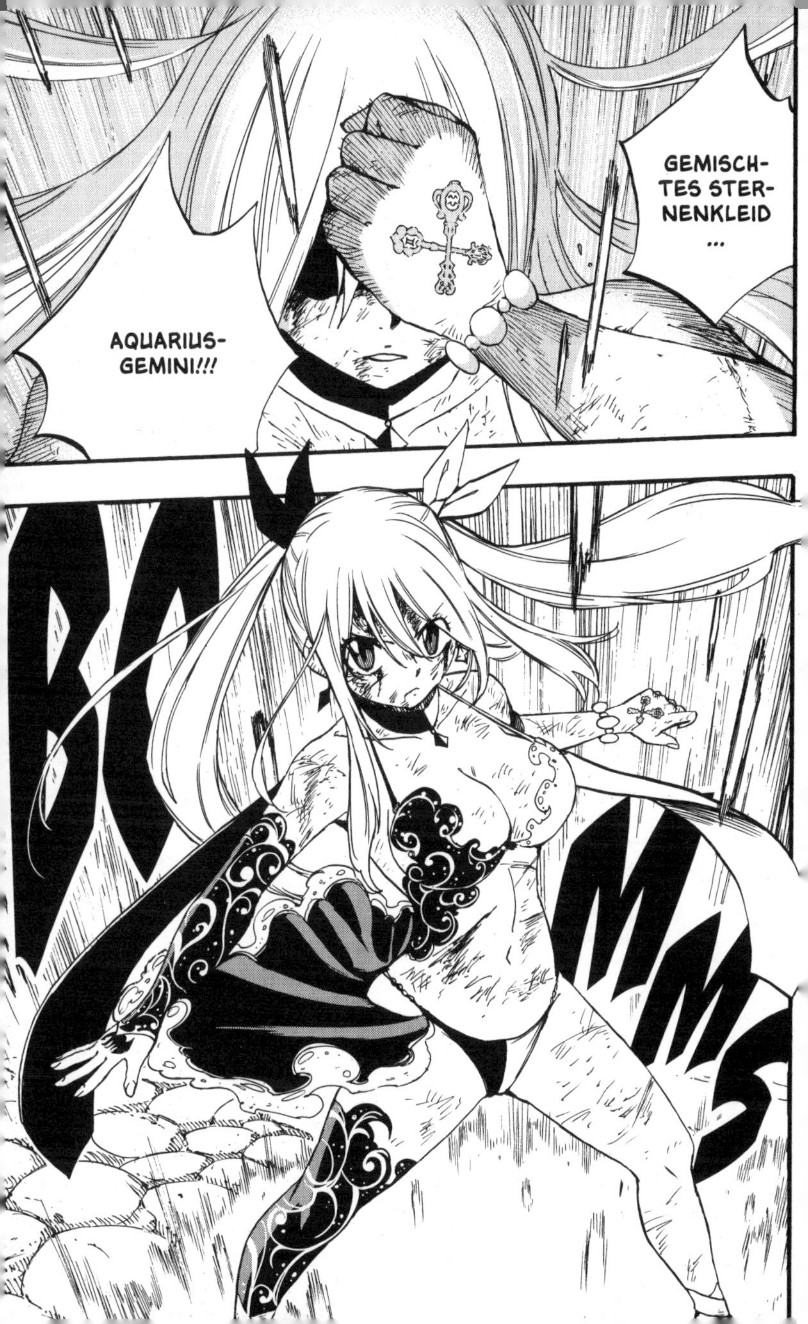
GEMISCHTES STERNENKLEID ...
AQUARIUS-GEMINI!!!

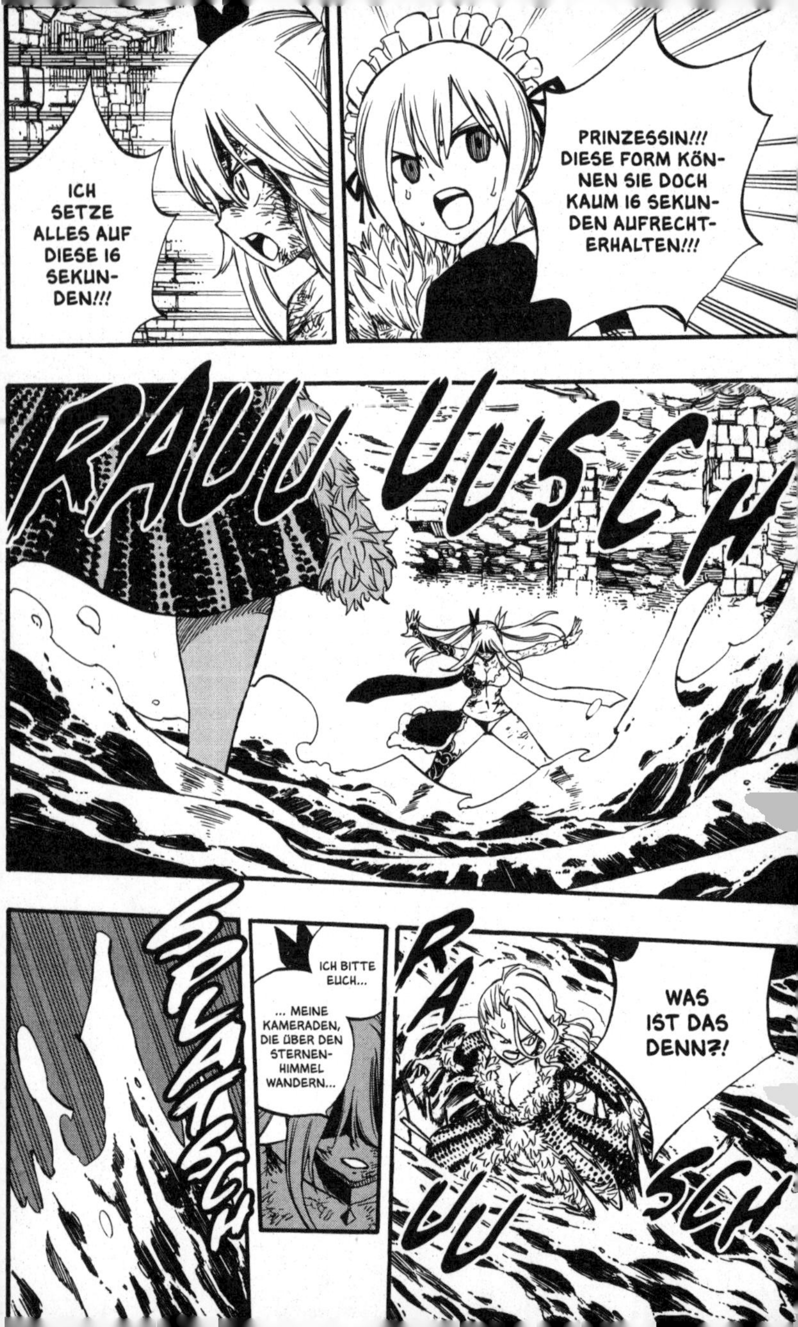
PRINZESSIN!!! DIESE FORM KÖNNEN SIE DOCH KAUM 16 SEKUNDEN AUFRECHTERHALTEN!!!
ICH SETZE ALLES AUF DIESE 16 SEKUNDEN!!!
RAUUUUSCH
WAS IST DAS DENN?!
RAUUSCH
ICH BITTE EUCH...
... MEINE KAMERADEN, DIE ÜBER DEN STERNENHIMMEL WANDERN...

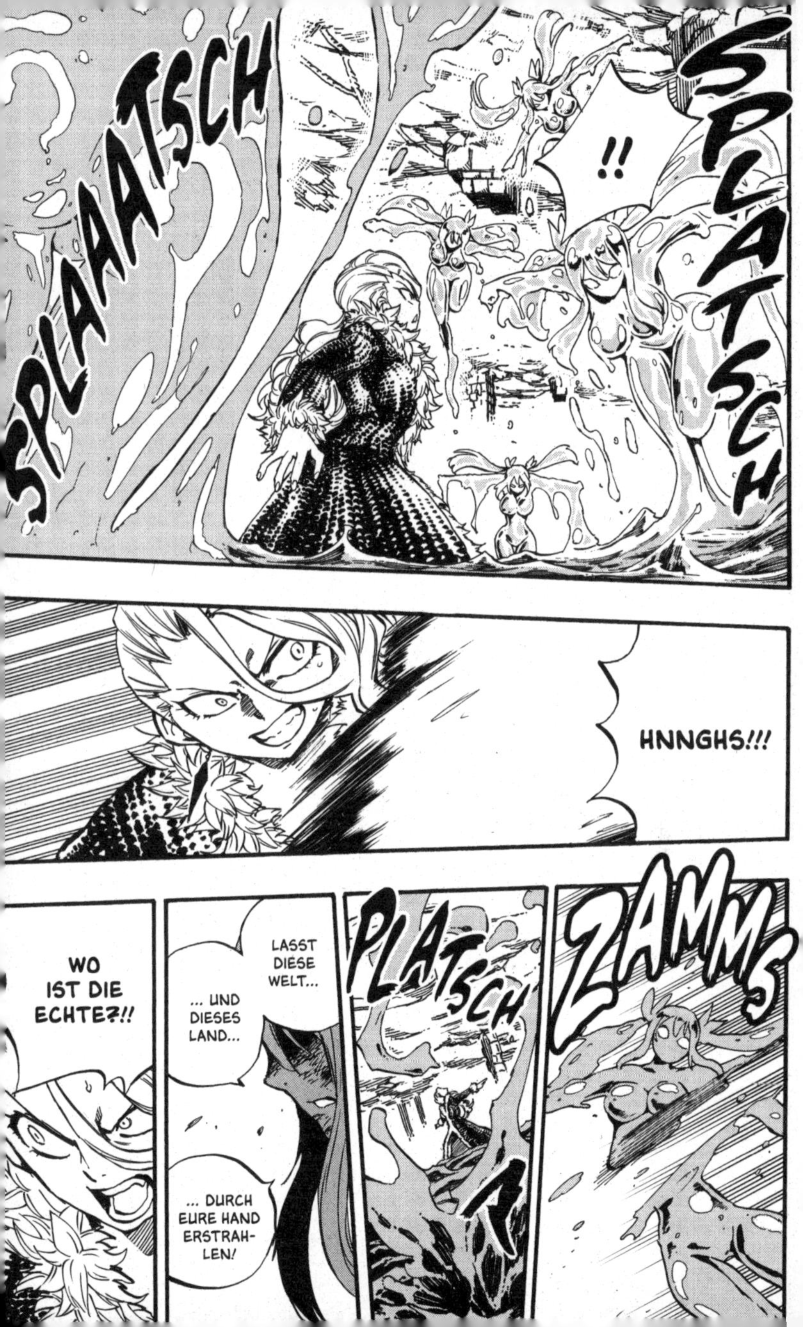
SPLATSCH
!!
SPLAATSCH
HNNGHS!!!
ZAMMS
PLATSCH
LASST DIESE WELT...
... UND DIESES LAND...
... DURCH EURE HAND ERSTRAH-LEN!
WO IST DIE ECHTE?!!

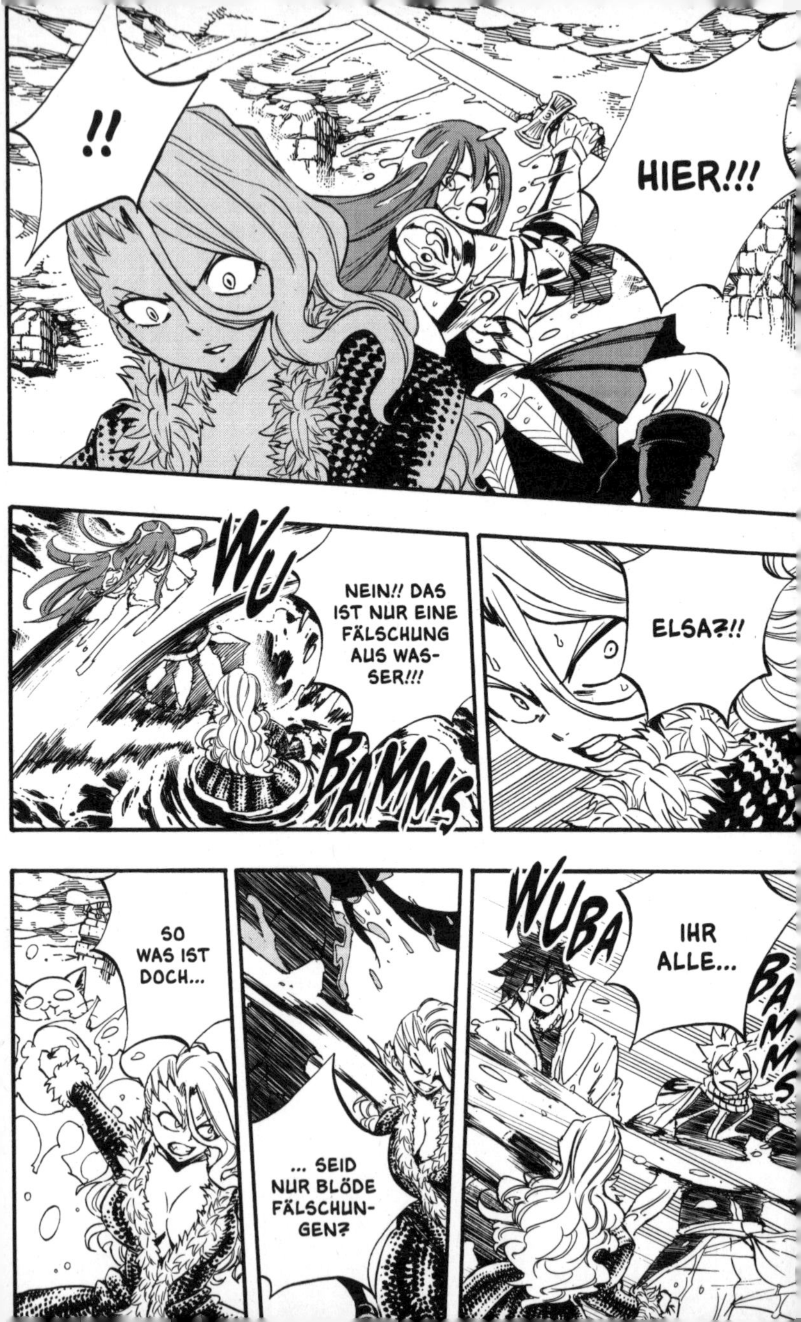
HIER!!!
!!
ELSA?!!
NEIN!! DAS IST NUR EINE FÄLSCHUNG AUS WASSER!!!
WU
BAMMS
IHR ALLE...
WUBA
BAMMS
... SEID NUR BLÖDE FÄLSCHUNGEN?
SO WAS IST DOCH...

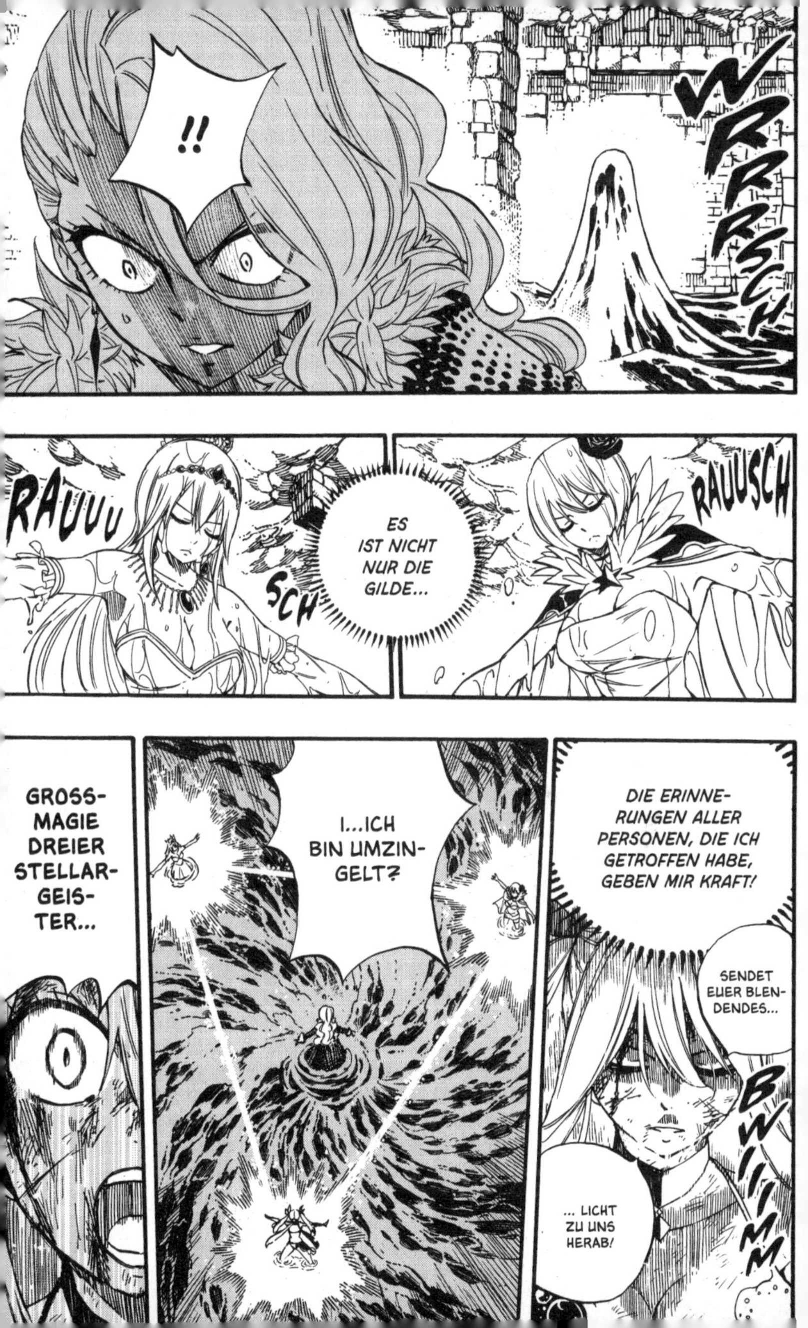
WRRRSCH
!!
RAUUSCH
ES IST NICHT NUR DIE GILDE...
RAUUUU SCH
DIE ERINNERUNGEN ALLER PERSONEN, DIE ICH GETROFFEN HABE, GEBEN MIR KRAFT!
SENDET EUER BLENDENDES...
... LICHT ZU UNS HERAB!
BWIIIMM
I...ICH BIN UMZINGELT?
GROSSMAGIE DREIER STELLARGEISTER...

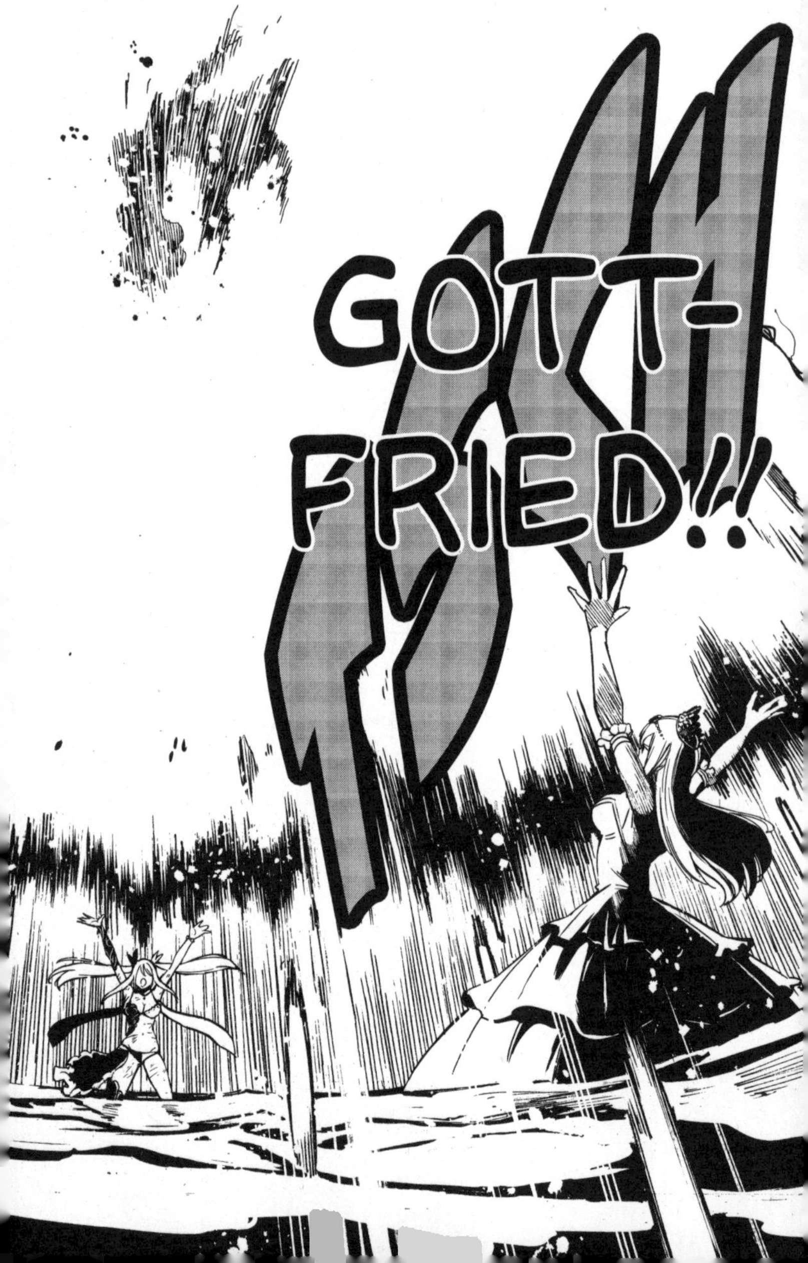
GOTT-
FRIED!!!

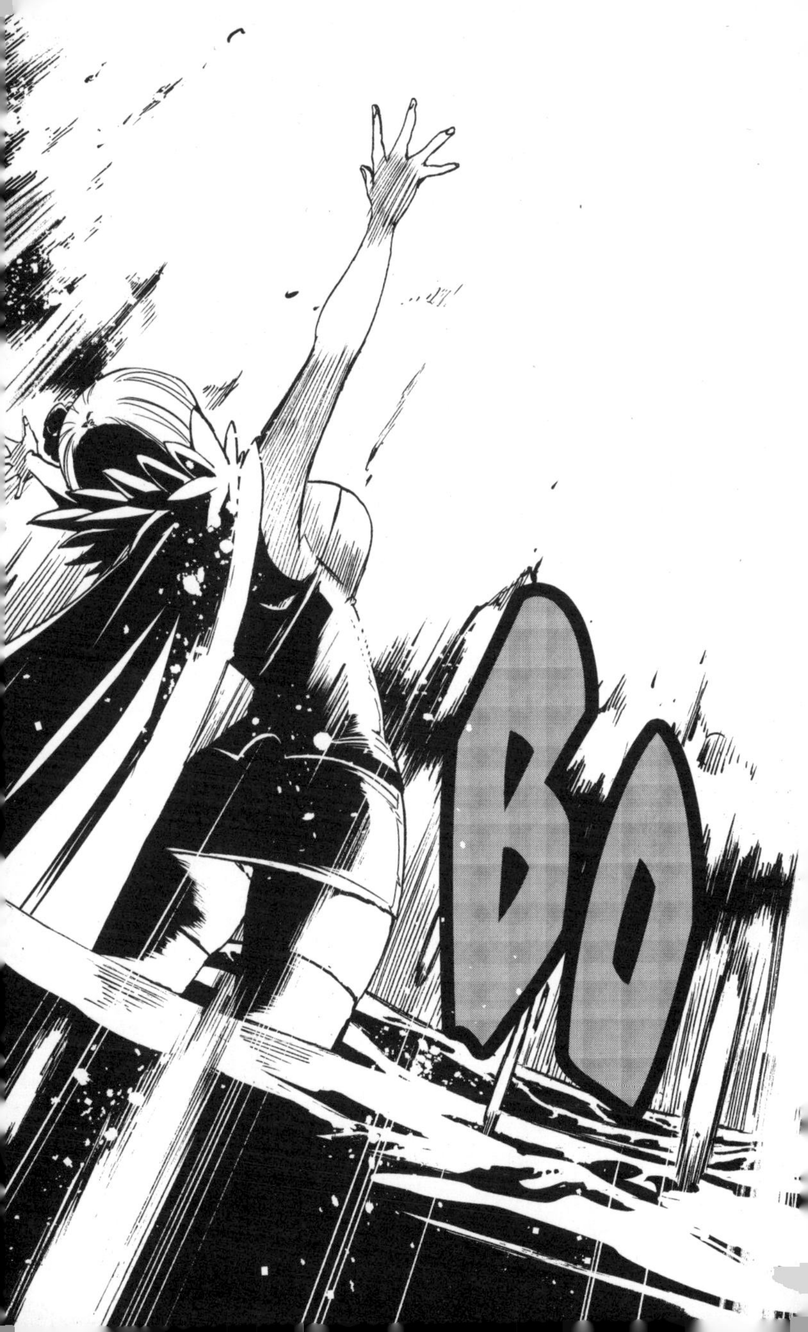
BO

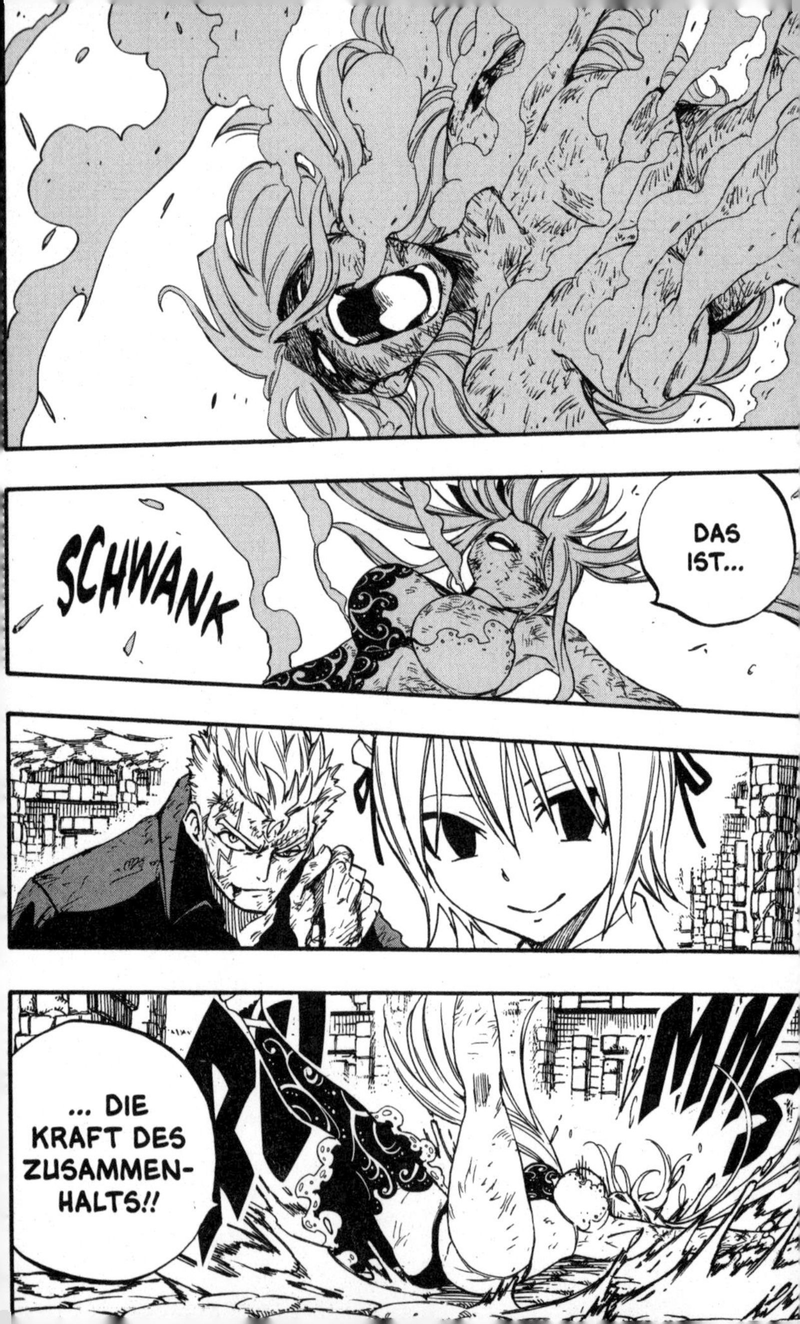
SCHWANK
DAS IST...
... DIE KRAFT DES ZUSAMMEN-HALTS!!

FAIRY TAIL 100 YEARS QUEST

KAPITEL 104: BLUE DIMENSION

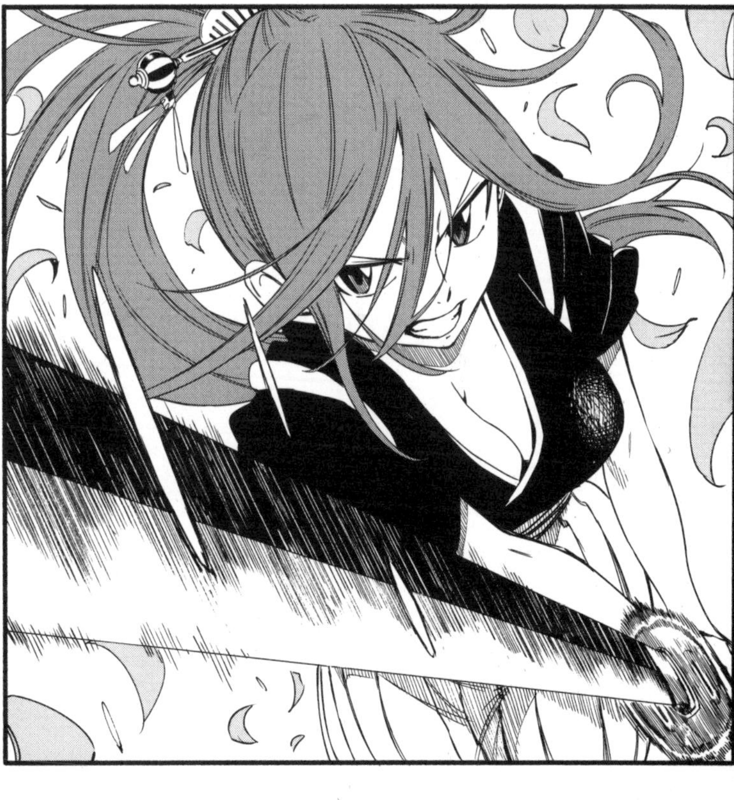

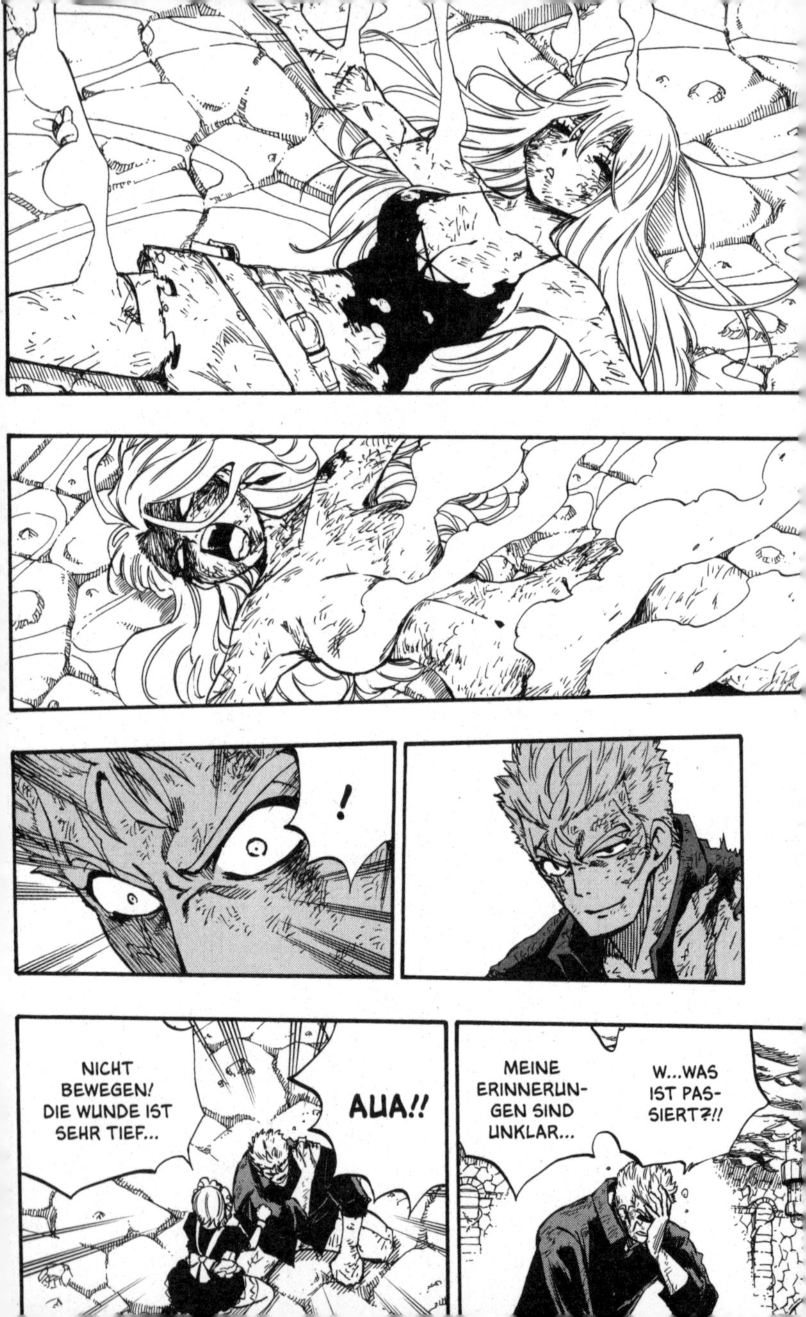
!
W...WAS IST PASSIERT?!!
MEINE ERINNERUNGEN SIND UNKLAR...
AUA!!
NICHT BEWEGEN! DIE WUNDE IST SEHR TIEF...

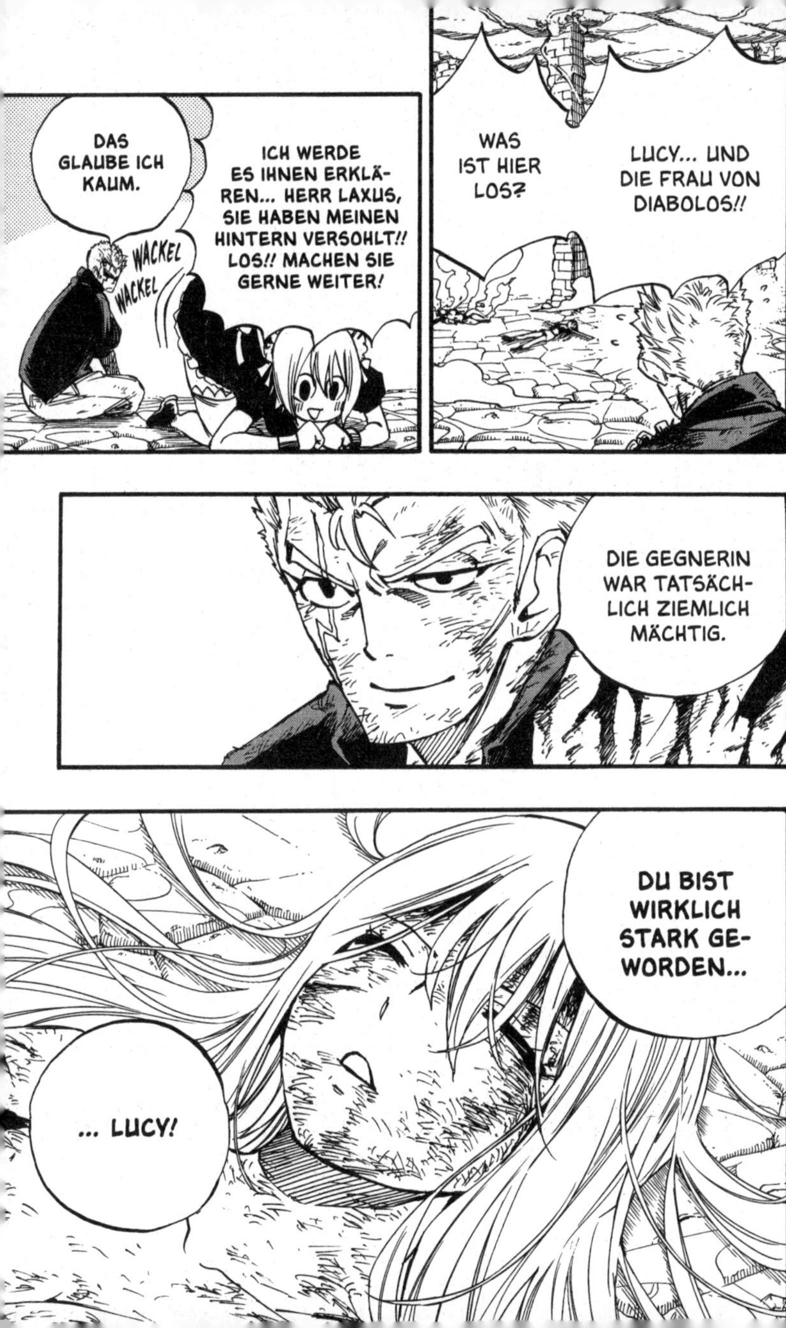
LUCY... UND DIE FRAU VON DIABOLOS!!
WAS IST HIER LOS?
ICH WERDE ES IHNEN ERKLÄREN... HERR LAXUS, SIE HABEN MEINEN HINTERN VERSOHLT!! LOS!! MACHEN SIE GERNE WEITER!
DAS GLAUBE ICH KAUM.
WACKEL WACKEL
DIE GEGNERIN WAR TATSÄCHLICH ZIEMLICH MÄCHTIG.
DU BIST WIRKLICH STARK GEWORDEN...
... LUCY!

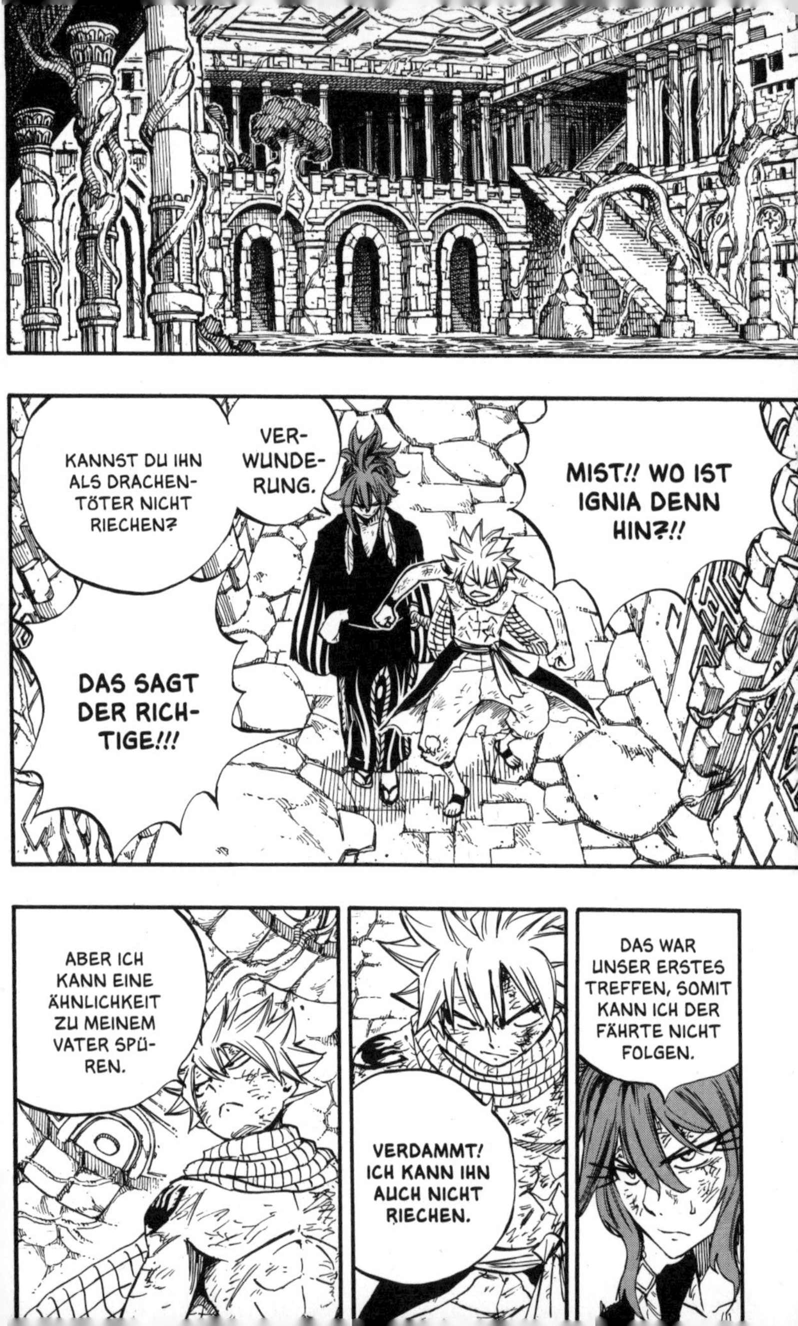
MIST!! WO IST IGNIA DENN HIN?!!
VERWUNDERUNG.
KANNST DU IHN ALS DRACHENTÖTER NICHT RIECHEN?
DAS SAGT DER RICHTIGE!!!
DAS WAR UNSER ERSTES TREFFEN, SOMIT KANN ICH DER FÄHRTE NICHT FOLGEN.
VERDAMMT! ICH KANN IHN AUCH NICHT RIECHEN.
ABER ICH KANN EINE ÄHNLICHKEIT ZU MEINEM VATER SPÜREN.

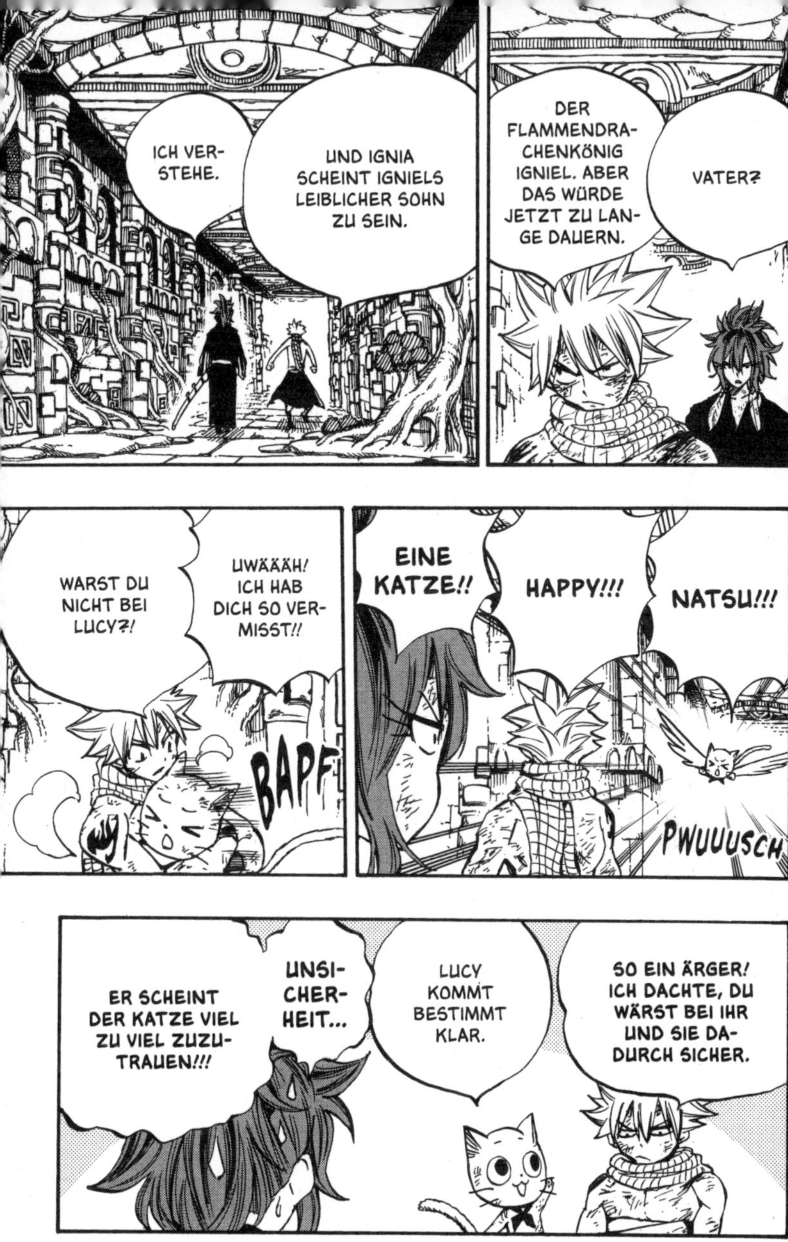
ICH VERSTEHE.
UND IGNIA SCHEINT IGNIELS LEIBLICHER SOHN ZU SEIN.
DER FLAMMENDRACHENKÖNIG IGNIEL. ABER DAS WÜRDE JETZT ZU LANGE DAUERN.
VATER?
WARST DU NICHT BEI LUCY?!
UWÄÄÄH! ICH HAB DICH SO VERMISST!!
BAPF
EINE KATZE!!
HAPPY!!!
NATSU!!!
PWUUUSCH
ER SCHEINT DER KATZE VIEL ZU VIEL ZUZUTRAUEN!!!
UNSICHERHEIT...
LUCY KOMMT BESTIMMT KLAR.
SO EIN ÄRGER! ICH DACHTE, DU WÄRST BEI IHR UND SIE DADURCH SICHER.

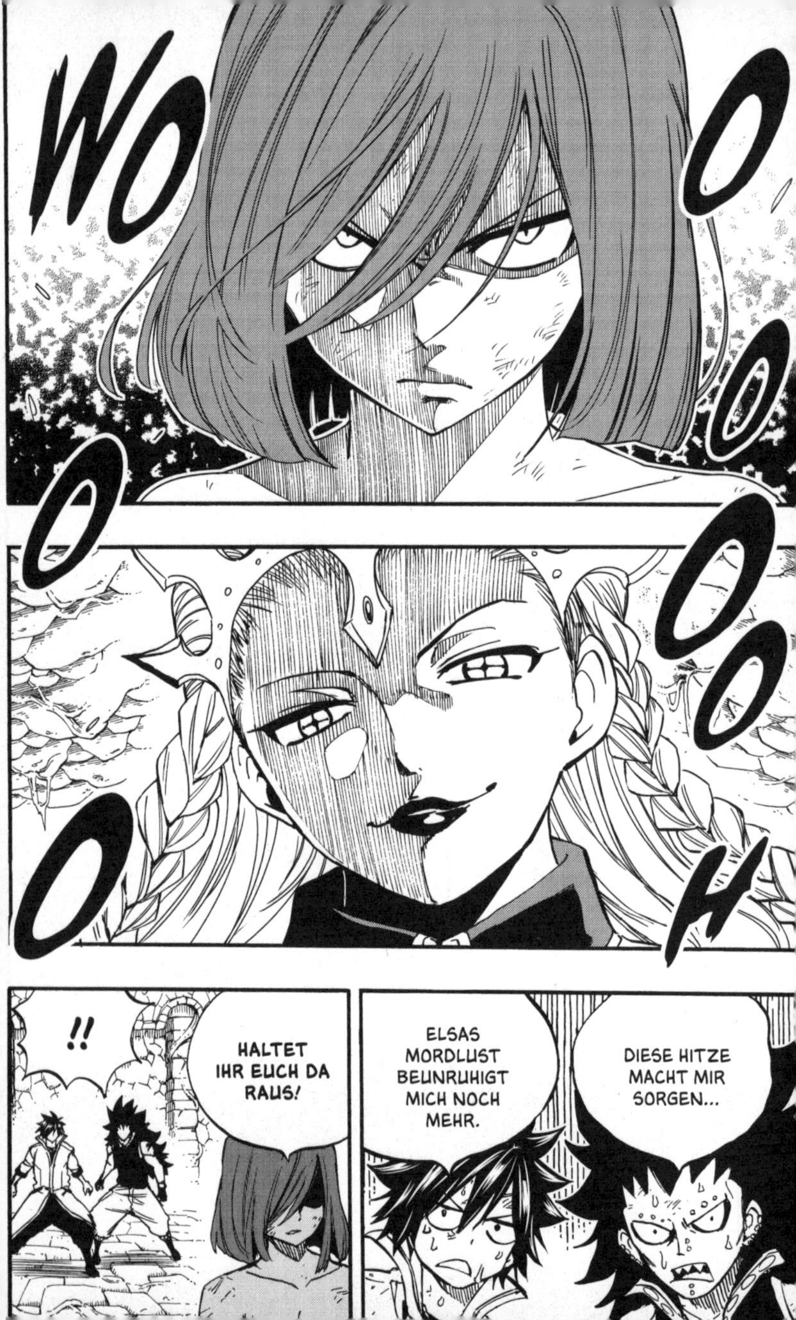
WOOOOOOOOOH
!!
HALTET IHR EUCH DA RAUS!
ELSAS MORDLUST BEUNRUHIGT MICH NOCH MEHR.
DIESE HITZE MACHT MIR SORGEN...

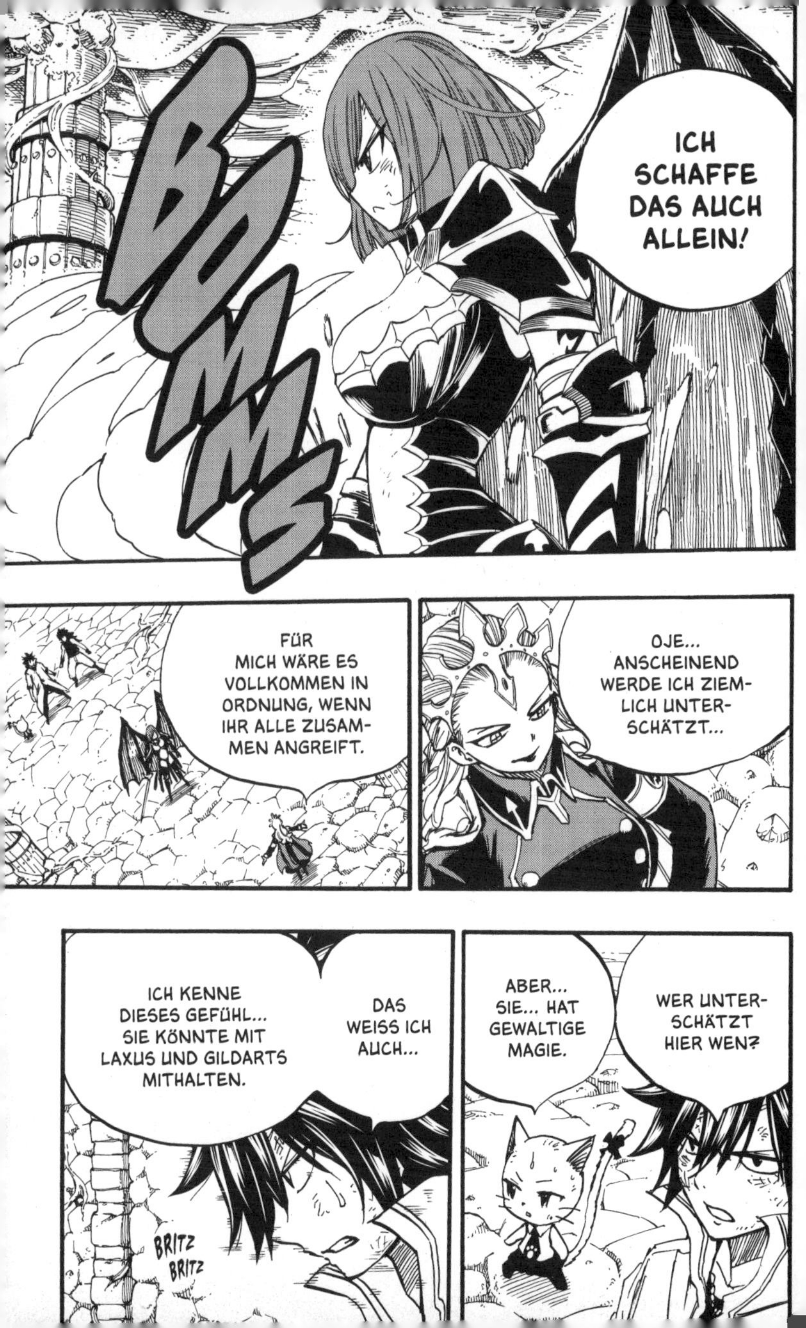
ICH SCHAFFE DAS AUCH ALLEIN!
BOMMS
OJE... ANSCHEINEND WERDE ICH ZIEMLICH UNTERSCHÄTZT...
FÜR MICH WÄRE ES VOLLKOMMEN IN ORDNUNG, WENN IHR ALLE ZUSAMMEN ANGREIFT.
WER UNTERSCHÄTZT HIER WEN?
ABER... SIE... HAT GEWALTIGE MAGIE.
DAS WEISS ICH AUCH...
ICH KENNE DIESES GEFÜHL... SIE KÖNNTE MIT LAXUS UND GILDARTS MITHALTEN.
BRITZ BRITZ

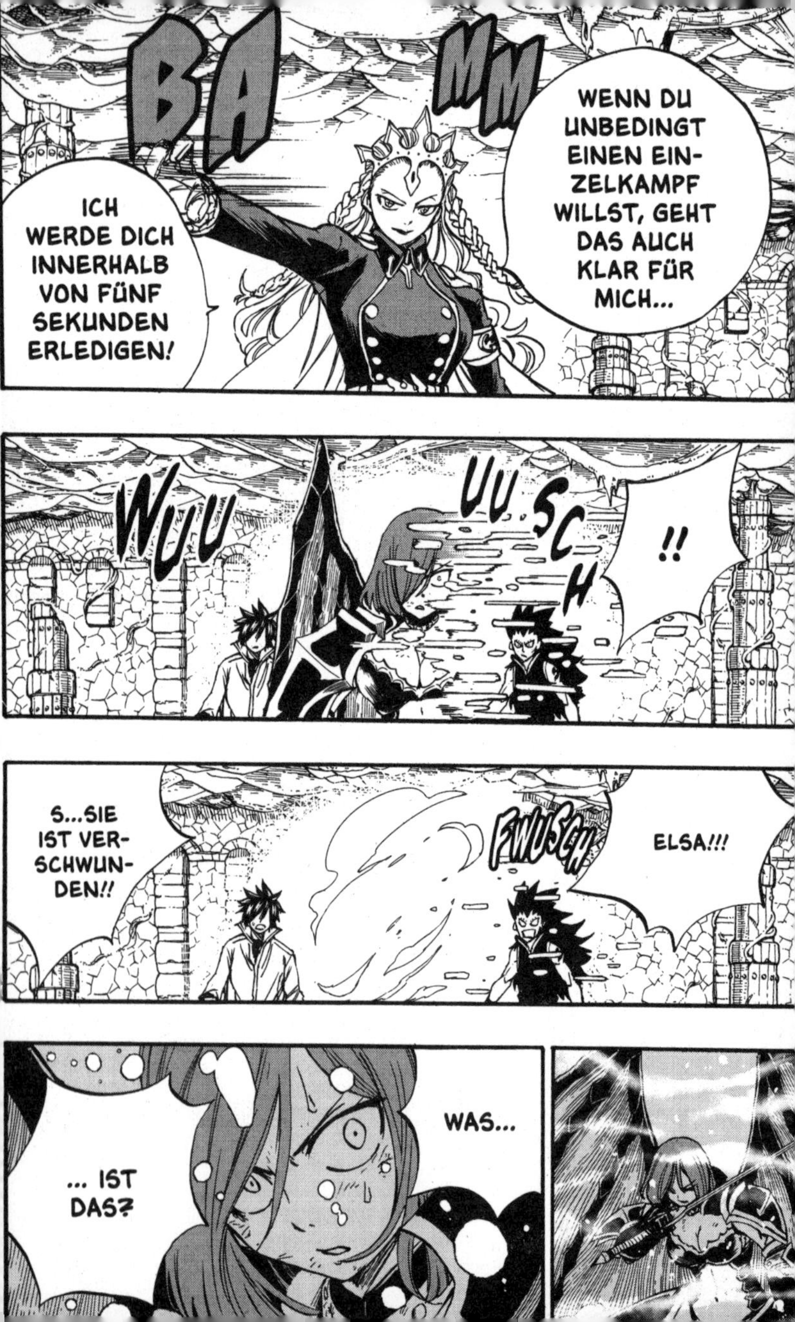
BAMM
WENN DU UNBEDINGT EINEN EIN-ZELKAMPF WILLST, GEHT DAS AUCH KLAR FÜR MICH...
ICH WERDE DICH INNERHALB VON FÜNF SEKUNDEN ERLEDIGEN!
!!
UUSCH
WUU
ELSA!!!
FWUSCH
S...SIE IST VER-SCHWUN-DEN!!
WAS...
... IST DAS?

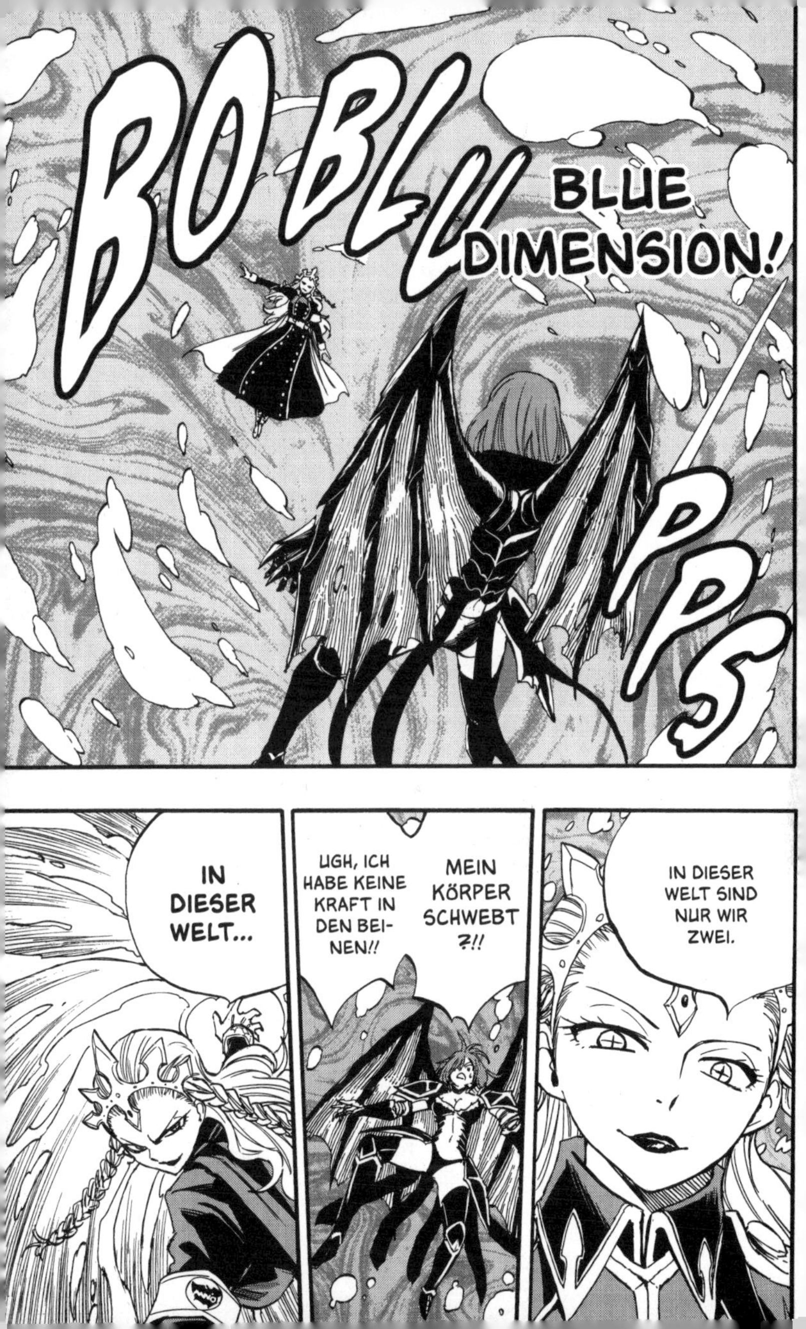
BOBLUBB
BLUE DIMENSION!
PPPS
IN DIESER WELT...
MEIN KÖRPER SCHWEBT ?!!
UGH, ICH HABE KEINE KRAFT IN DEN BEI-NEN!!
IN DIESER WELT SIND NUR WIR ZWEI.

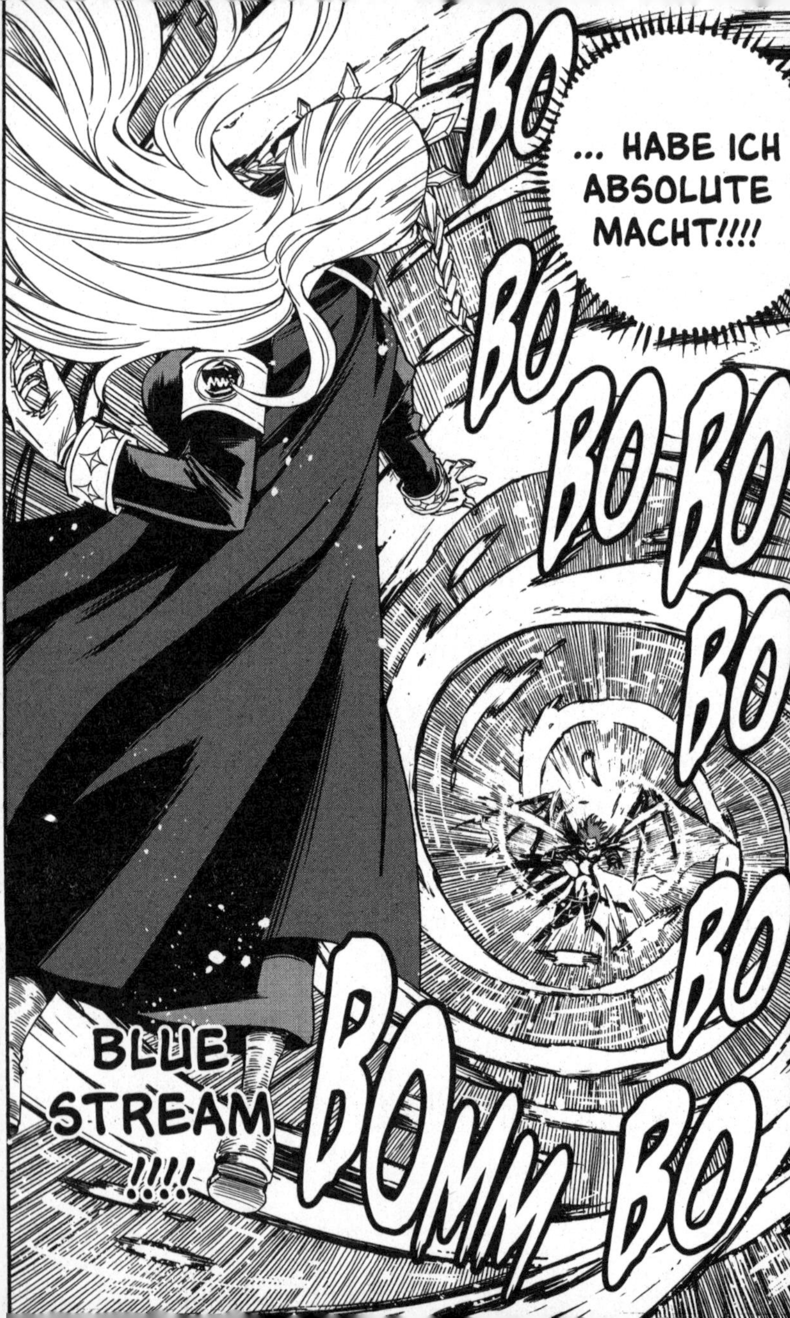
BO
... HABE ICH ABSOLUTE MACHT!!!!
BO BO
BO BO
BO BO BO
BO
BLUE STREAM!!!!
BOMM BO

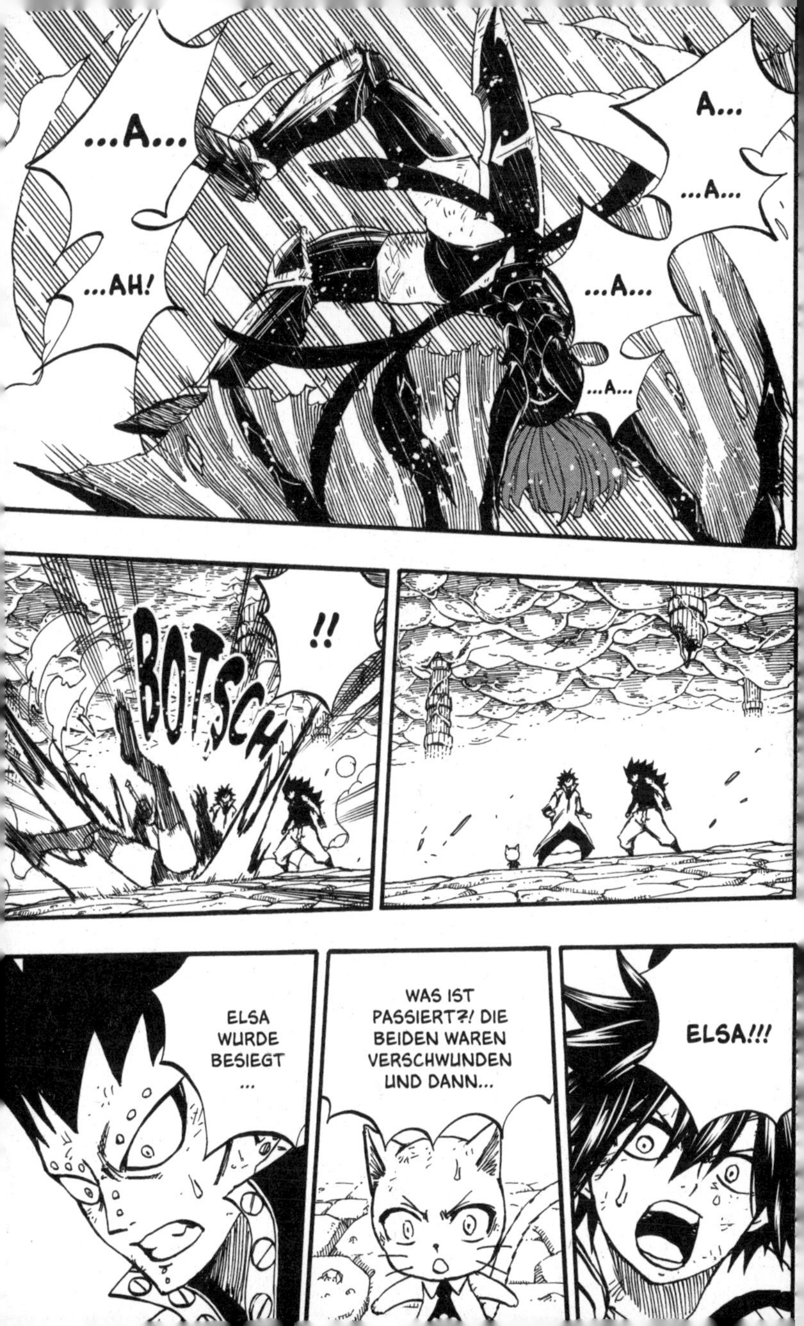
A...
...A...
...A...
...A...
...A...
...AH!
!!
BOTSCH
ELSA!!!
WAS IST PASSIERT?! DIE BEIDEN WAREN VERSCHWUNDEN UND DANN...
ELSA WURDE BESIEGT ...

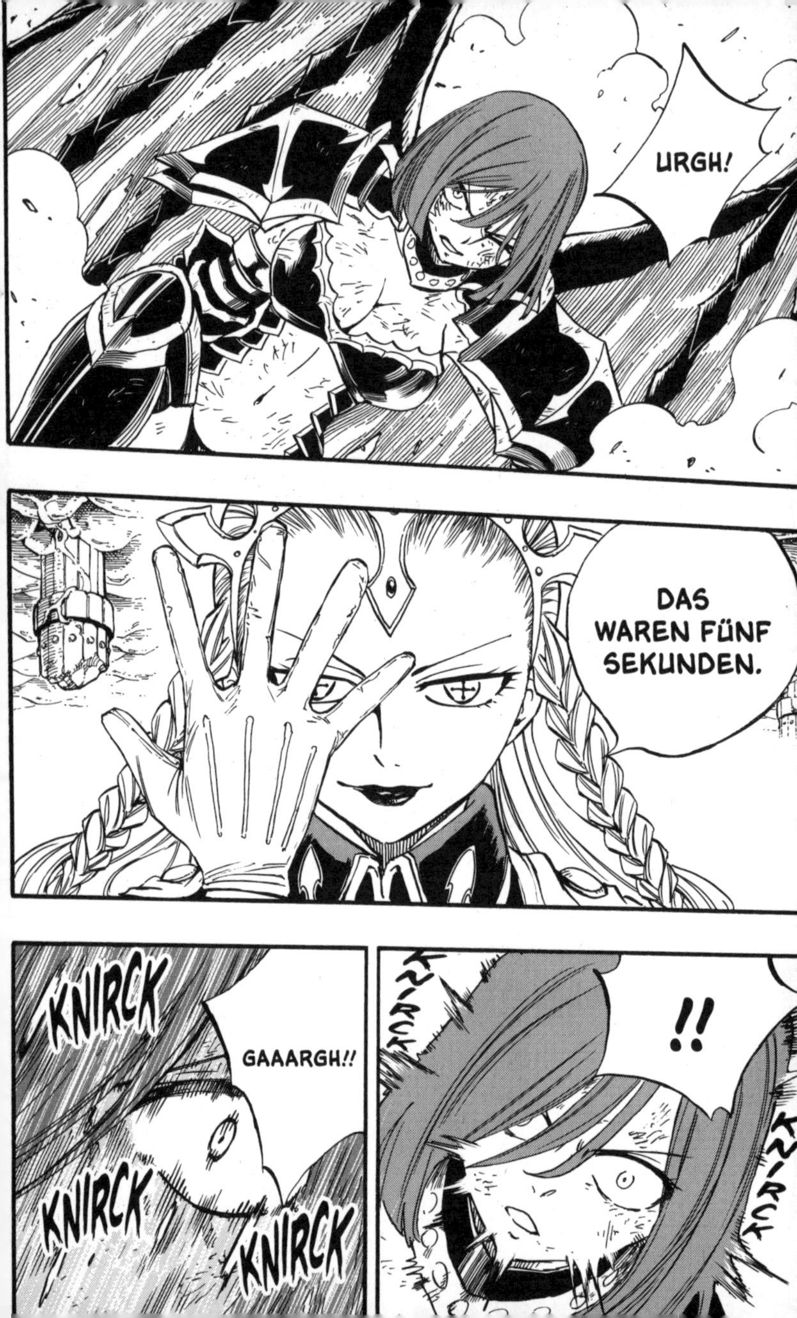
URGH!
DAS WAREN FÜNF SEKUNDEN.
KNIRCK
GAAARGH!!
KNIRCK
KNIRCK
KNIRCK
!!
KNIRCK

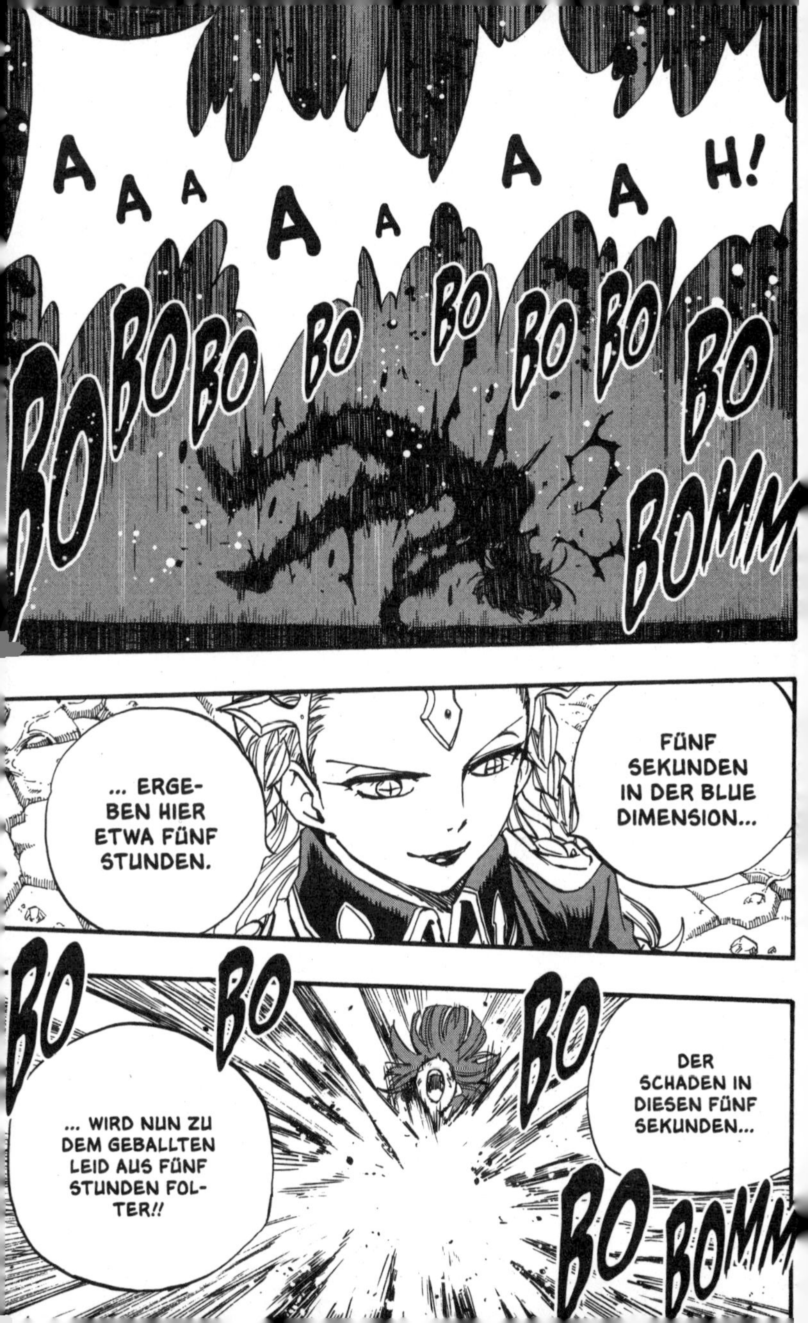
AAAAAAAAAH!
BOBOBOBOBOBOBOBOBO BOMM
FÜNF SEKUNDEN IN DER BLUE DIMENSION...
... ERGEBEN HIER ETWA FÜNF STUNDEN.
BO BO BO
DER SCHADEN IN DIESEN FÜNF SEKUNDEN...
... WIRD NUN ZU DEM GEBALLTEN LEID AUS FÜNF STUNDEN FOLTER!!
BO BOMM

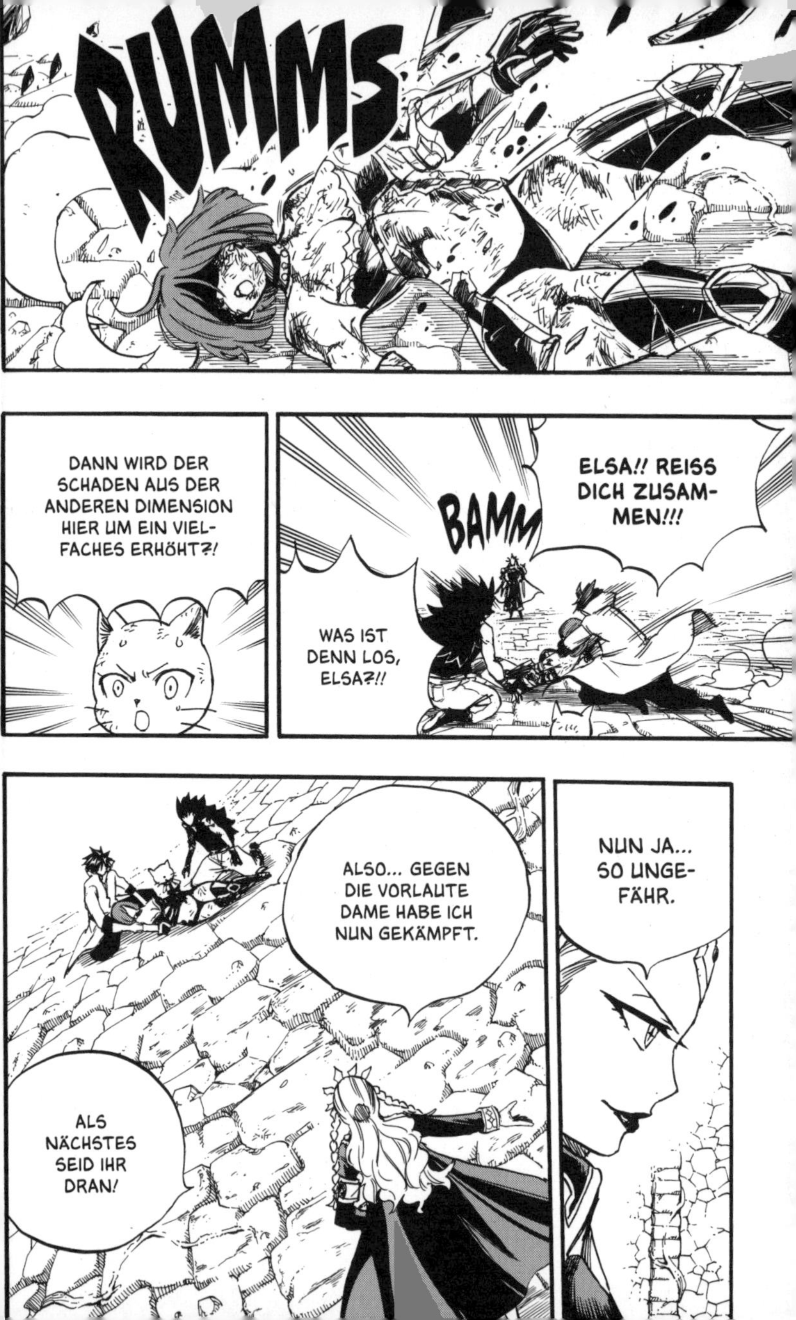
RUMMS
ELSA!! REISS DICH ZUSAMMEN!!!
BAMM
WAS IST DENN LOS, ELSA?!!
DANN WIRD DER SCHADEN AUS DER ANDEREN DIMENSION HIER UM EIN VIELFACHES ERHÖHT?!
NUN JA... SO UNGEFÄHR.
ALSO... GEGEN DIE VORLAUTE DAME HABE ICH NUN GEKÄMPFT.
ALS NÄCHSTES SEID IHR DRAN!

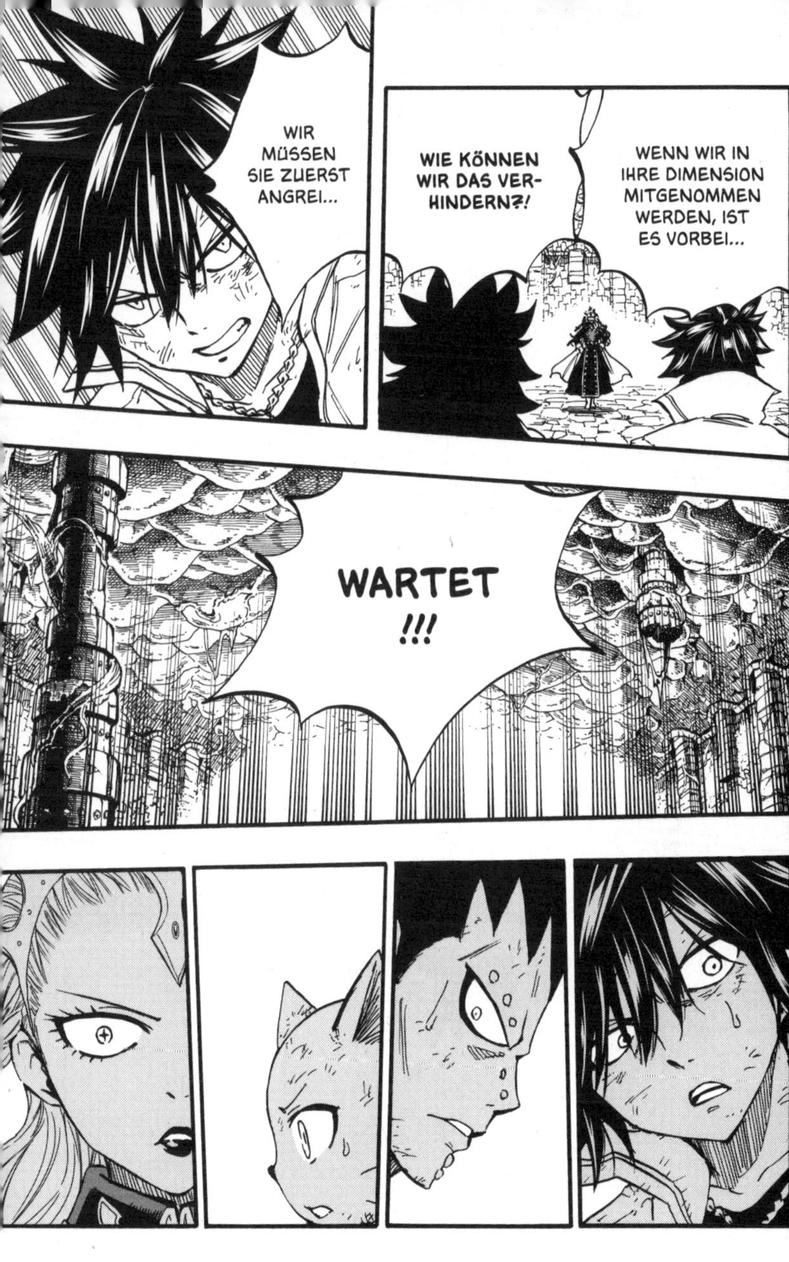
WENN WIR IN IHRE DIMENSION MITGENOMMEN WERDEN, IST ES VORBEI...
WIE KÖNNEN WIR DAS VER-HINDERN?!
WIR MÜSSEN SIE ZUERST ANGREI...
WARTET !!!

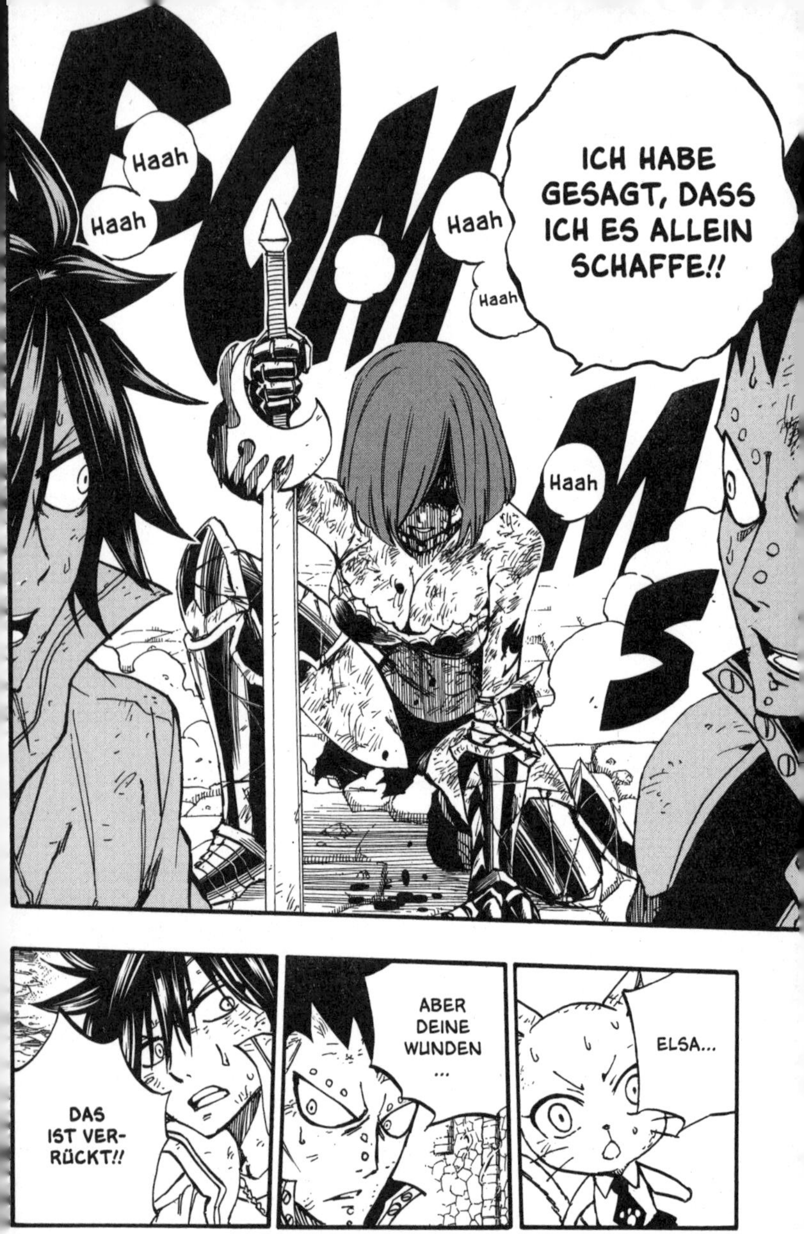

ICH HABE GESAGT, DASS ICH ES ALLEIN SCHAFFE!!
Haah
Haah
Haah
Haah
Haah
Haah
ELSA...
ABER DEINE WUNDEN ...
DAS IST VERRÜCKT!!

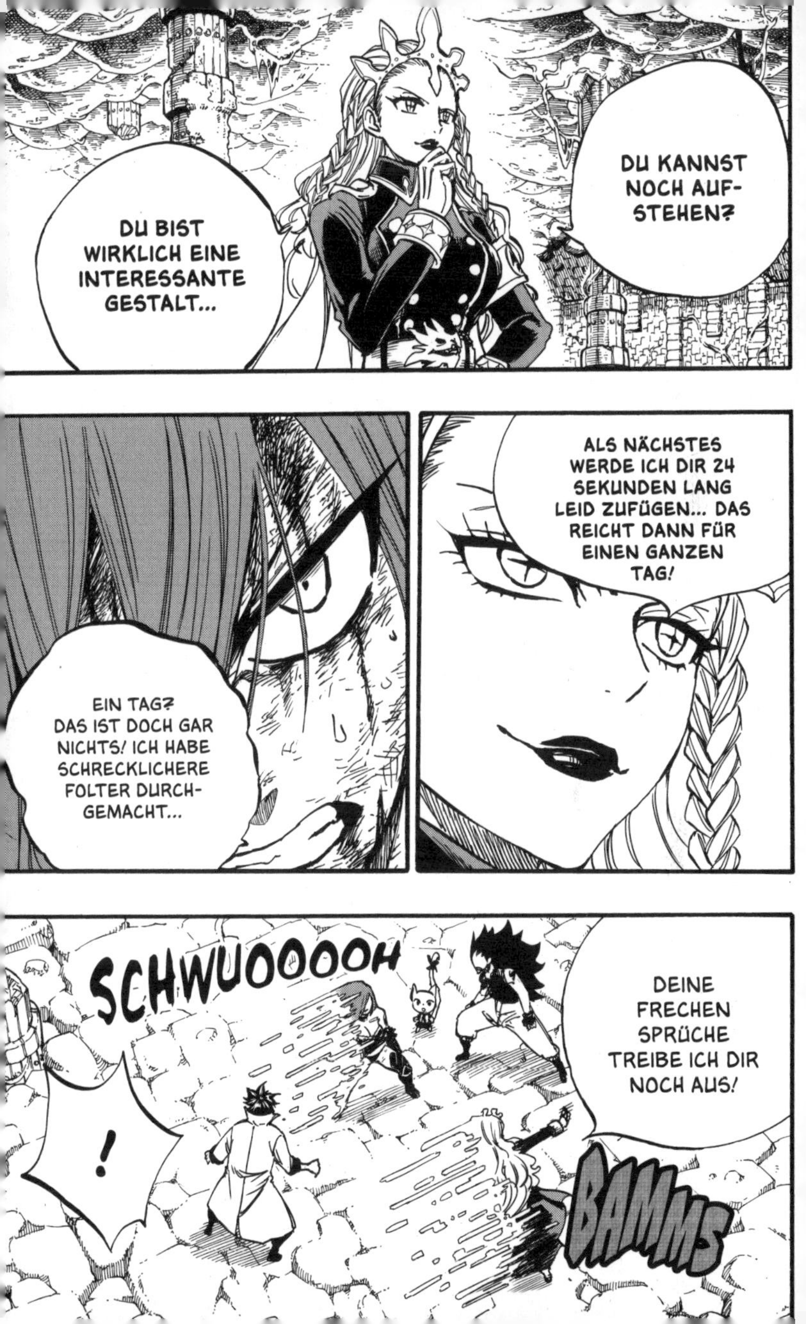
DU KANNST NOCH AUF-STEHEN?
DU BIST WIRKLICH EINE INTERESSANTE GESTALT...
ALS NÄCHSTES WERDE ICH DIR 24 SEKUNDEN LANG LEID ZUFÜGEN... DAS REICHT DANN FÜR EINEN GANZEN TAG!
EIN TAG? DAS IST DOCH GAR NICHTS! ICH HABE SCHRECKLICHERE FOLTER DURCH-GEMACHT...
DEINE FRECHEN SPRÜCHE TREIBE ICH DIR NOCH AUS!
SCHWUOOOOH
!
BAMMS

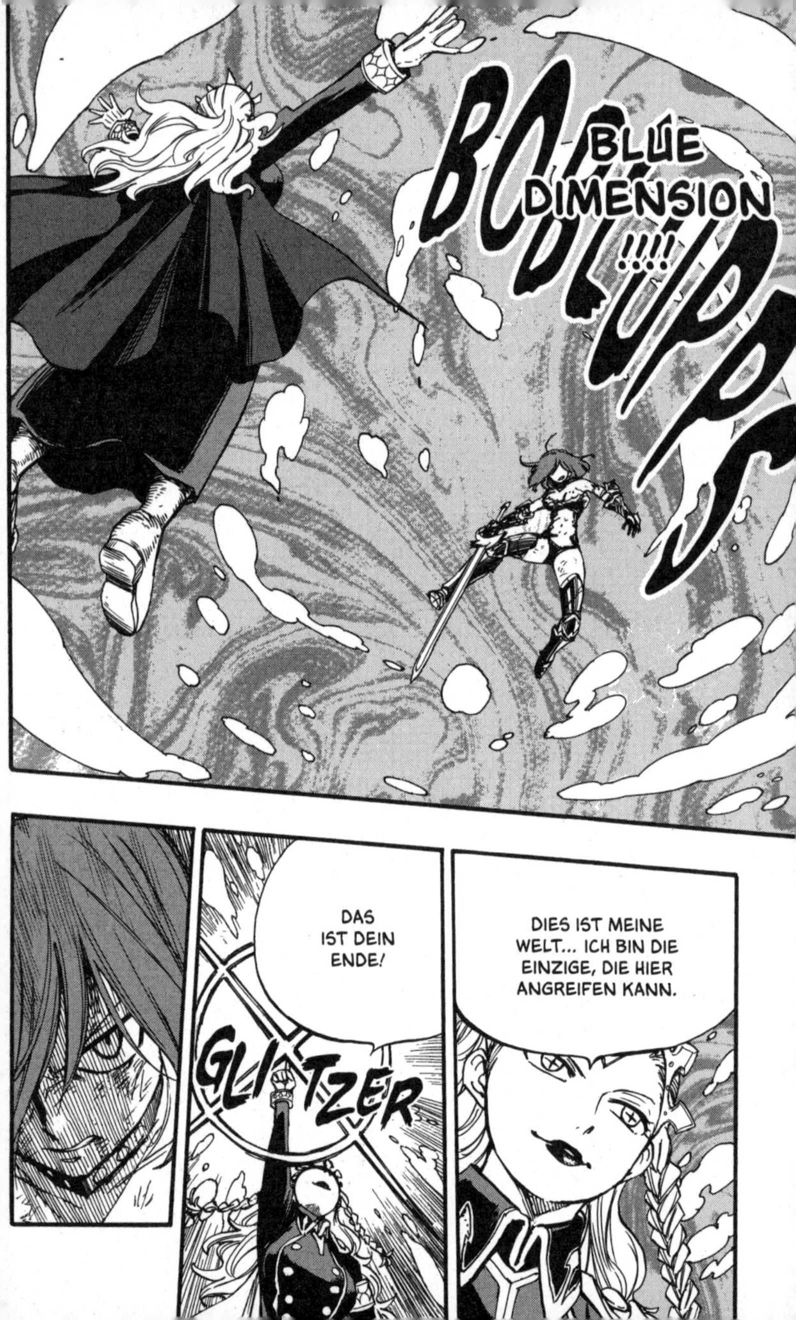
BOBLUPPS
BLUE DIMENSION !!!!
DIES IST MEINE WELT... ICH BIN DIE EINZIGE, DIE HIER ANGREIFEN KANN.
DAS IST DEIN ENDE!
GLITZER

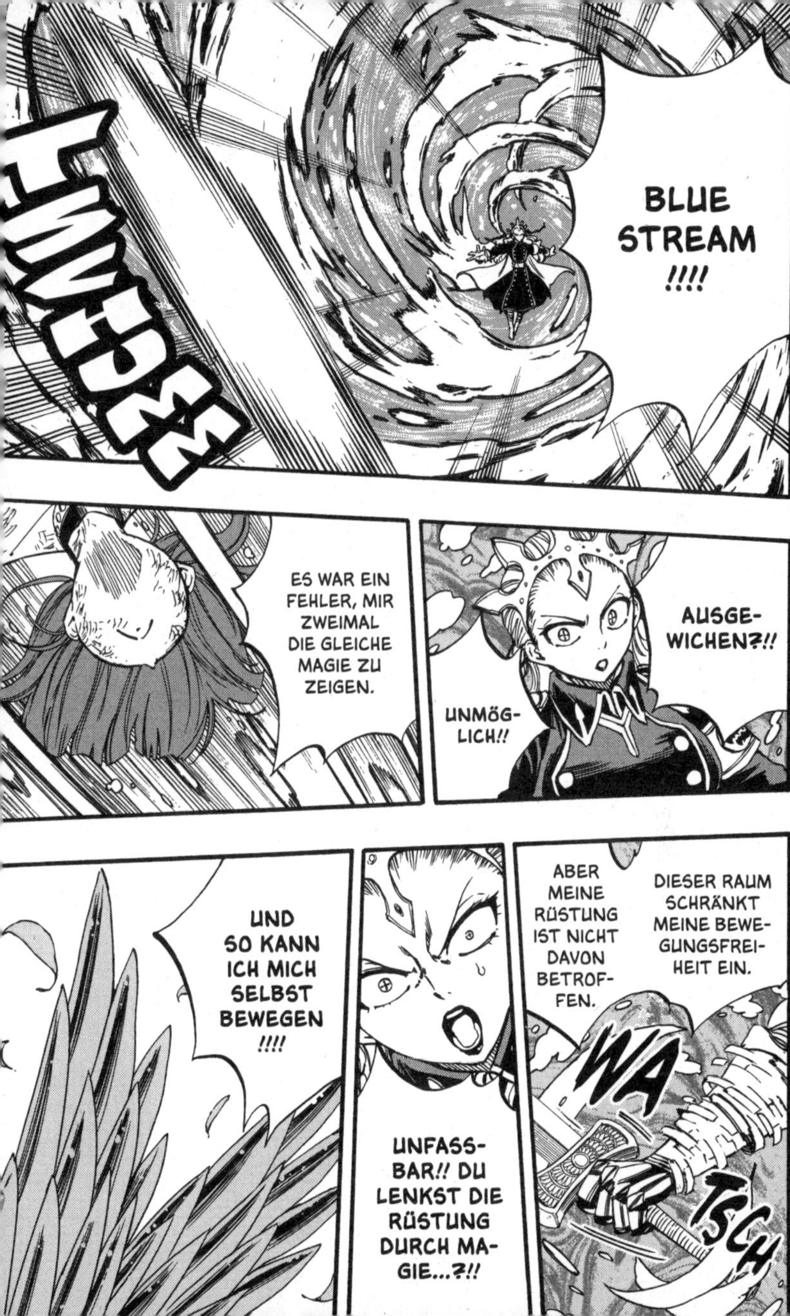
BLUE STREAM !!!!
WHUMM
AUSGE-WICHEN?!!
UNMÖG-LICH!!
ES WAR EIN FEHLER, MIR ZWEIMAL DIE GLEICHE MAGIE ZU ZEIGEN.
DIESER RAUM SCHRÄNKT MEINE BEWE-GUNGSFREI-HEIT EIN.
ABER MEINE RÜSTUNG IST NICHT DAVON BETROF-FEN.
WA TSCH
UNFASS-BAR!! DU LENKST DIE RÜSTUNG DURCH MA-GIE...?!!
UND SO KANN ICH MICH SELBST BEWEGEN !!!!

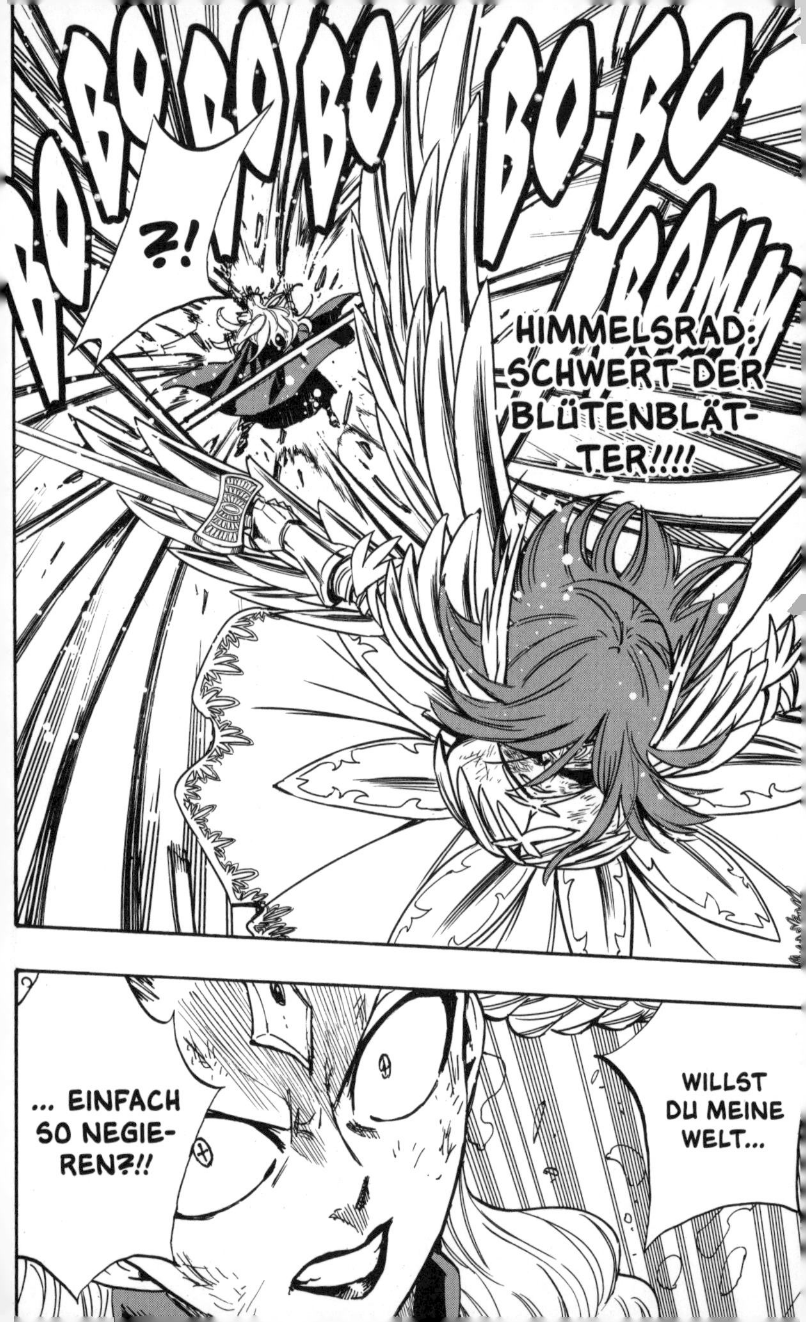
BO-BO-BO-BO-BO-BO-BO-BO-BOOM!!
?!
HIMMELSRAD: SCHWERT DER BLÜTENBLÄT-TER!!!!
WILLST DU MEINE WELT...
... EINFACH SO NEGIE-REN?!!

FAIRY TAIL 100 YEARS QUEST

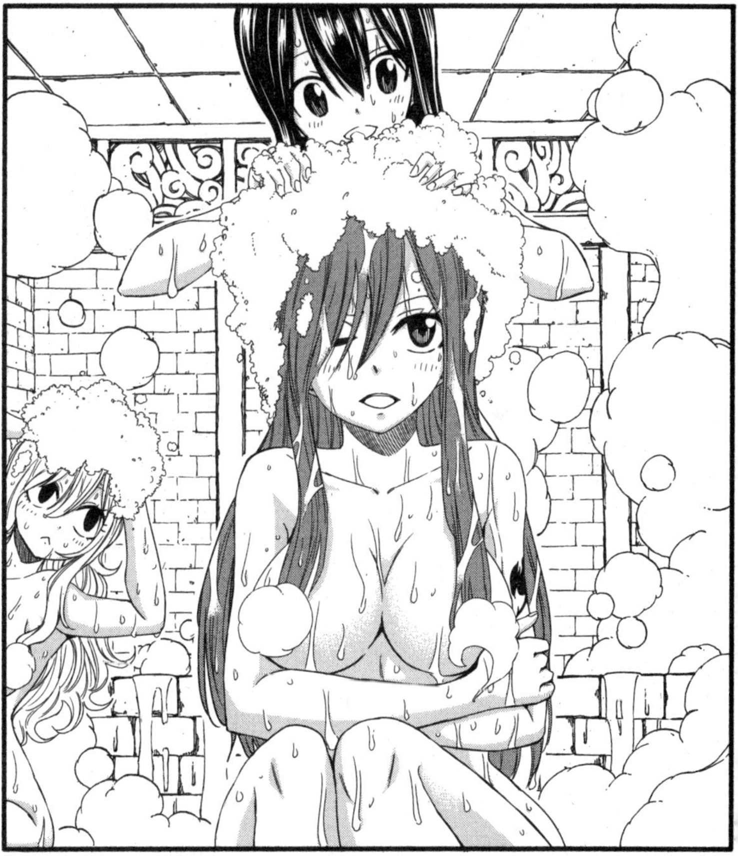

KAPITEL 105: SCHARLACHROT

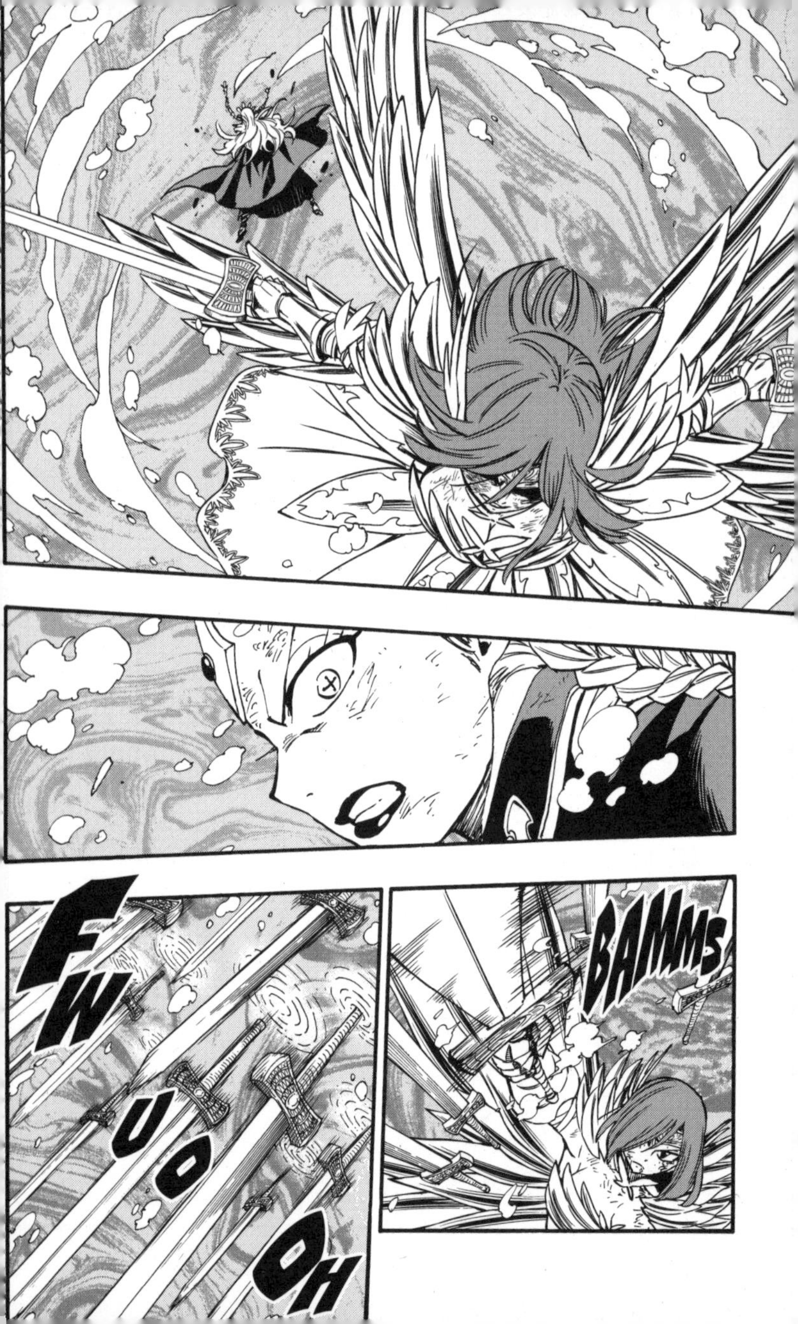
BAMMS
FWUOOH

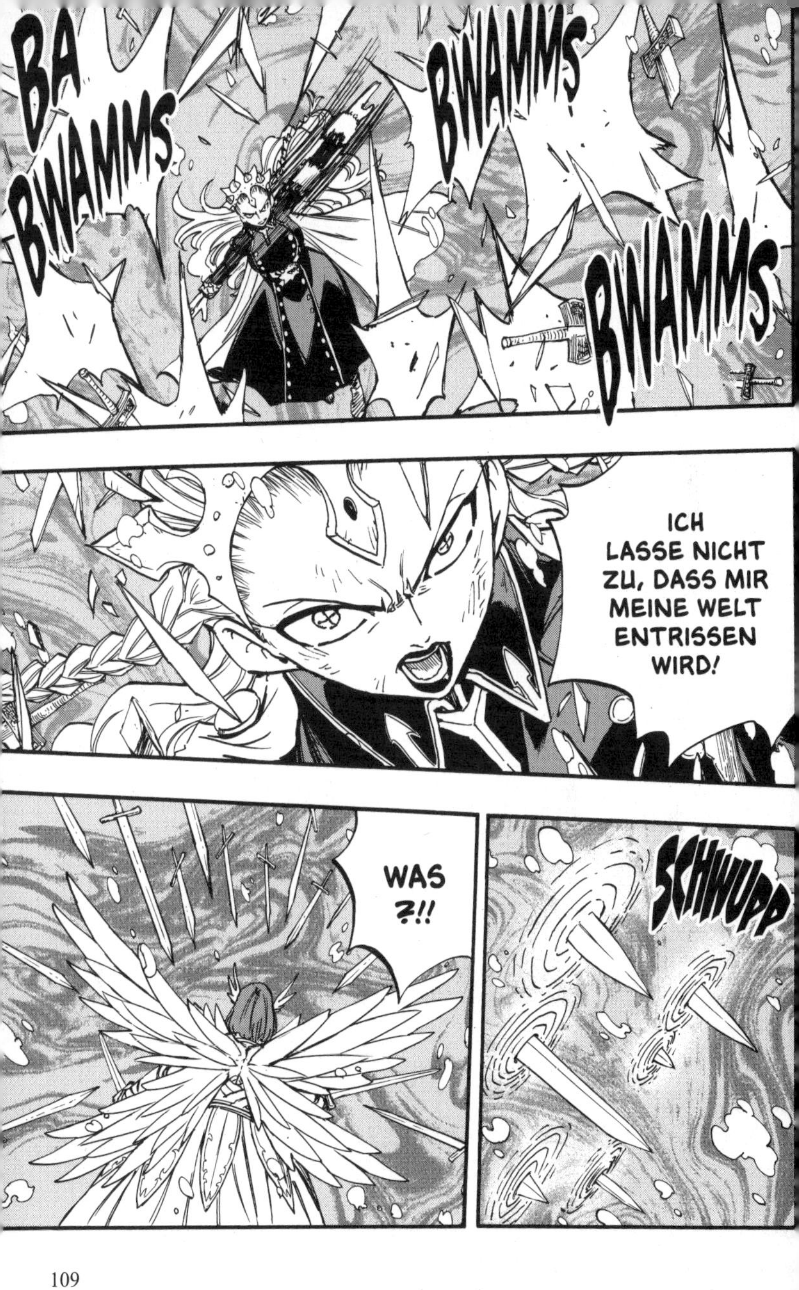
BWAMMS
BWAMMS
BA BWAMMS
ICH LASSE NICHT ZU, DASS MIR MEINE WELT ENTRISSEN WIRD!
SCHWUPP
WAS ?!!

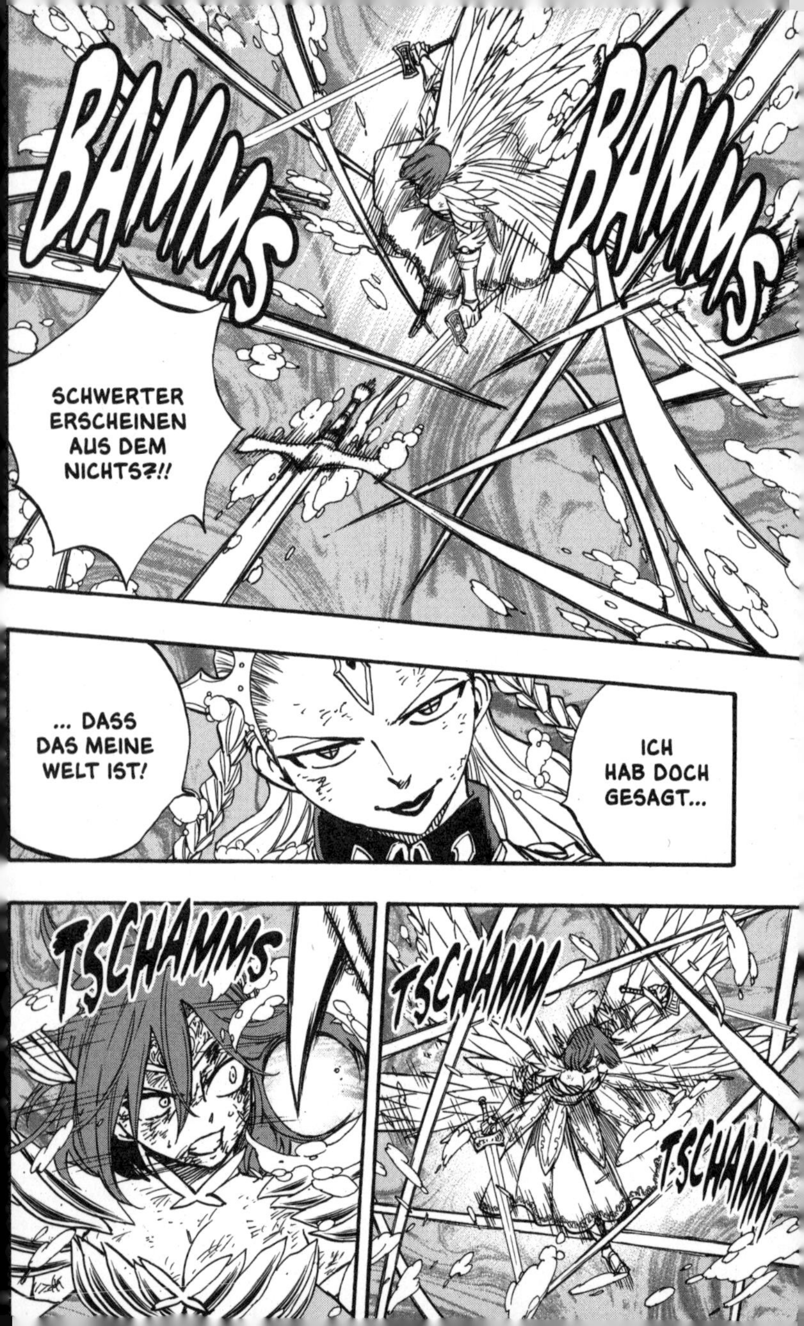
BAMMS
BAMMS
SCHWERTER ERSCHEINEN AUS DEM NICHTS?!!
ICH HAB DOCH GESAGT...
... DASS DAS MEINE WELT IST!
TSCHAMM
TSCHAMM
TSCHAMMS

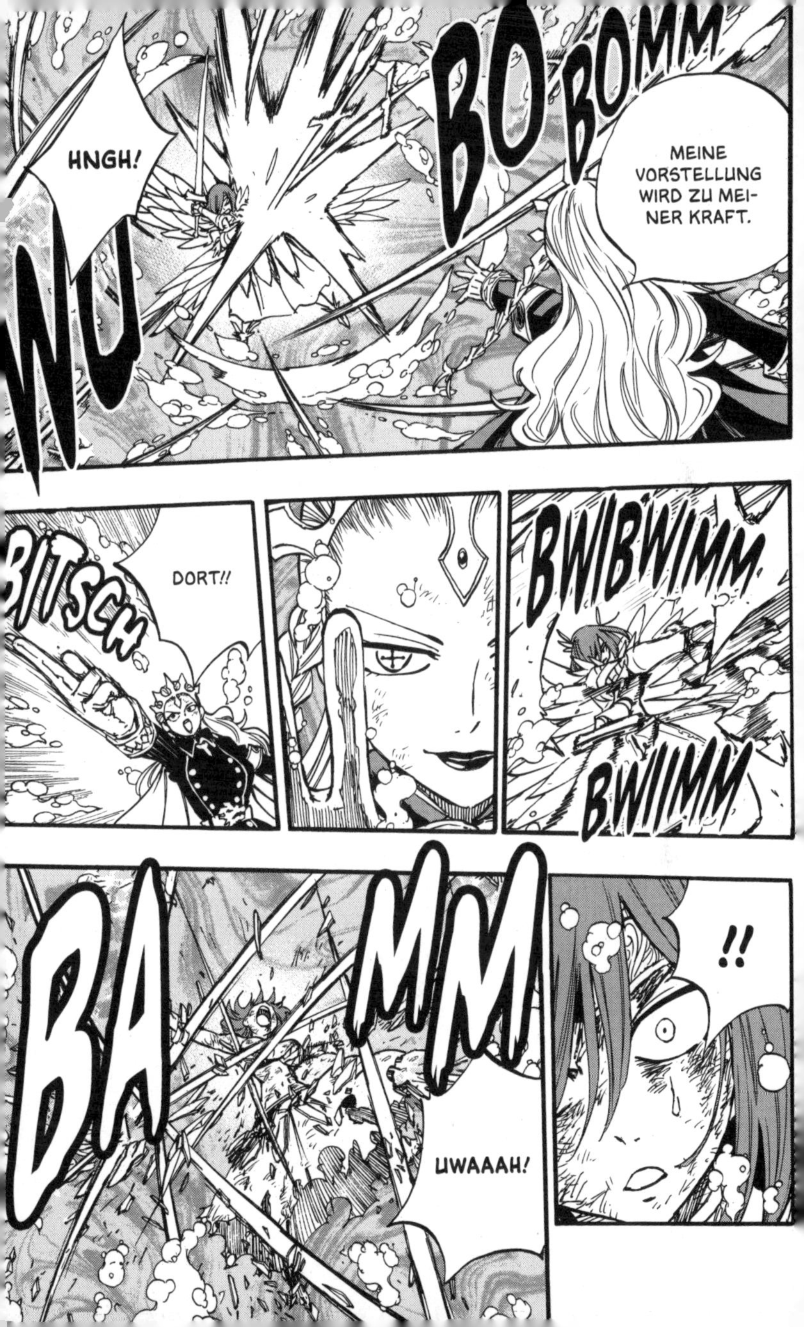
BO BOMM
MEINE VORSTELLUNG WIRD ZU MEINER KRAFT.
HNGH!
WU
BWIBWIMM
BWIMM
DORT!!
BITSCH
!!
BAMM
UWAAAH!

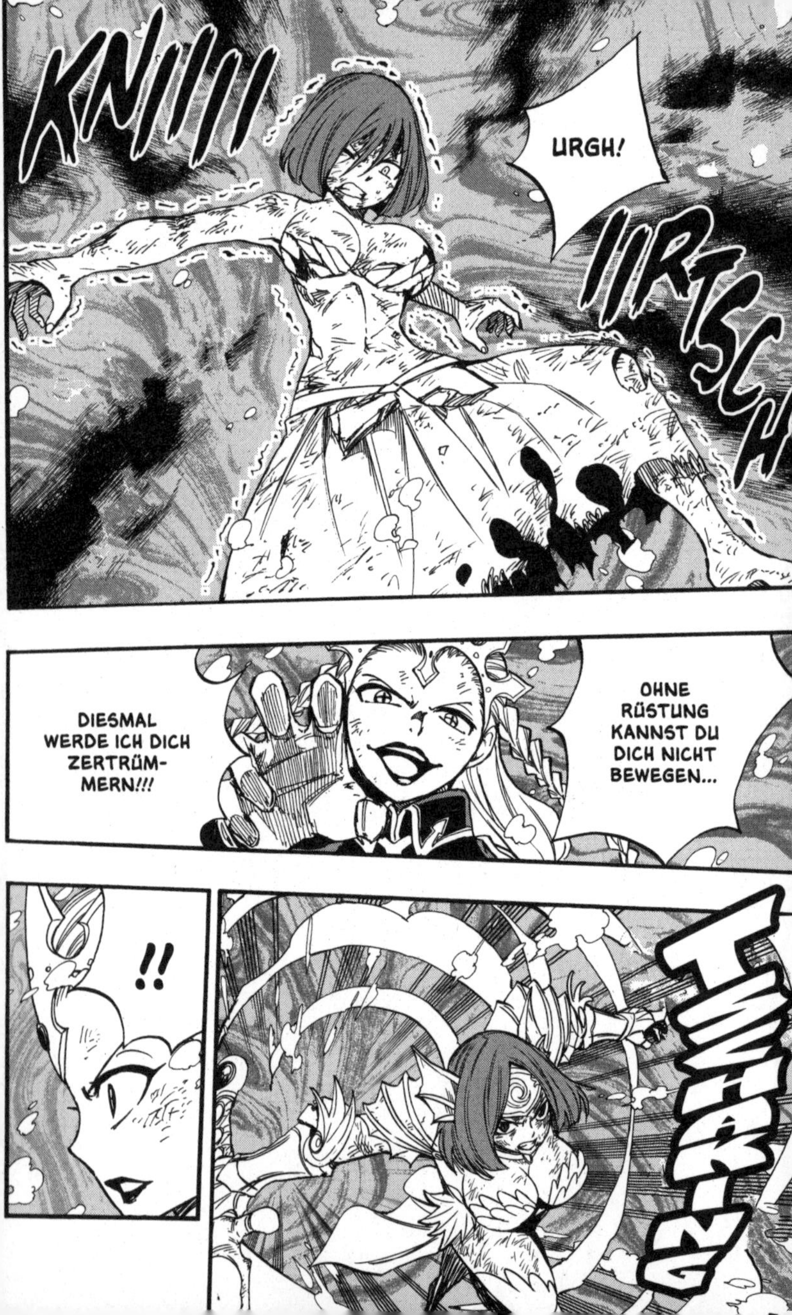
URGH!
KNIIIII
IIRTSCH
OHNE RÜSTUNG KANNST DU DICH NICHT BEWEGEN...
DIESMAL WERDE ICH DICH ZERTRÜMMERN!!!
!!

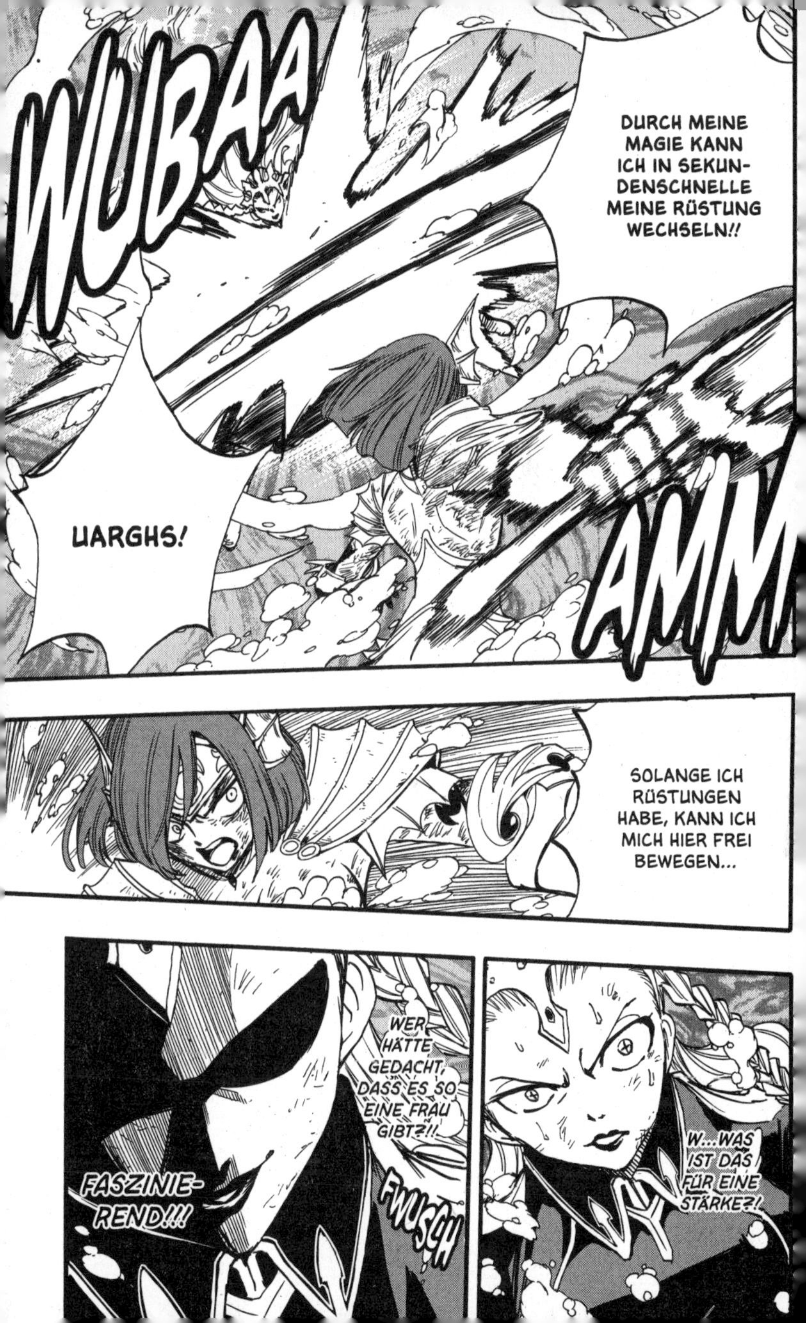
WUBAA
AMM
DURCH MEINE MAGIE KANN ICH IN SEKUN-DENSCHNELLE MEINE RÜSTUNG WECHSELN!!
UARGHS!
SOLANGE ICH RÜSTUNGEN HABE, KANN ICH MICH HIER FREI BEWEGEN...
W...WAS IST DAS FÜR EINE STÄRKE?!
WER HÄTTE GEDACHT, DASS ES SO EINE FRAU GIBT?!!
FWUSCH
FASZINIE-REND!!!

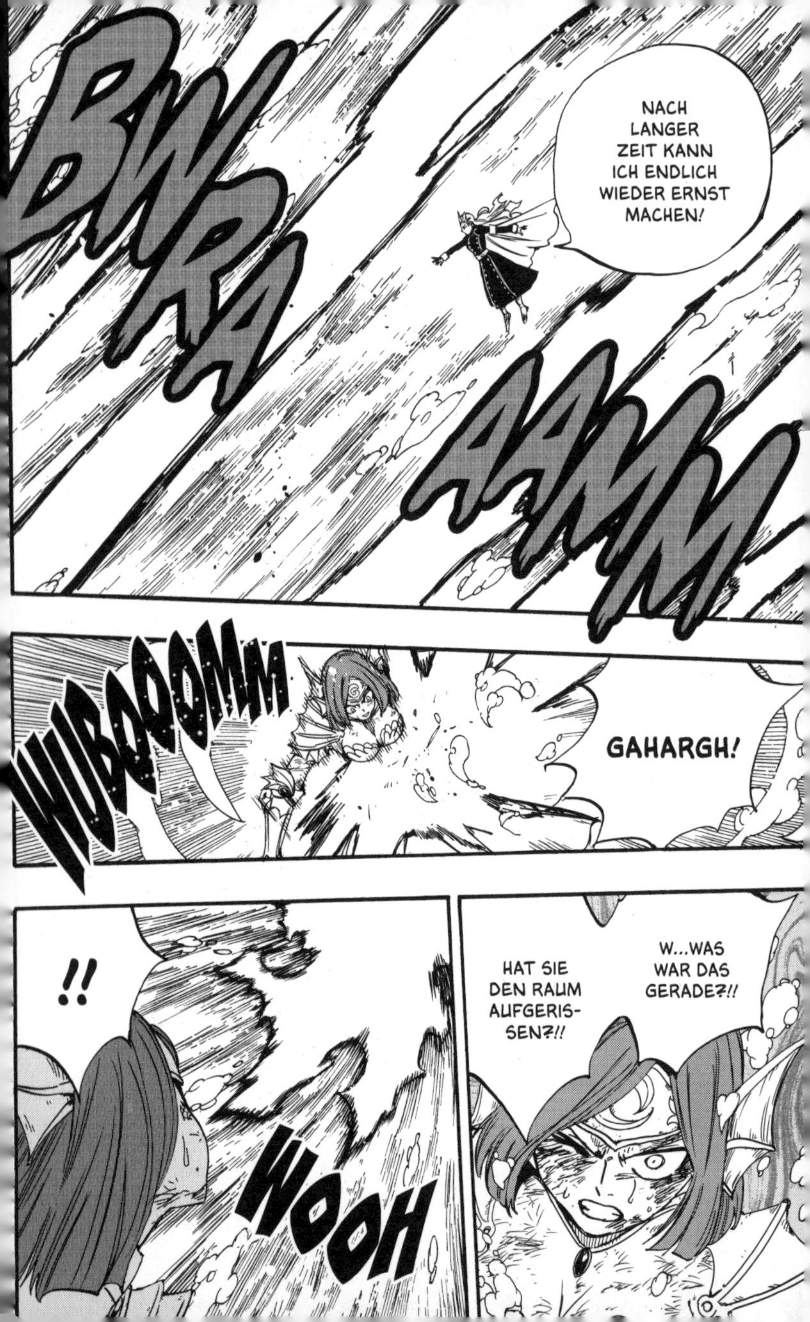
NACH LANGER ZEIT KANN ICH ENDLICH WIEDER ERNST MACHEN!
GAHARGH!
WUBOOMM
W...WAS WAR DAS GERADE?!!
HAT SIE DEN RAUM AUFGERIS-SEN?!!
!!
WOOH

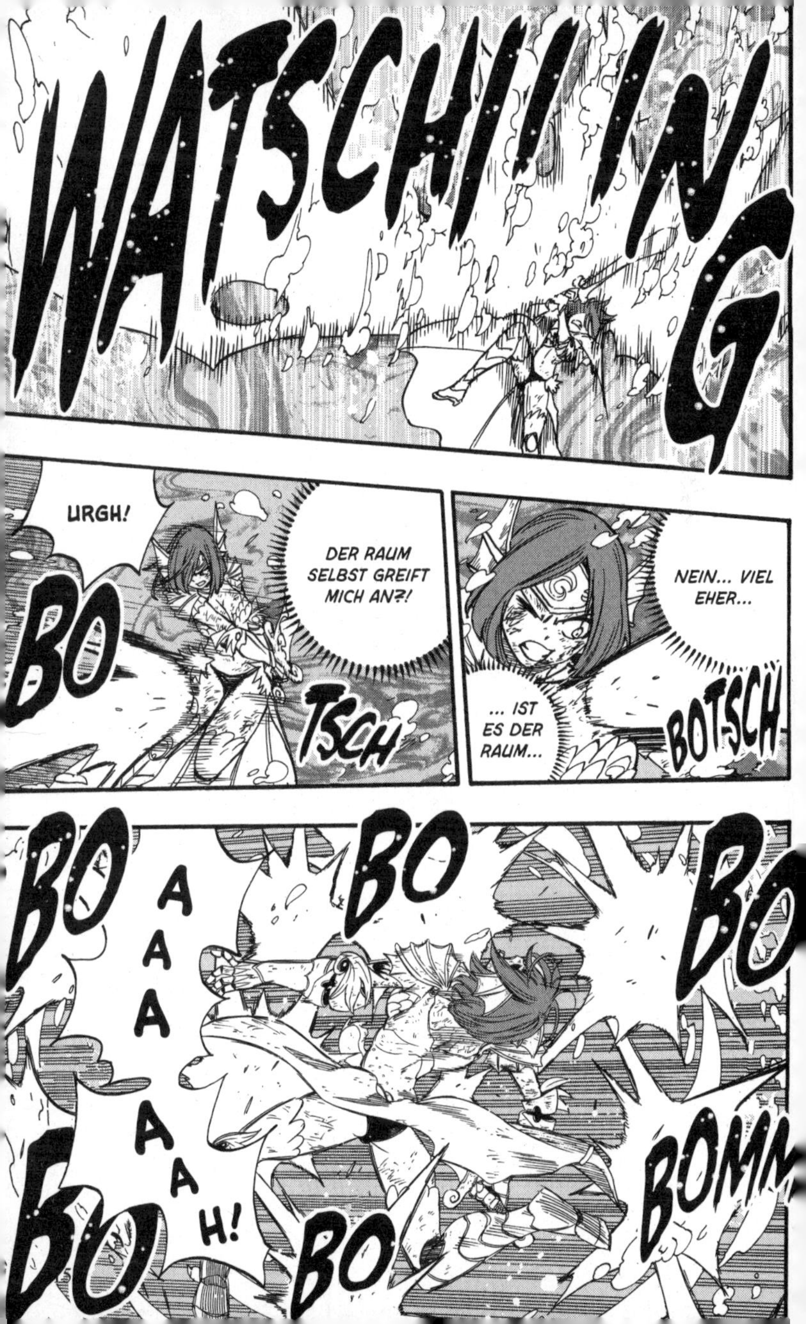

WATSCHIIING
NEIN... VIEL EHER...
... IST ES DER RAUM...
BOTSCH
URGH!
DER RAUM SELBST GREIFT MICH AN?!
BO
TSCH
BO
BO
BO
AAAAAAH!
BO
BO
BOMM

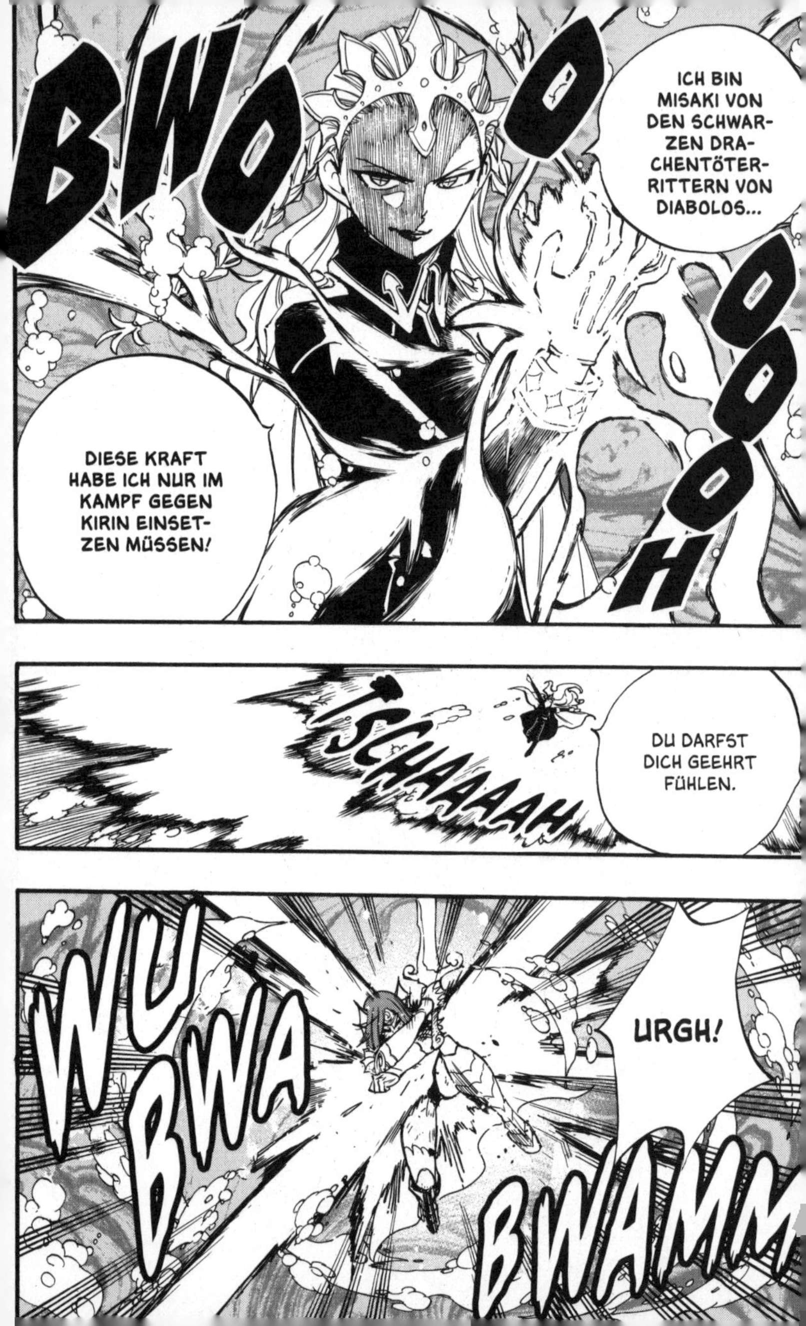
BWOOOOOOH
ICH BIN MISAKI VON DEN SCHWARZEN DRACHENTÖTERRITTERN VON DIABOLOS...
DIESE KRAFT HABE ICH NUR IM KAMPF GEGEN KIRIN EINSETZEN MÜSSEN!
TSCHAAAAAH
DU DARFST DICH GEEHRT FÜHLEN.
WUBWA
URGH!
BWAMM

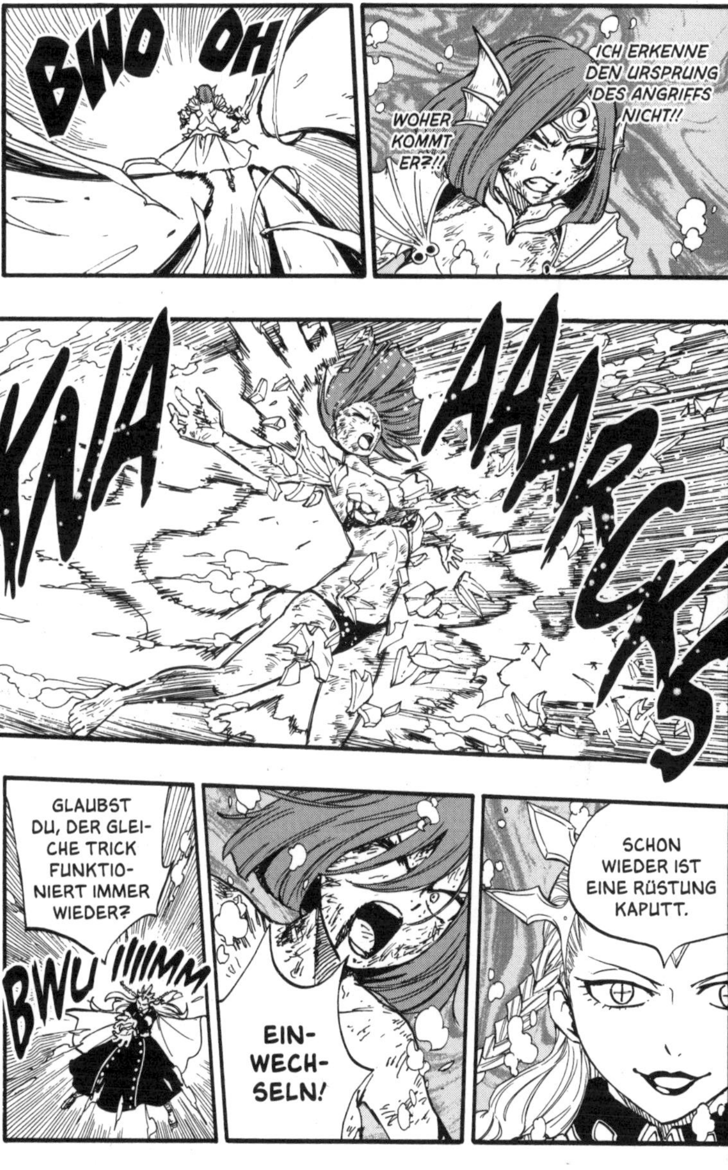
ICH ERKENNE DEN URSPRUNG DES ANGRIFFS NICHT!!
WOHER KOMMT ER?!!
BWO OH
KNAAAARCKS
SCHON WIEDER IST EINE RÜSTUNG KAPUTT.
EIN-WECH-SELN!
GLAUBST DU, DER GLEI-CHE TRICK FUNKTIO-NIERT IMMER WIEDER?
BWU IIIIMM

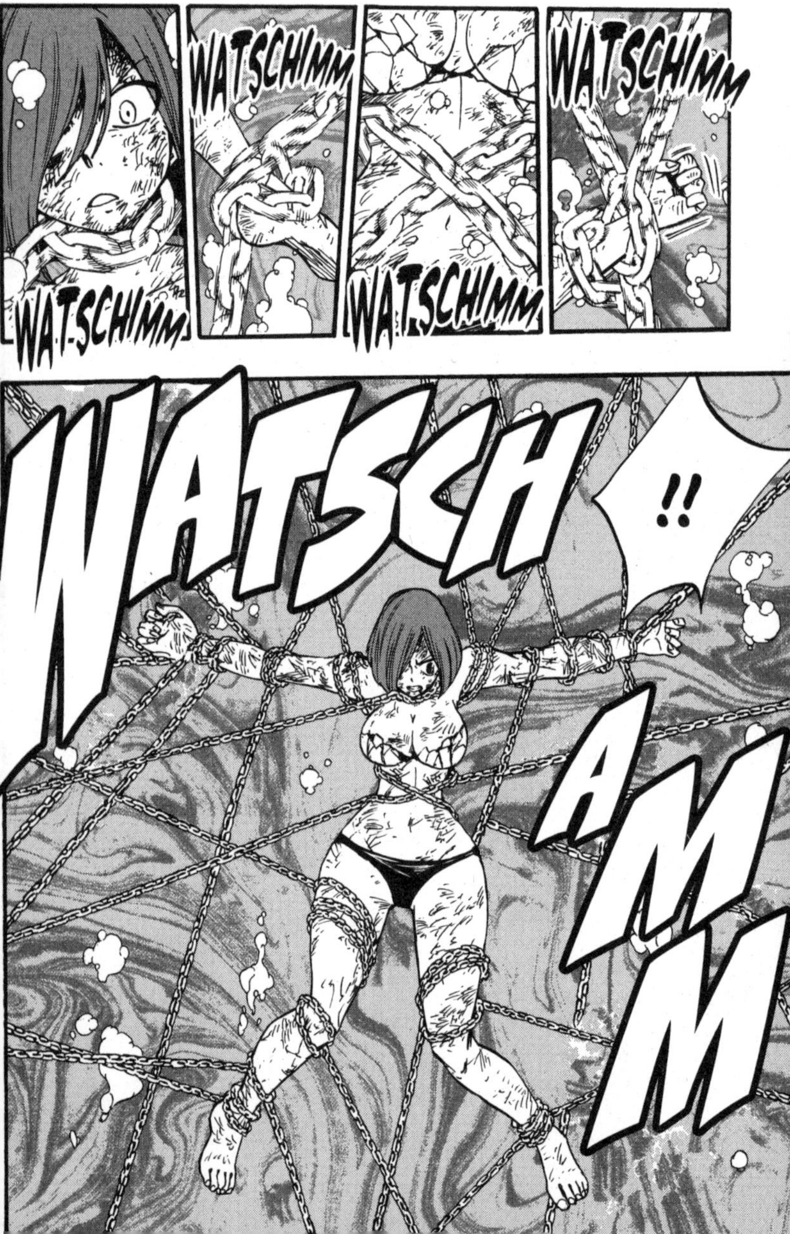
WATSCHIMM
WATSCHIMM
WATSCHIMM
WATSCHIMM
!!
WATSCHAMM

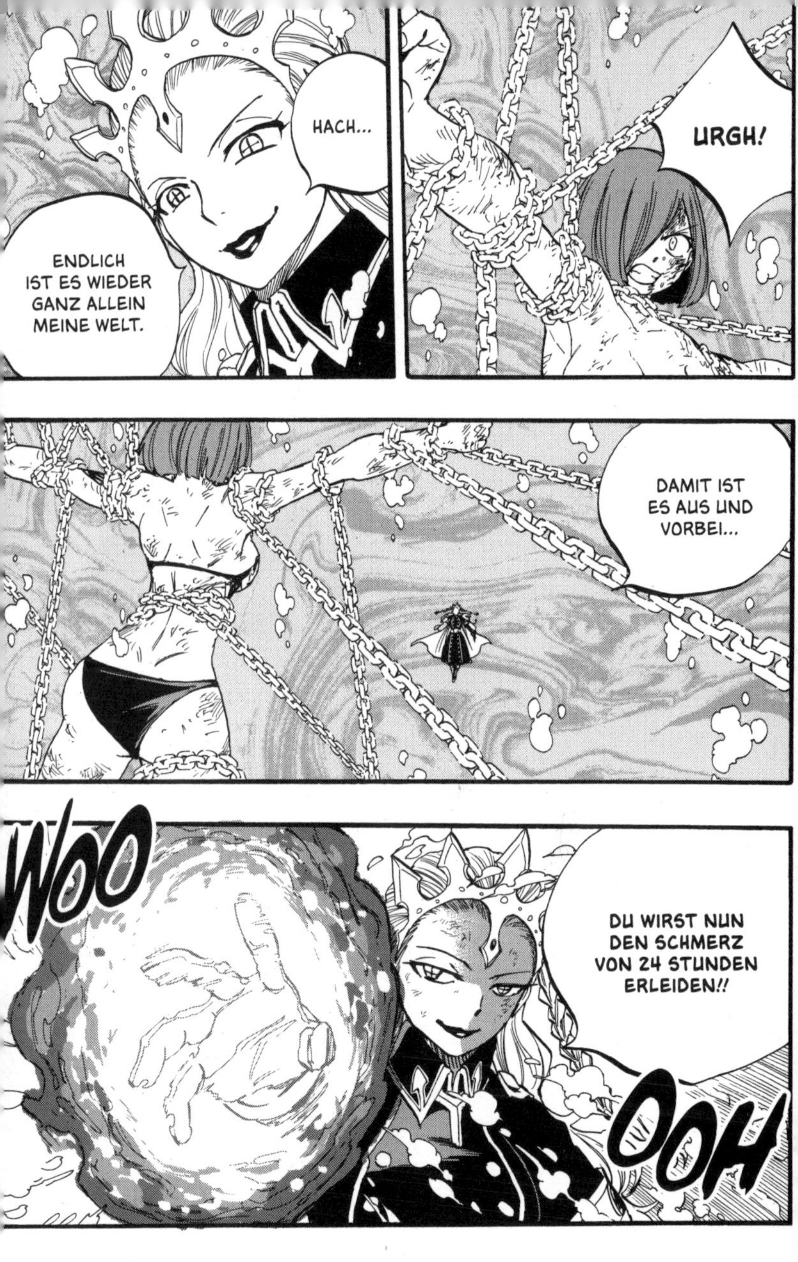
URGH!
HACH...
ENDLICH IST ES WIEDER GANZ ALLEIN MEINE WELT.
DAMIT IST ES AUS UND VORBEI...
DU WIRST NUN DEN SCHMERZ VON 24 STUNDEN ERLEIDEN!!
WOO
OOH

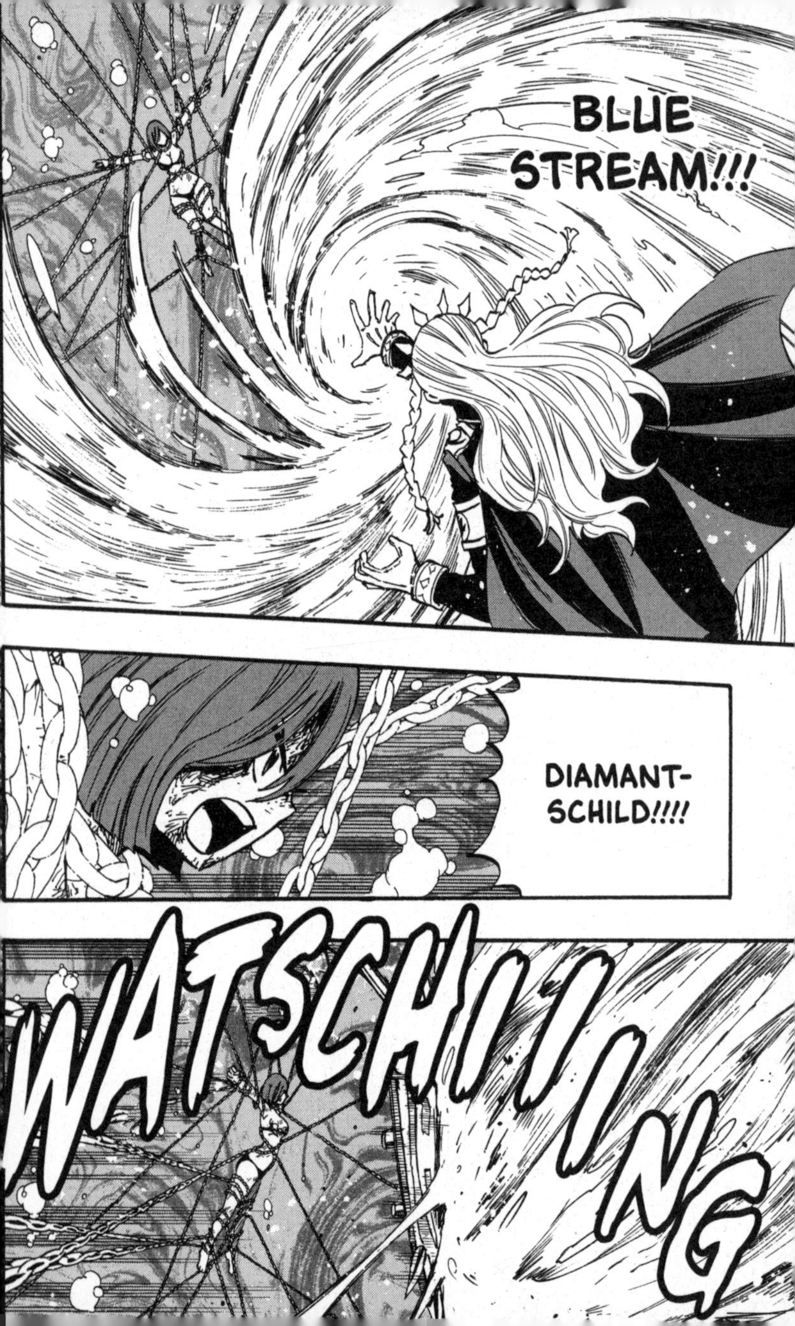
BLUE STREAM!!!
DIAMANT-SCHILD!!!!
WATSCHIIIING

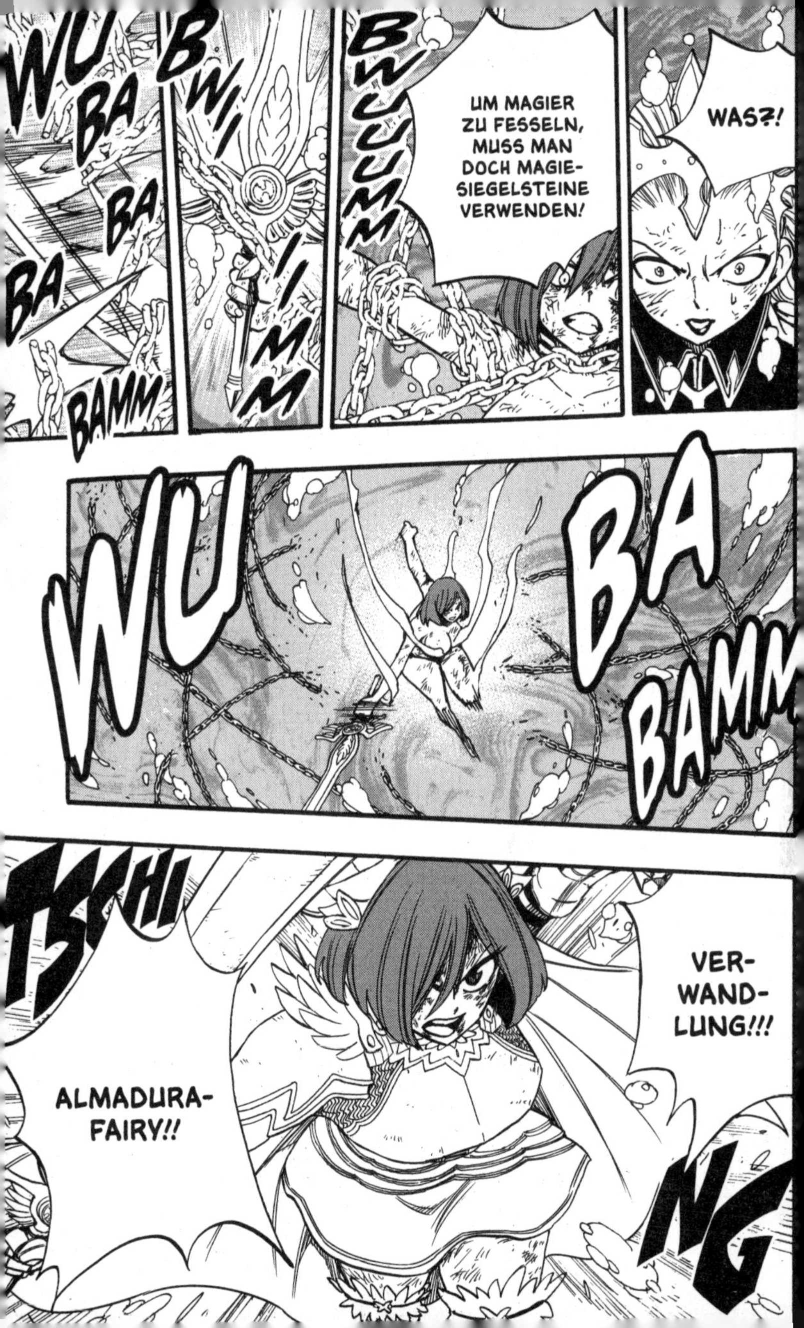

WUBABABA
BAMM
BWIIIMM
BWUUMM
UM MAGIER ZU FESSELN, MUSS MAN DOCH MAGIE-SIEGELSTEINE VERWENDEN!
WAS?!
WUBABAMM
TSCHING
VER-WAND-LUNG!!!
ALMADURA-FAIRY!!

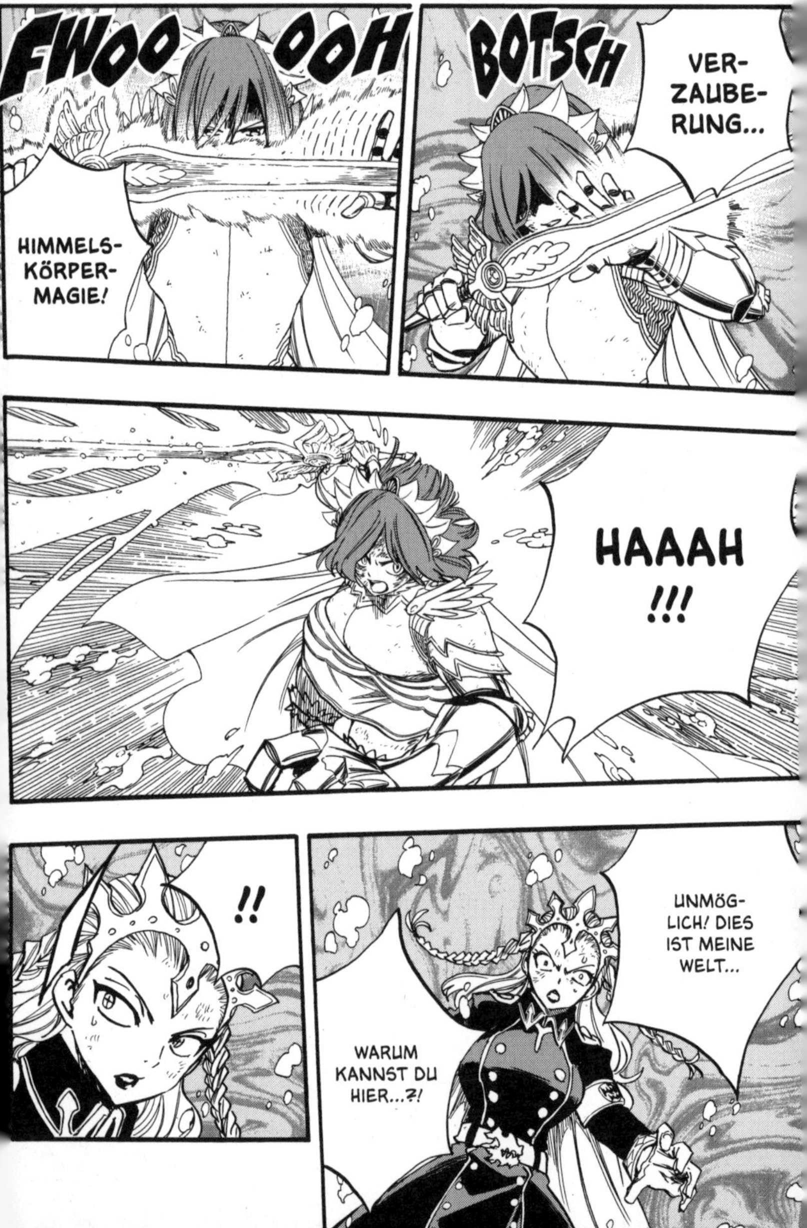
FWOOOOH
HIMMELS-KÖRPER-MAGIE!
BOTSCH
VER-ZAUBE-RUNG...
HAAAH !!!
!!
UNMÖG-LICH! DIES IST MEINE WELT...
WARUM KANNST DU HIER...?!

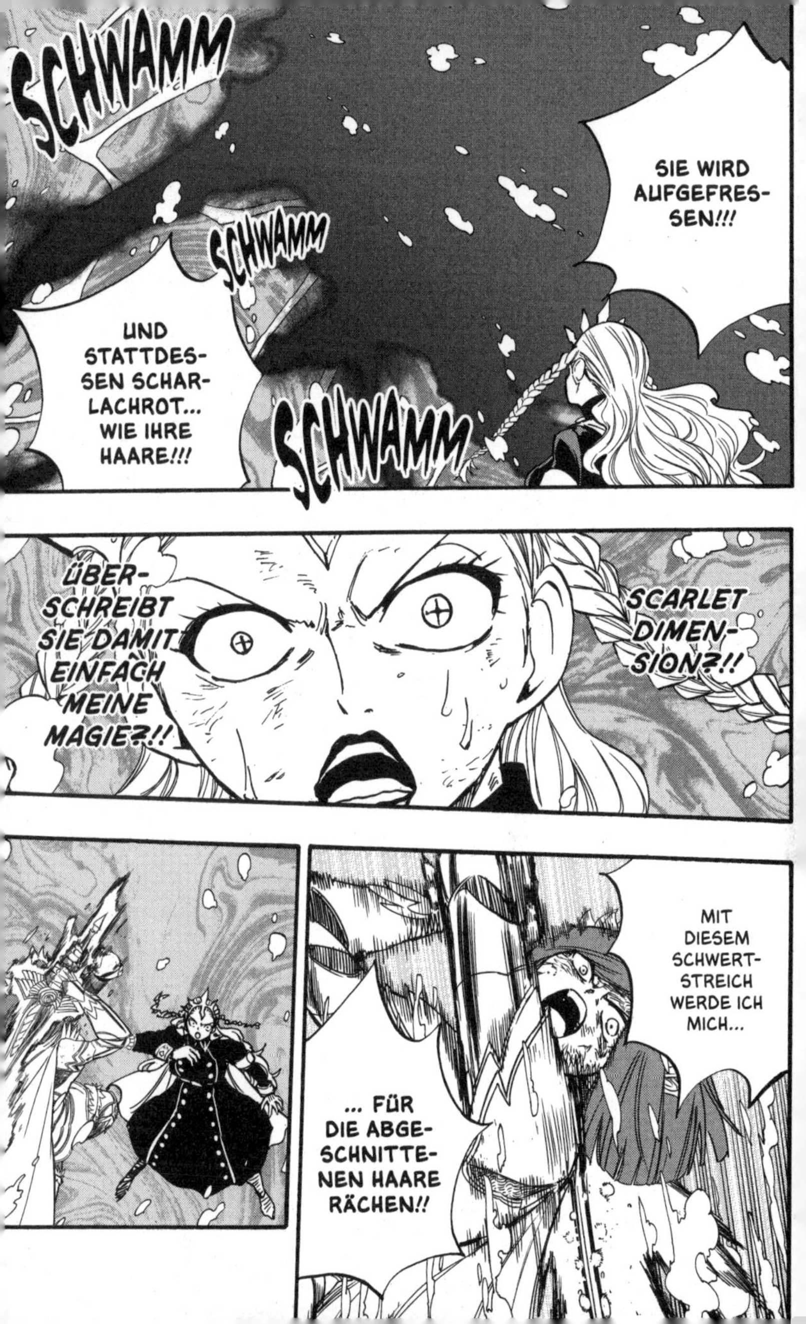
SCHWAMM
SIE WIRD AUFGEFRESSEN!!!
SCHWAMM
SCHWAMM
UND STATTDESSEN SCHARLACHROT... WIE IHRE HAARE!!!
SCARLET DIMENSION?!!
ÜBERSCHREIBT SIE DAMIT EINFACH MEINE MAGIE?!!
MIT DIESEM SCHWERTSTREICH WERDE ICH MICH...
... FÜR DIE ABGESCHNITTENEN HAARE RÄCHEN!!

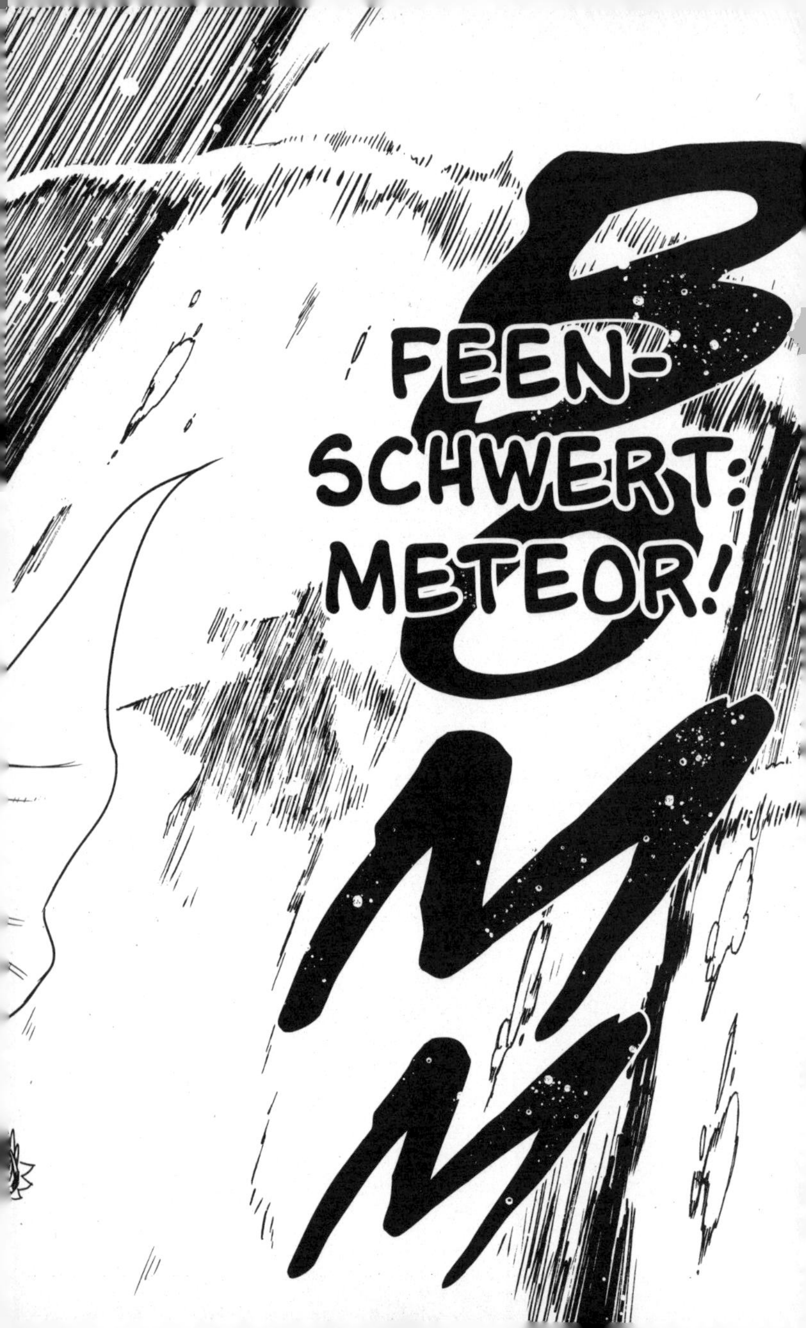
FEEN-
SCHWERT:
METEOR!

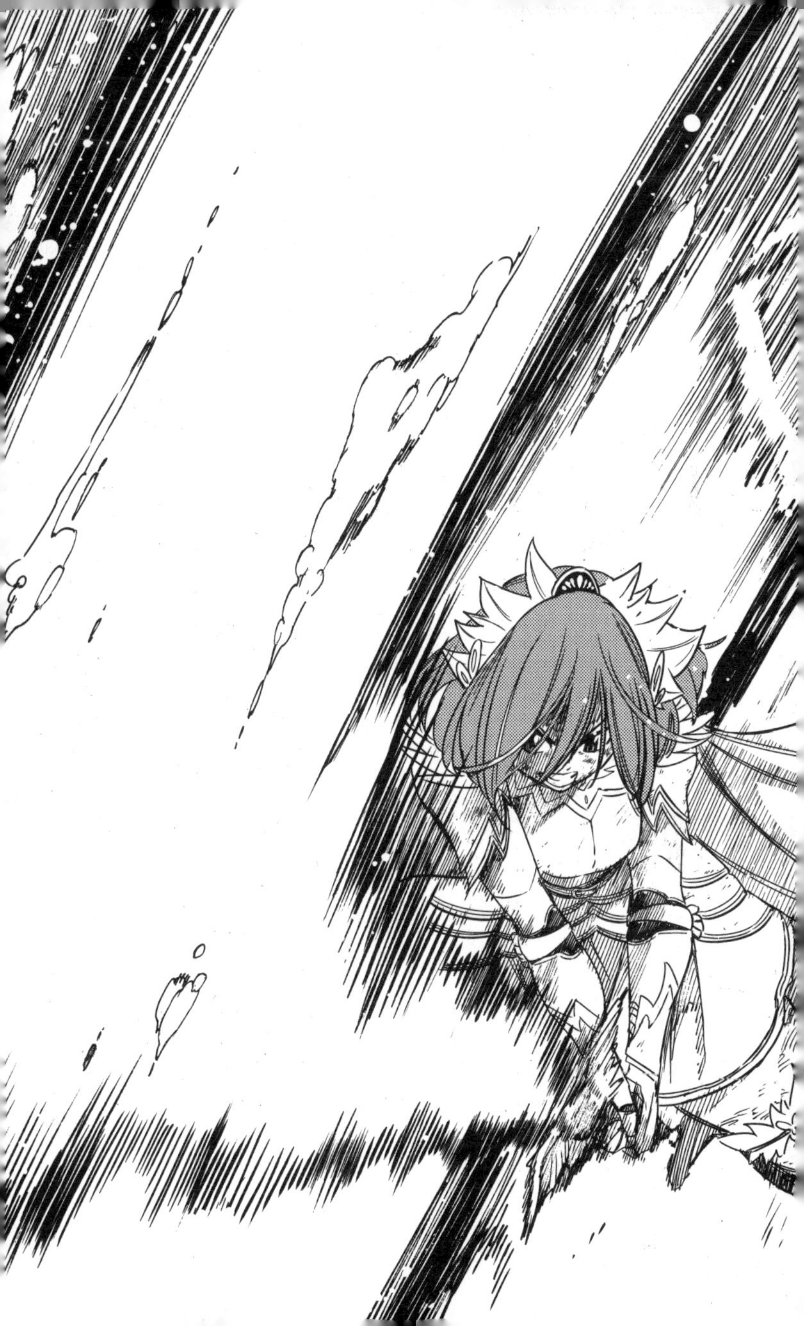

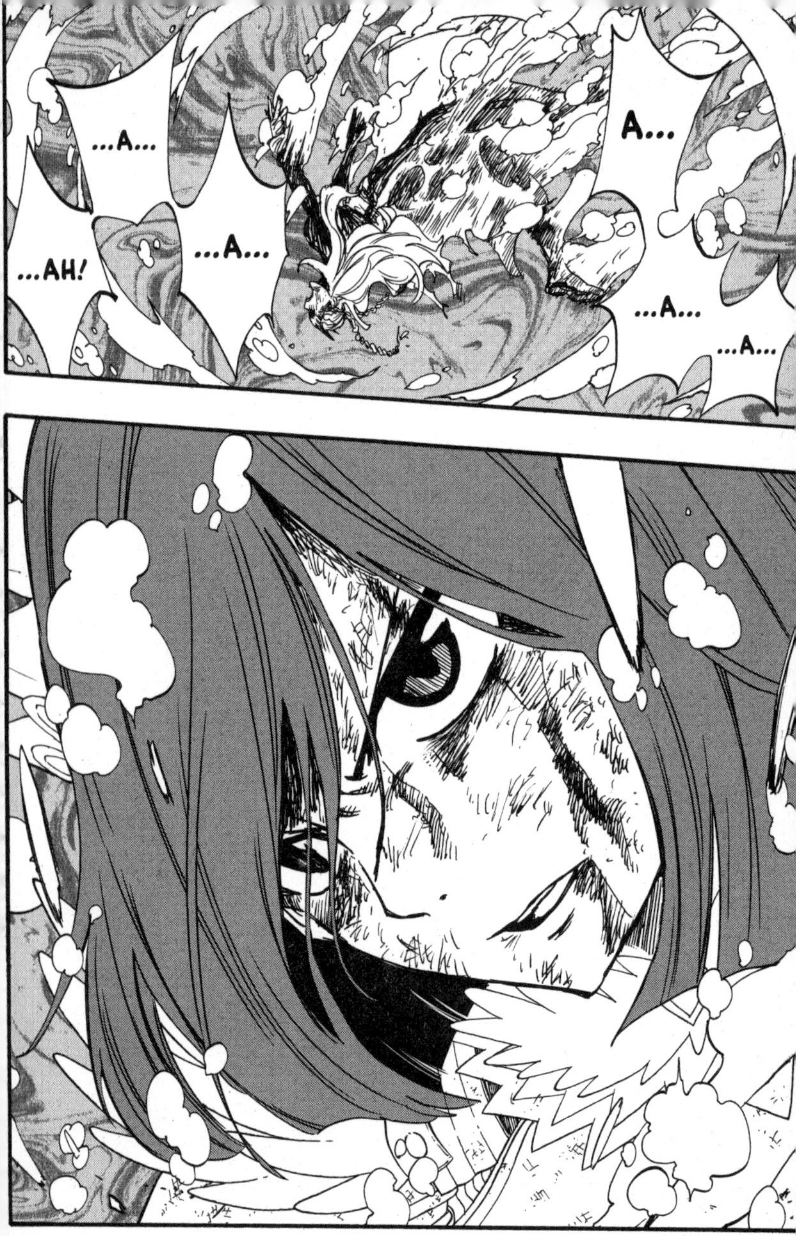
A...
...A...
...A...
...A...
...A...
...AH!

FAIRY TAIL
100 YEARS QUEST

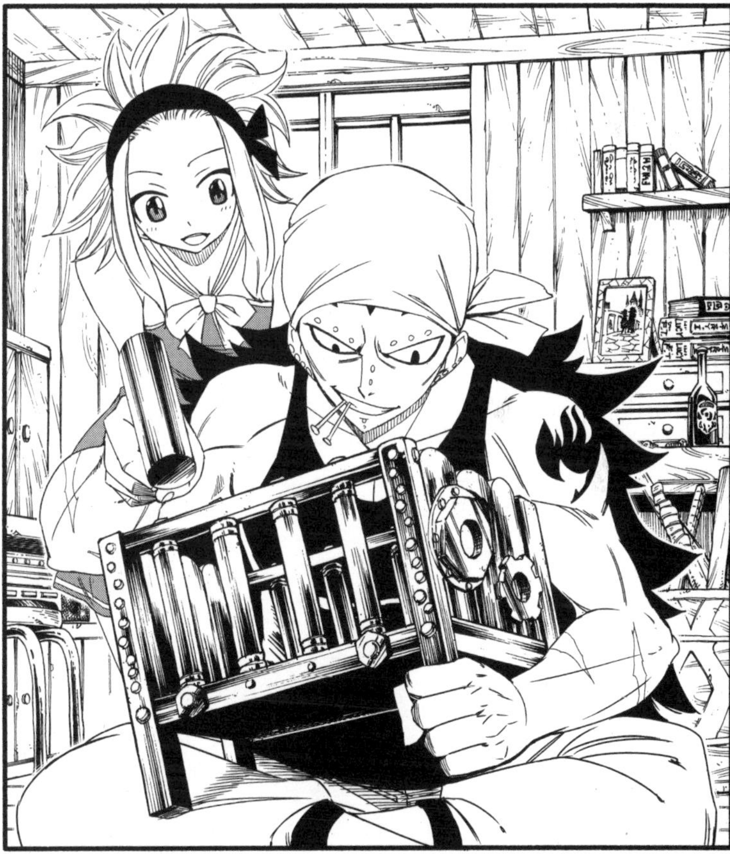

KAPITEL 106: FEUER UND MOND

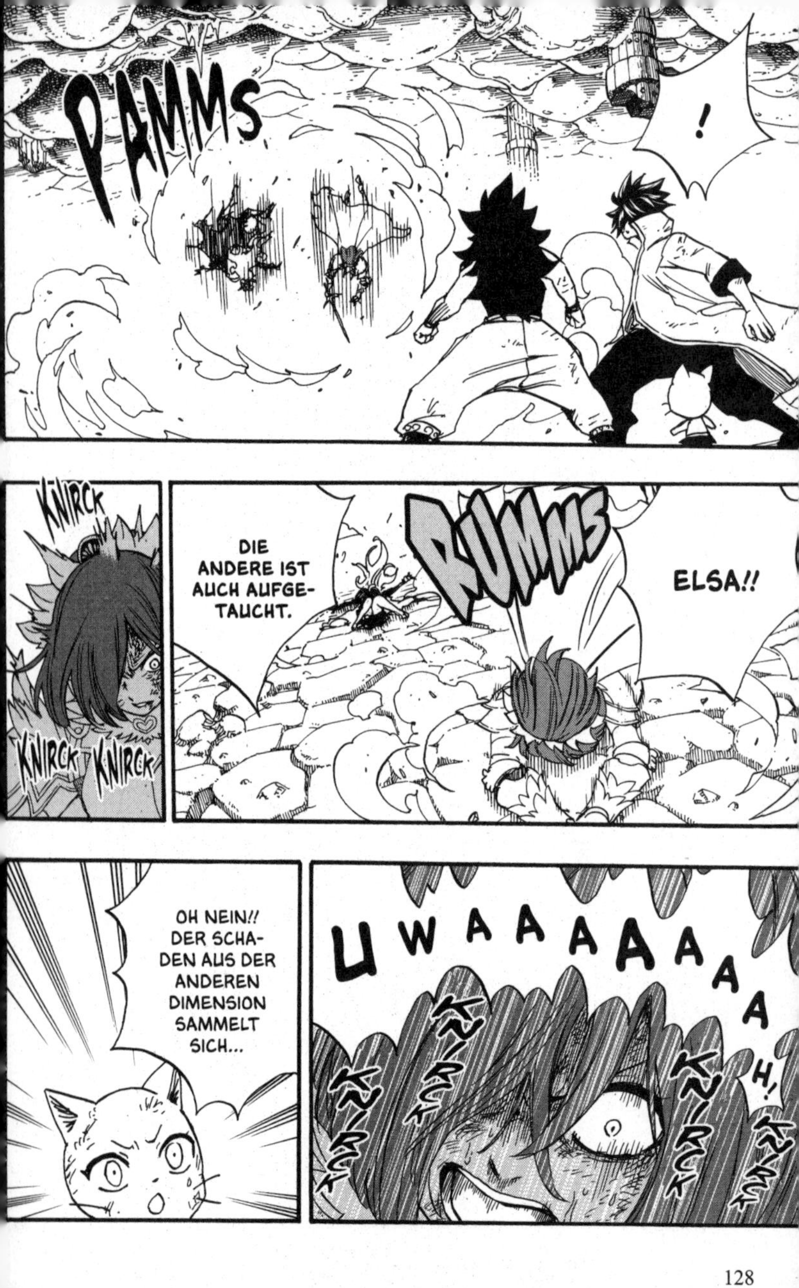

!
PAMMS
ELSA!!
RUMMS
DIE ANDERE IST AUCH AUFGE-TAUCHT.
KNIRCK
KNIRCK KNIRCK
UWAAAAAAAAAH!
KNIRCK KNIRCK KNIRCK KNIRCK
OH NEIN!! DER SCHA-DEN AUS DER ANDEREN DIMENSION SAMMELT SICH...

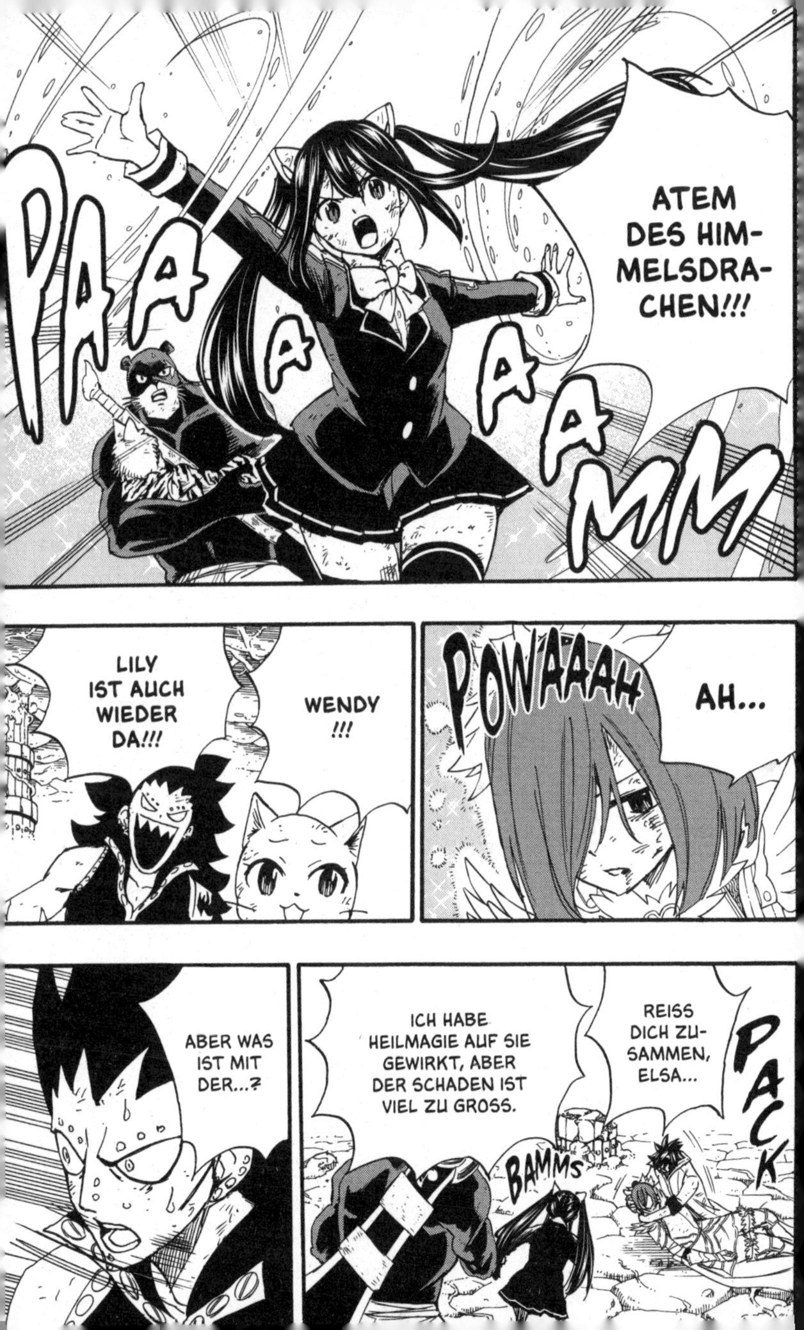
ATEM DES HIM-MELSDRA-CHEN!!!
PAAAAAAMM
AH...
POWAAAH
WENDY !!!
LILY IST AUCH WIEDER DA!!!
REISS DICH ZU-SAMMEN, ELSA...
PACK
ICH HABE HEILMAGIE AUF SIE GEWIRKT, ABER DER SCHADEN IST VIEL ZU GROSS.
BAMMS
ABER WAS IST MIT DER...?

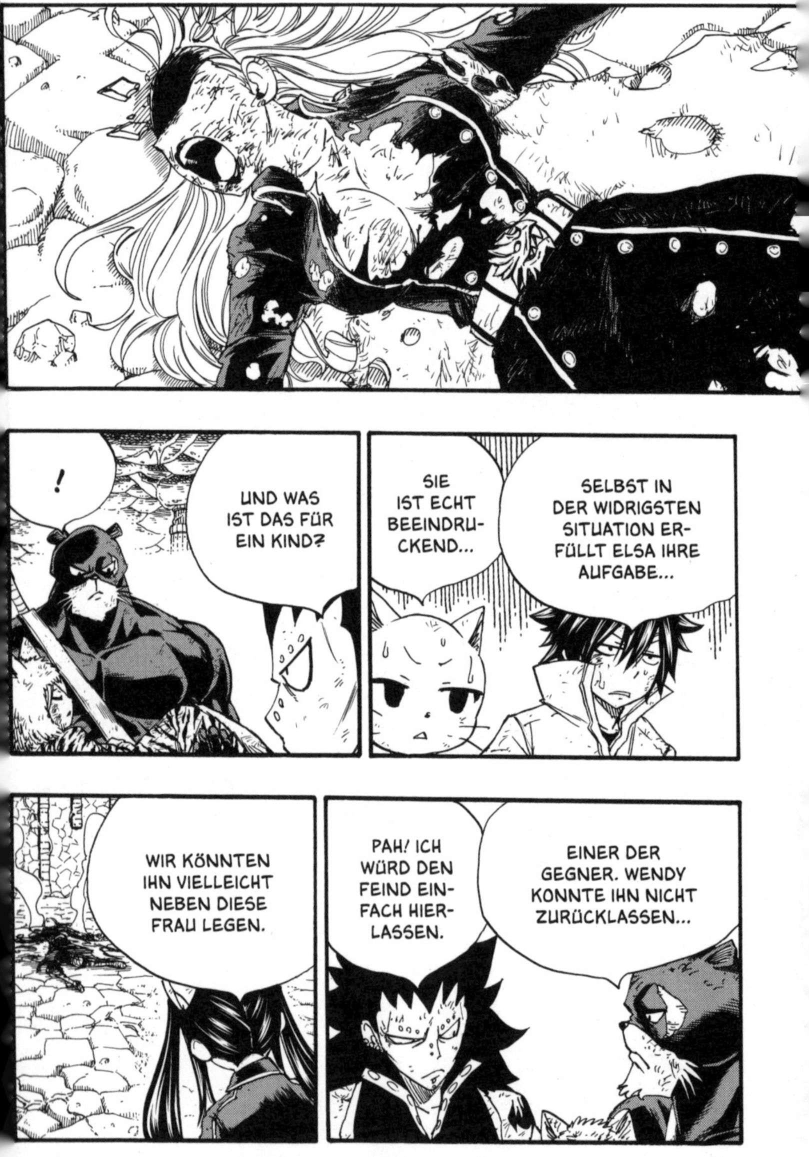
!
UND WAS IST DAS FÜR EIN KIND?
SELBST IN DER WIDRIGSTEN SITUATION ERFÜLLT ELSA IHRE AUFGABE...
SIE IST ECHT BEEINDRUCKEND...
WIR KÖNNTEN IHN VIELLEICHT NEBEN DIESE FRAU LEGEN.
EINER DER GEGNER. WENDY KONNTE IHN NICHT ZURÜCKLASSEN...
PAH! ICH WÜRD DEN FEIND EINFACH HIERLASSEN.

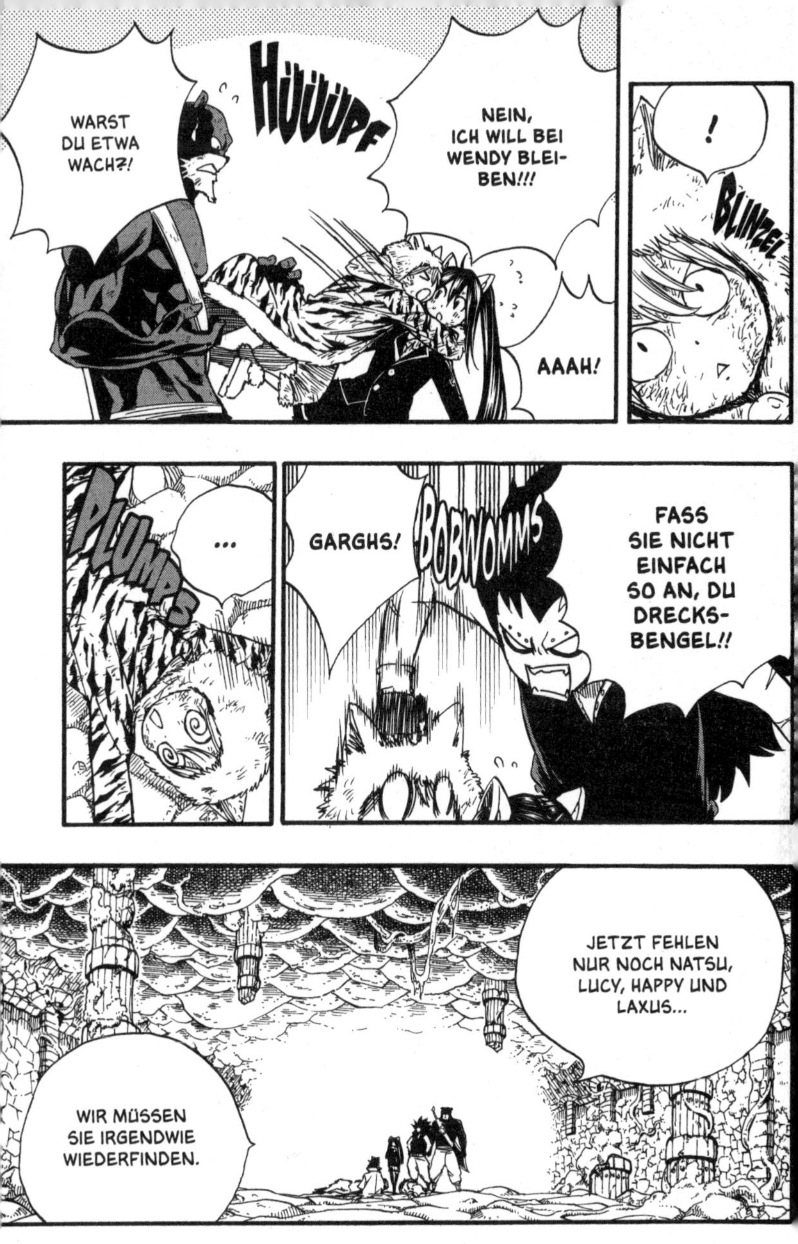
!
BLINZEL
NEIN, ICH WILL BEI WENDY BLEI-BEN!!!
HÜÜÜPF
WARST DU ETWA WACH?!
AAAH!
FASS SIE NICHT EINFACH SO AN, DU DRECKS-BENGEL!!
BOBWOMMS
GARGHS!
PLUMPS
...
JETZT FEHLEN NUR NOCH NATSU, LUCY, HAPPY UND LAXUS...
WIR MÜSSEN SIE IRGENDWIE WIEDERFINDEN.

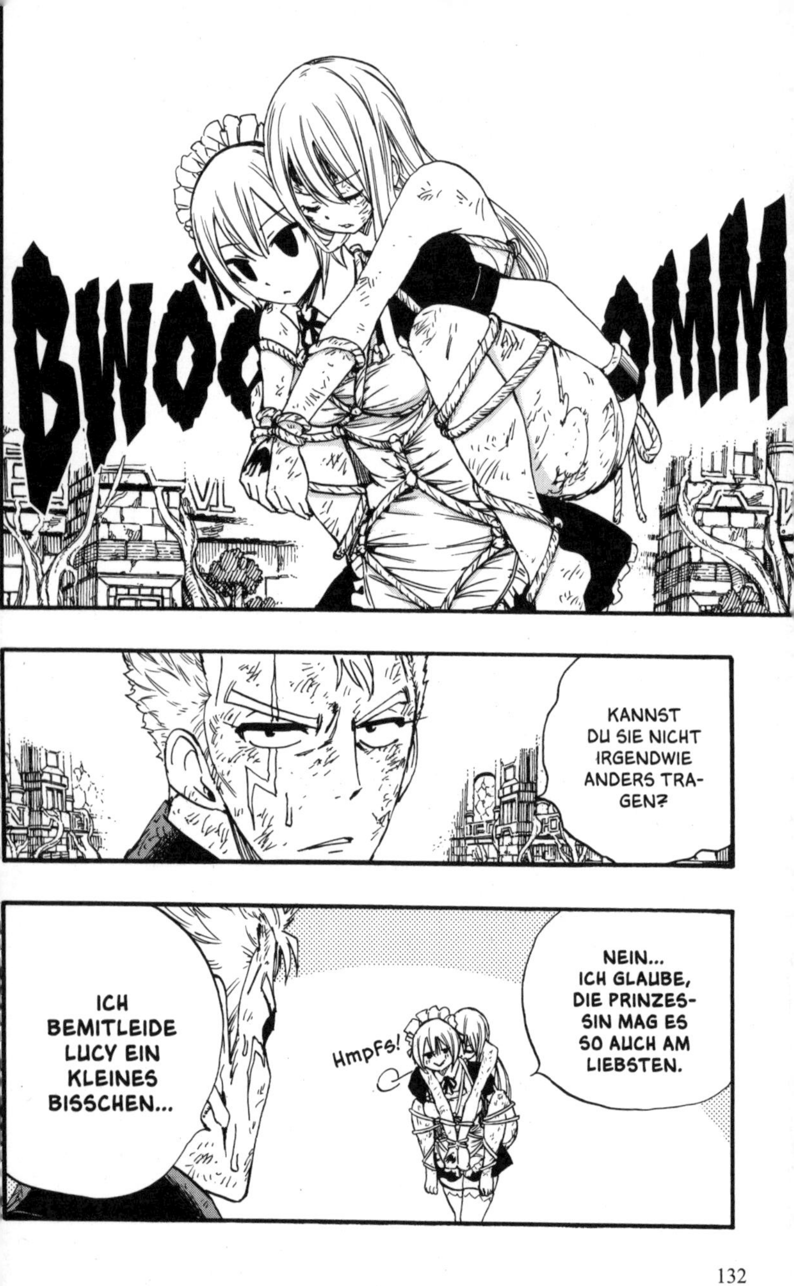
BWOOOMM
KANNST DU SIE NICHT IRGENDWIE ANDERS TRAGEN?
NEIN... ICH GLAUBE, DIE PRINZESSIN MAG ES SO AUCH AM LIEBSTEN.
HmpFs!
ICH BEMITLEIDE LUCY EIN KLEINES BISSCHEN...

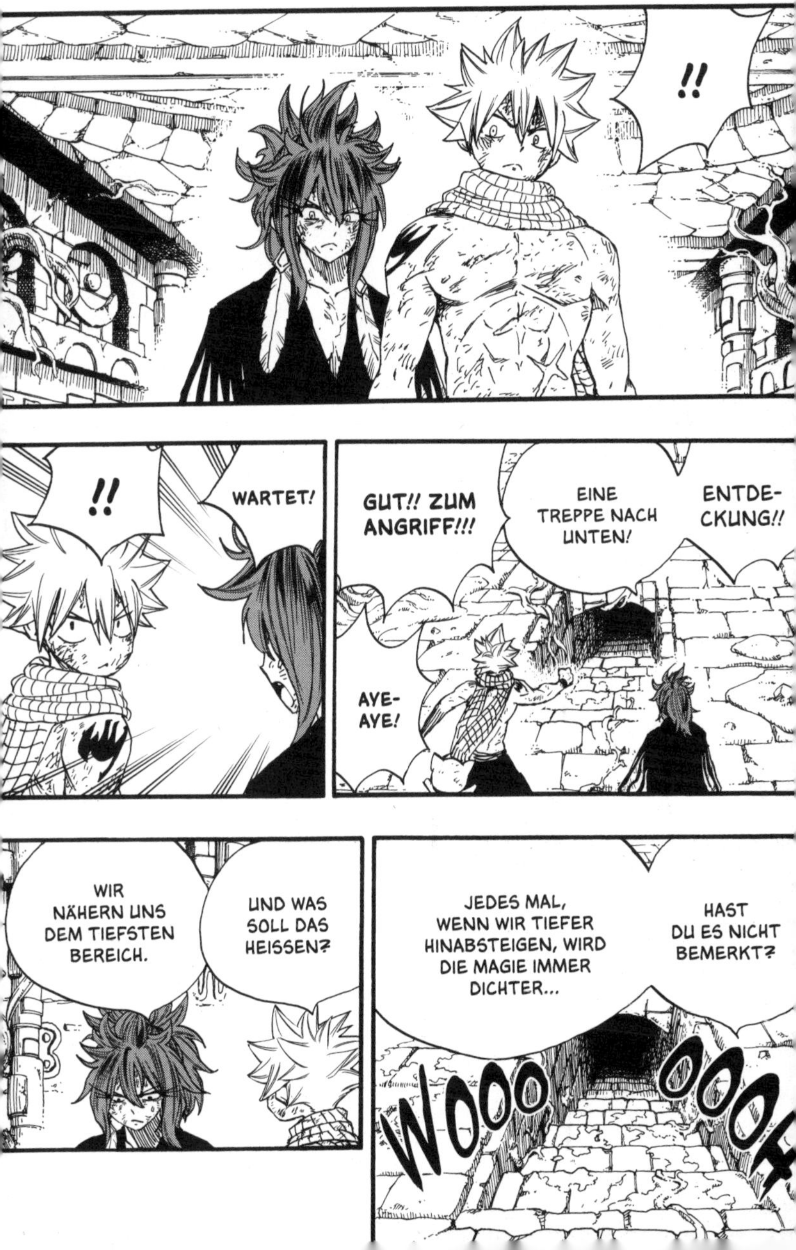
!!
WARTET!
!!
ENTDE-
CKUNG!!
EINE TREPPE NACH UNTEN!
GUT!! ZUM ANGRIFF!!!
AYE-AYE!
UND WAS SOLL DAS HEISSEN?
WIR NÄHERN UNS DEM TIEFSTEN BEREICH.
HAST DU ES NICHT BEMERKT?
JEDES MAL, WENN WIR TIEFER HINABSTEIGEN, WIRD DIE MAGIE IMMER DICHTER...
WOOO OOOH

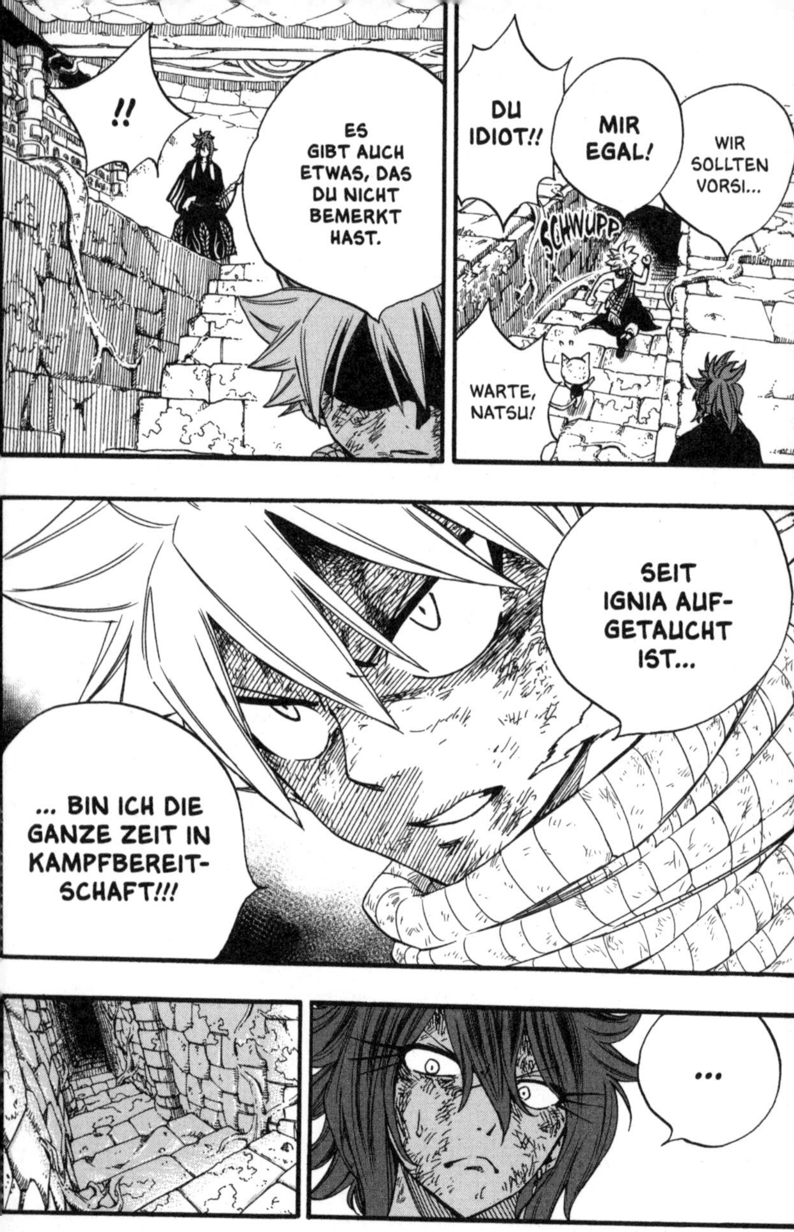
WIR SOLLTEN VORSI...
MIR EGAL!
DU IDIOT!!
SCHWUPP
WARTE, NATSU!
!!
ES GIBT AUCH ETWAS, DAS DU NICHT BEMERKT HAST.
SEIT IGNIA AUF-GETAUCHT IST...
... BIN ICH DIE GANZE ZEIT IN KAMPFBEREIT-SCHAFT!!!
...

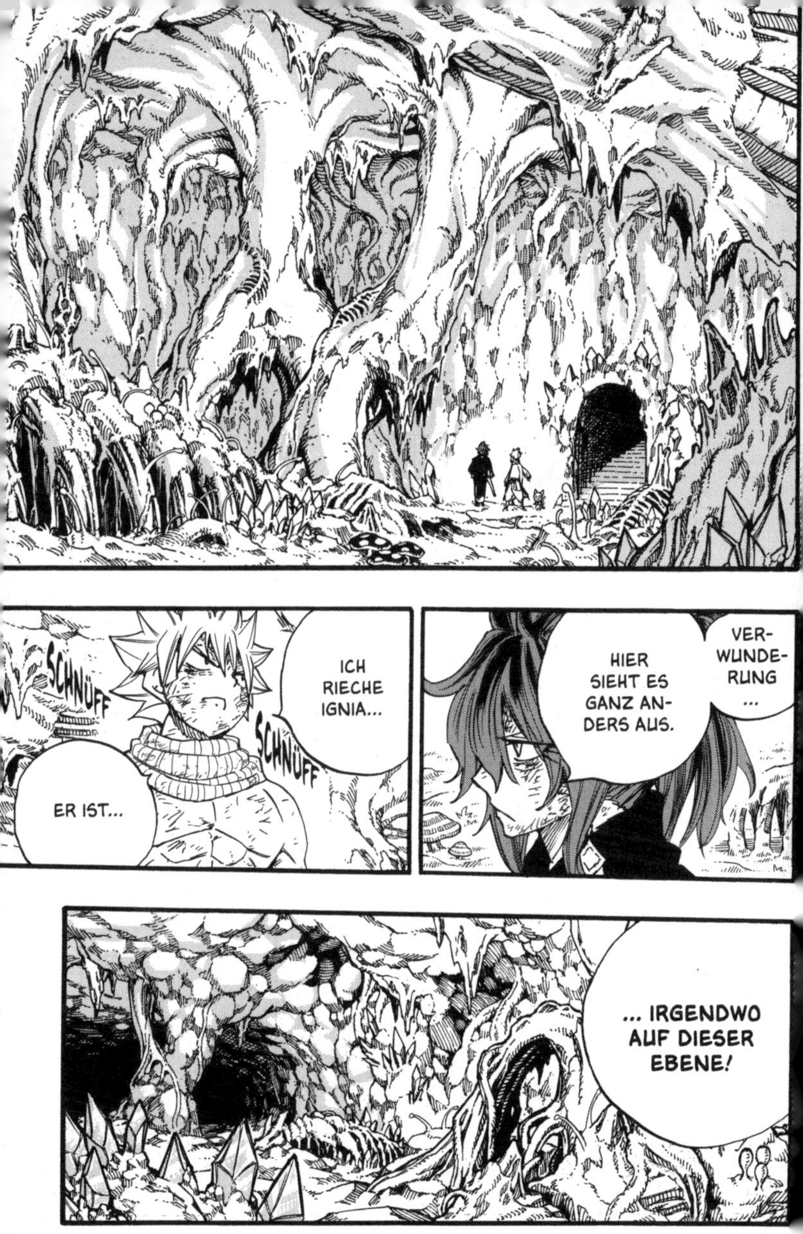

VERWUNDERUNG...
HIER SIEHT ES GANZ ANDERS AUS.
SCHNÜFF
SCHNÜFF
ICH RIECHE IGNIA...
ER IST...
... IRGENDWO AUF DIESER EBENE!

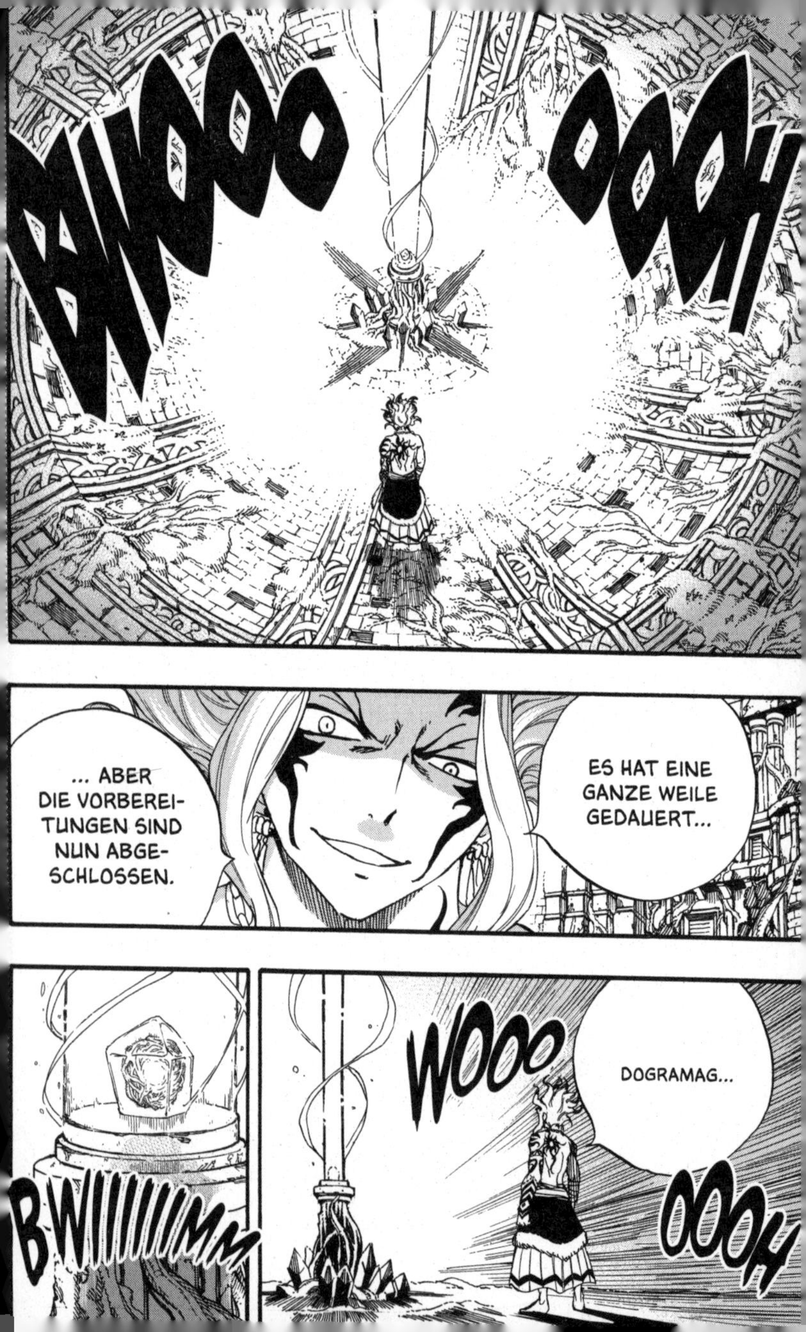
BWOOO OOOH
ES HAT EINE GANZE WEILE GEDAUERT...
... ABER DIE VORBEREI- TUNGEN SIND NUN ABGE- SCHLOSSEN.
WOOO
DOGRAMAG...
OOOH
B-WIIIIIIMM

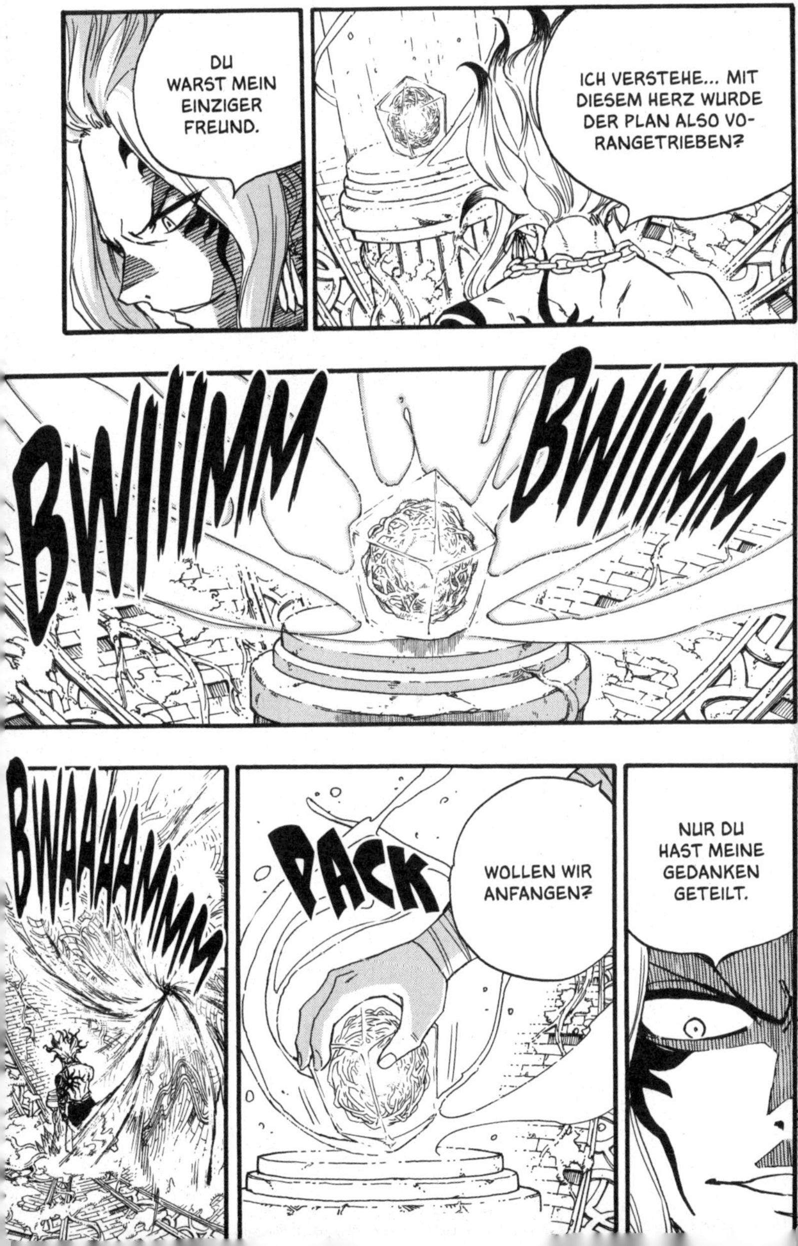

ICH VERSTEHE... MIT DIESEM HERZ WURDE DER PLAN ALSO VORANGETRIEBEN?
DU WARST MEIN EINZIGER FREUND.
BWIIMM
BWIIIMM
NUR DU HAST MEINE GEDANKEN GETEILT.
WOLLEN WIR ANFANGEN?
PACK
BWAAAAMMM

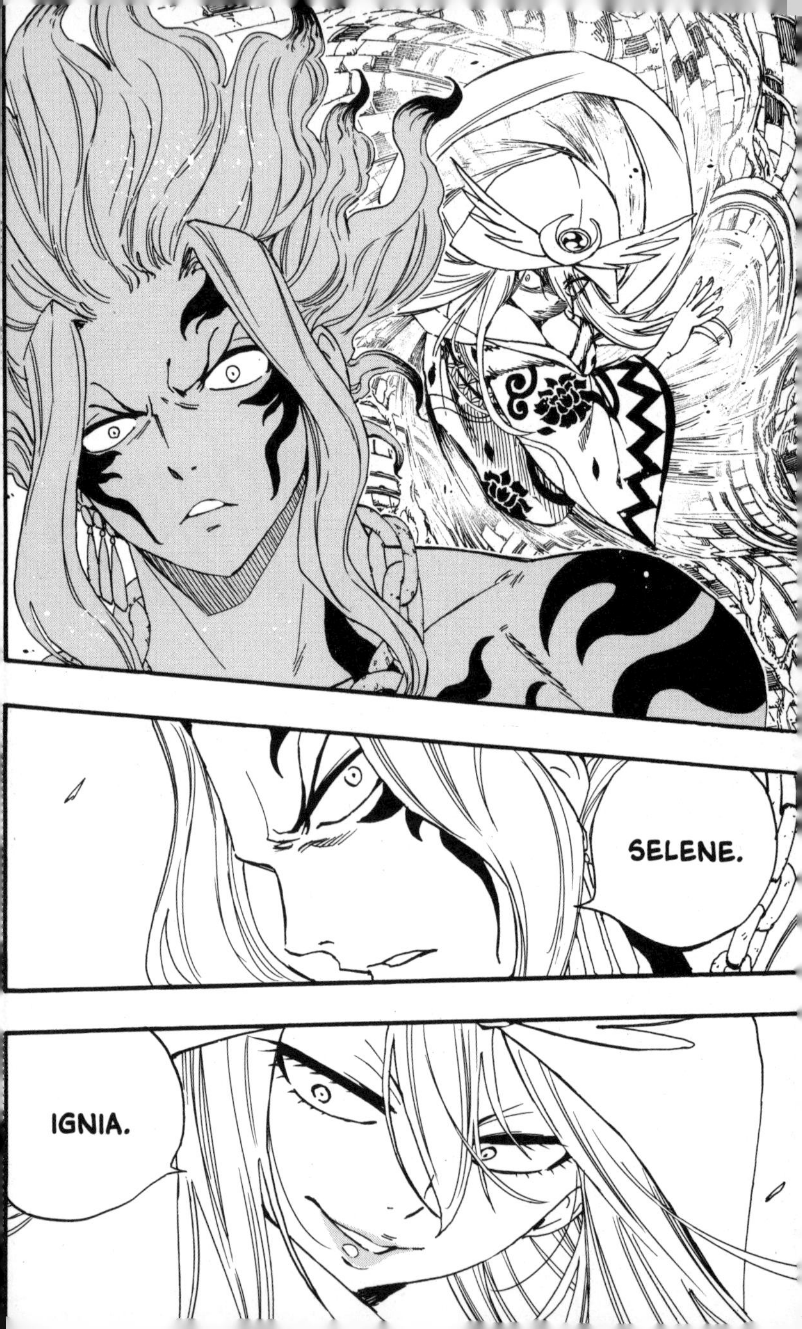
SELENE.
IGNIA.

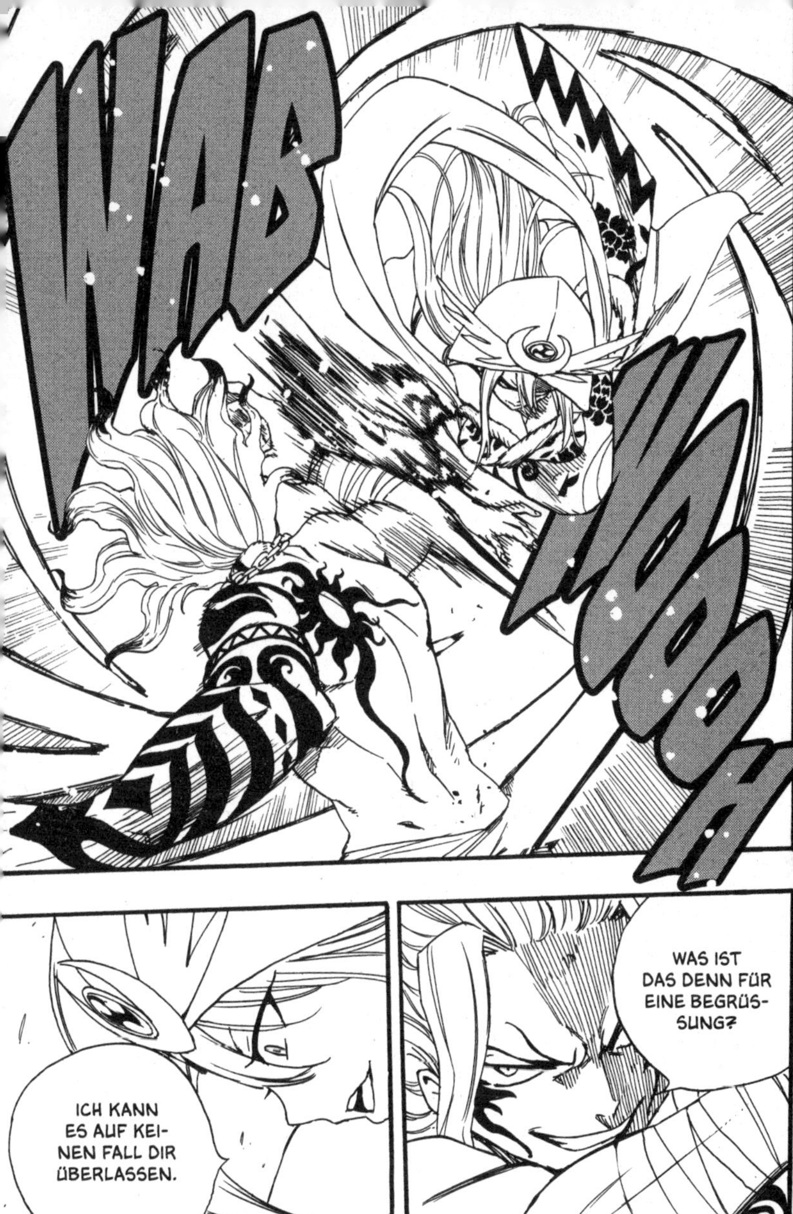
WAS IST DAS DENN FÜR EINE BEGRÜS-SUNG?
ICH KANN ES AUF KEI-NEN FALL DIR ÜBERLASSEN.

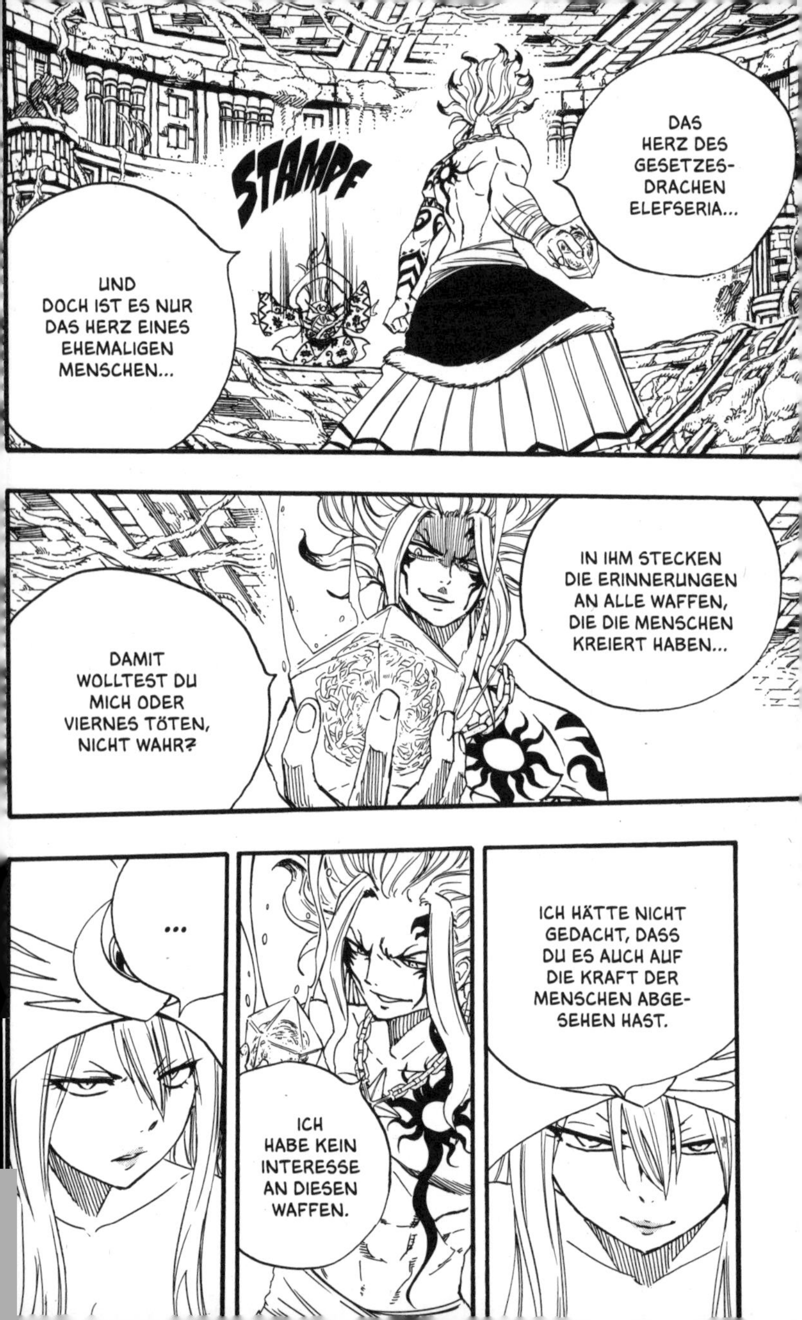
DAS HERZ DES GESETZES-DRACHEN ELEFSERIA...
STAMPF
UND DOCH IST ES NUR DAS HERZ EINES EHEMALIGEN MENSCHEN...
IN IHM STECKEN DIE ERINNERUNGEN AN ALLE WAFFEN, DIE DIE MENSCHEN KREIERT HABEN...
DAMIT WOLLTEST DU MICH ODER VIERNES TÖTEN, NICHT WAHR?
ICH HÄTTE NICHT GEDACHT, DASS DU ES AUCH AUF DIE KRAFT DER MENSCHEN ABGE-SEHEN HAST.
ICH HABE KEIN INTERESSE AN DIESEN WAFFEN.
...

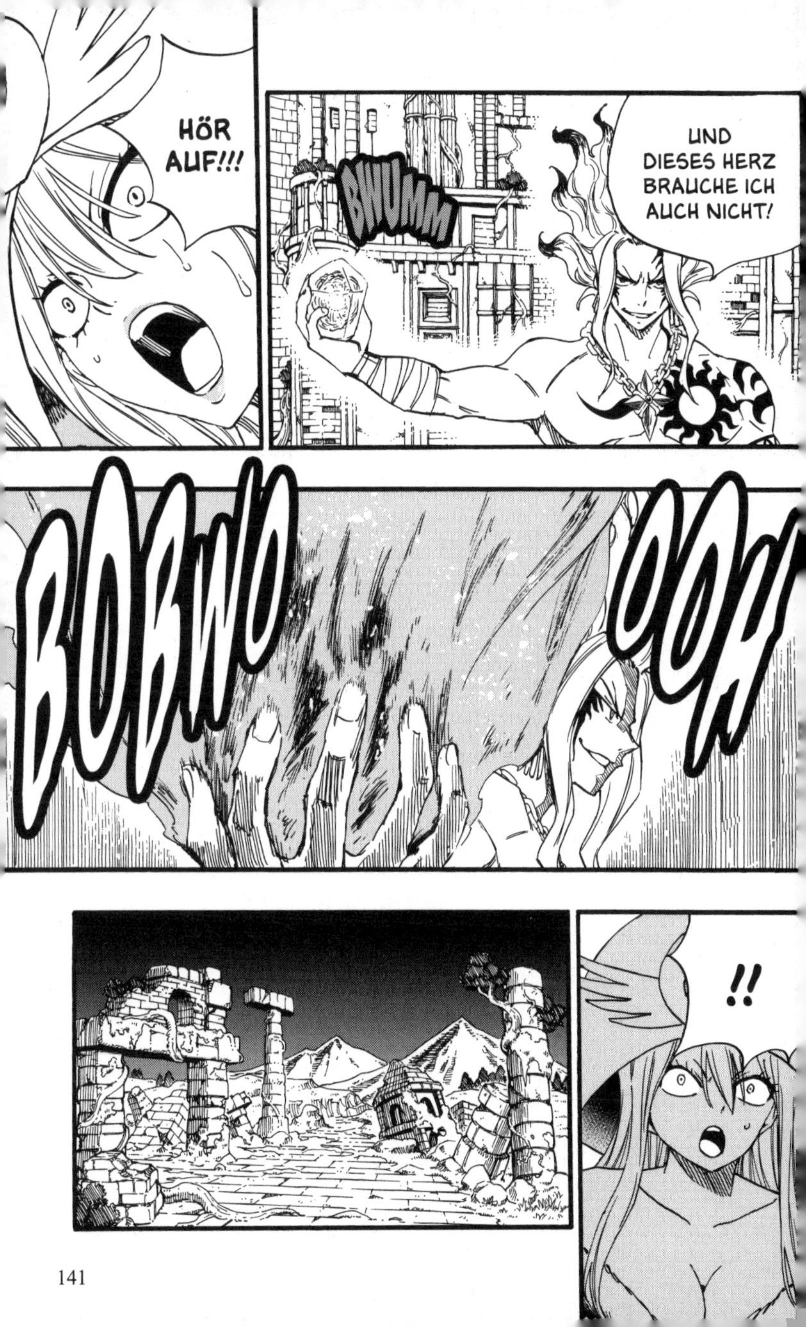
UND DIESES HERZ BRAUCHE ICH AUCH NICHT!
BWUMM
HÖR AUF!!!
!!

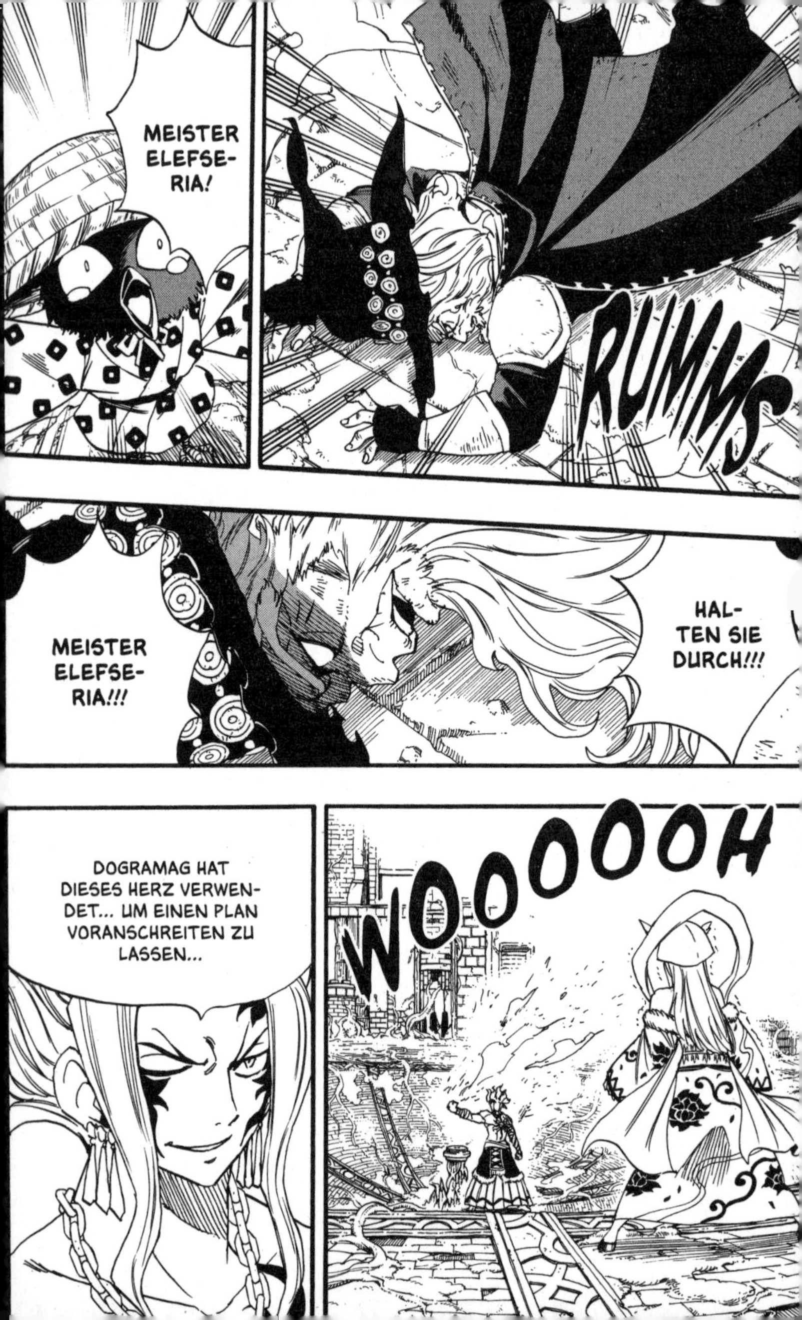
MEISTER ELEFSE-RIA!
RUMMS
HAL-TEN SIE DURCH!!!
MEISTER ELEFSE-RIA!!!
DOGRAMAG HAT DIESES HERZ VERWEN-DET... UM EINEN PLAN VORANSCHREITEN ZU LASSEN...
WOOOOOOH

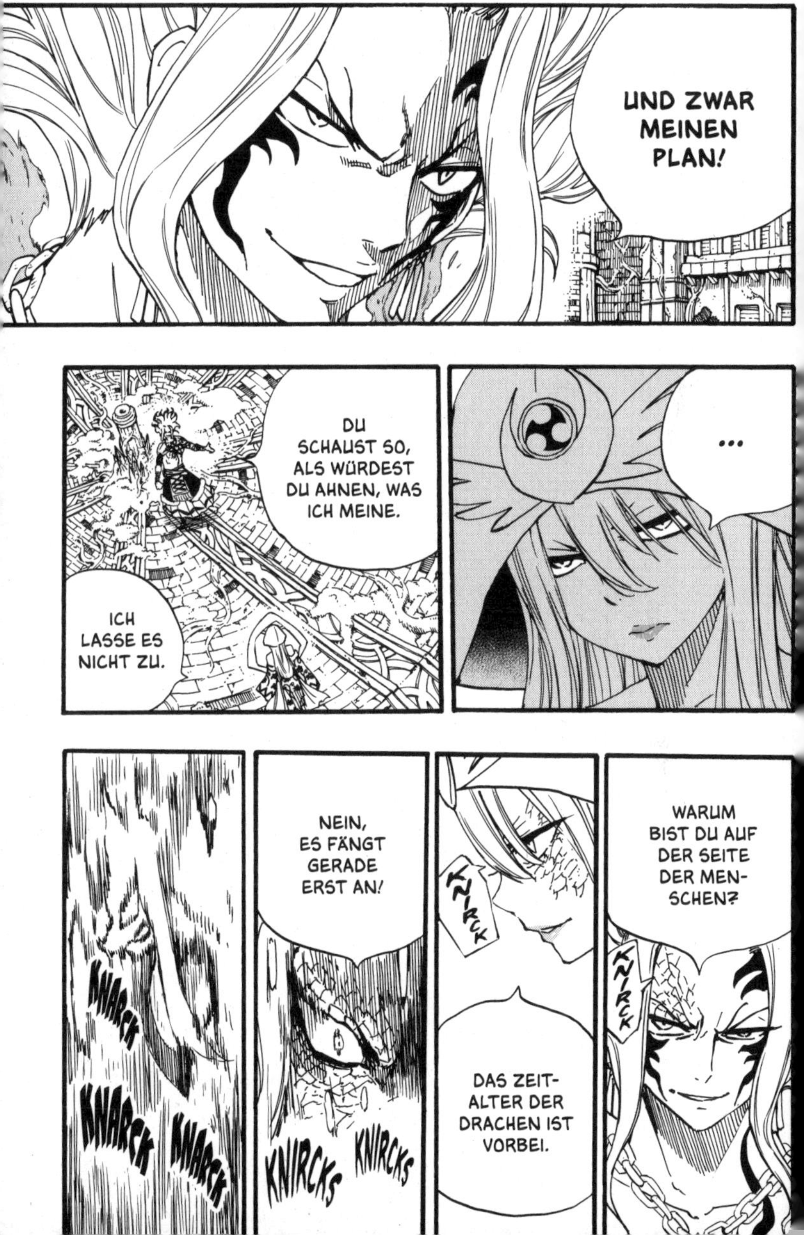
UND ZWAR MEINEN PLAN!
...
DU SCHAUST SO, ALS WÜRDEST DU AHNEN, WAS ICH MEINE.
ICH LASSE ES NICHT ZU.
WARUM BIST DU AUF DER SEITE DER MEN-SCHEN?
KNIRCK
KNIRCK
DAS ZEIT-ALTER DER DRACHEN IST VORBEI.
NEIN, ES FÄNGT GERADE ERST AN!
KNIRCKS
KNIRCKS
KNARCK
KNARCK
KNARCK
KNARCK

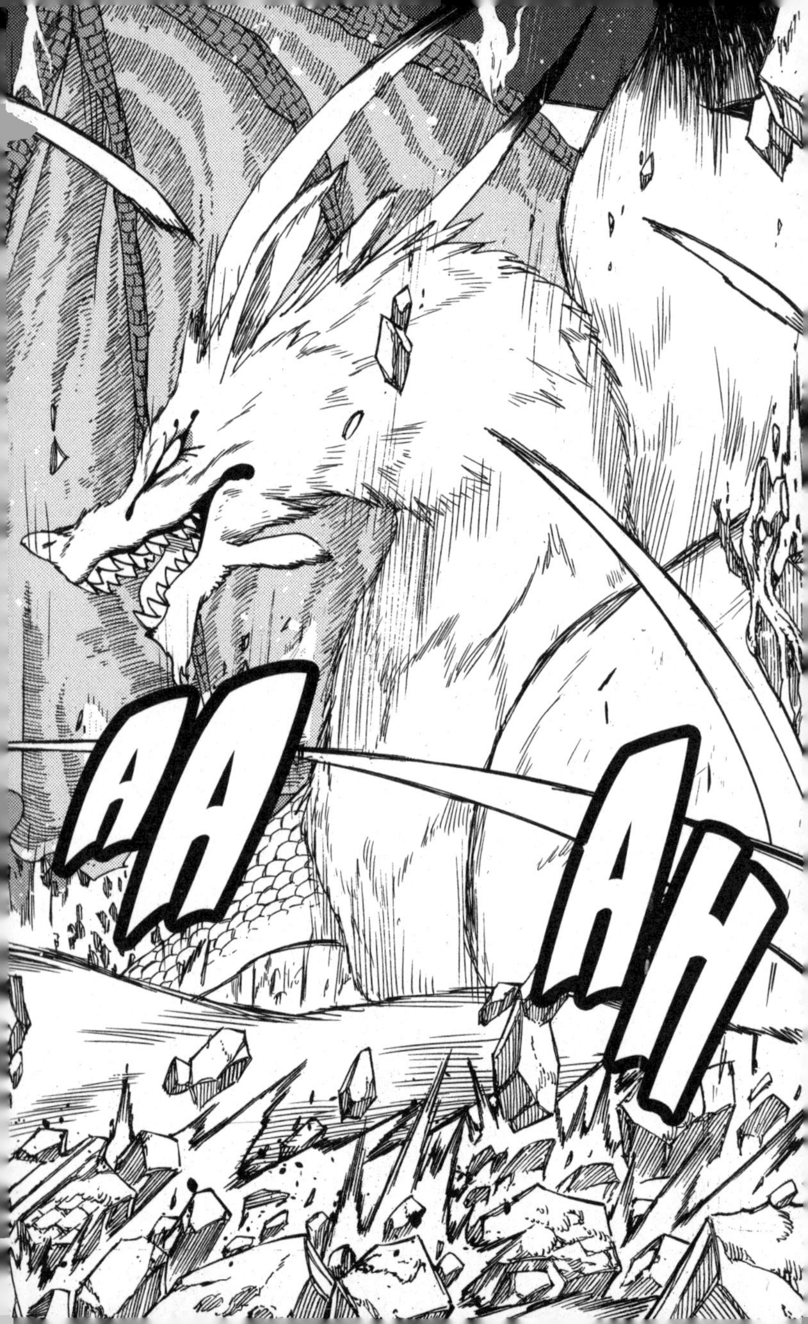
AA
AAH

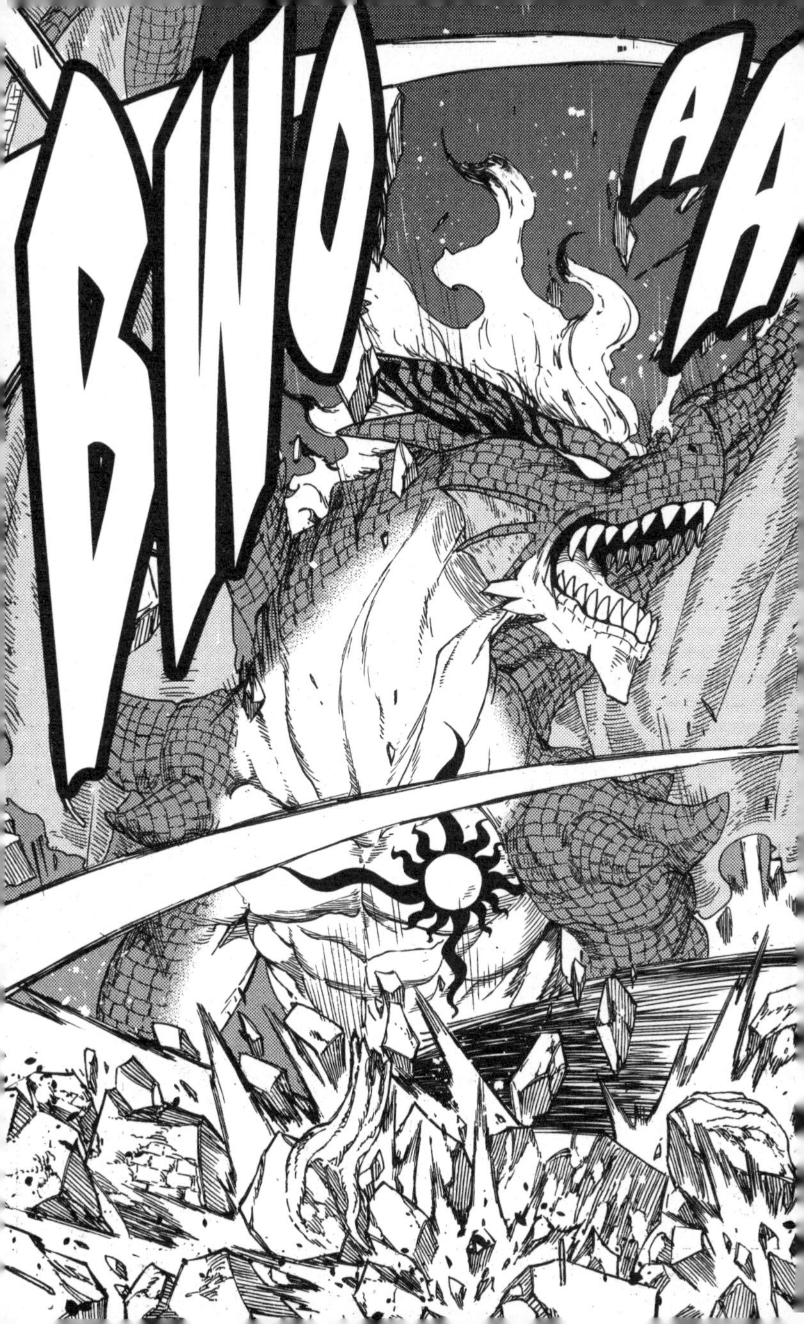
BWO
AA

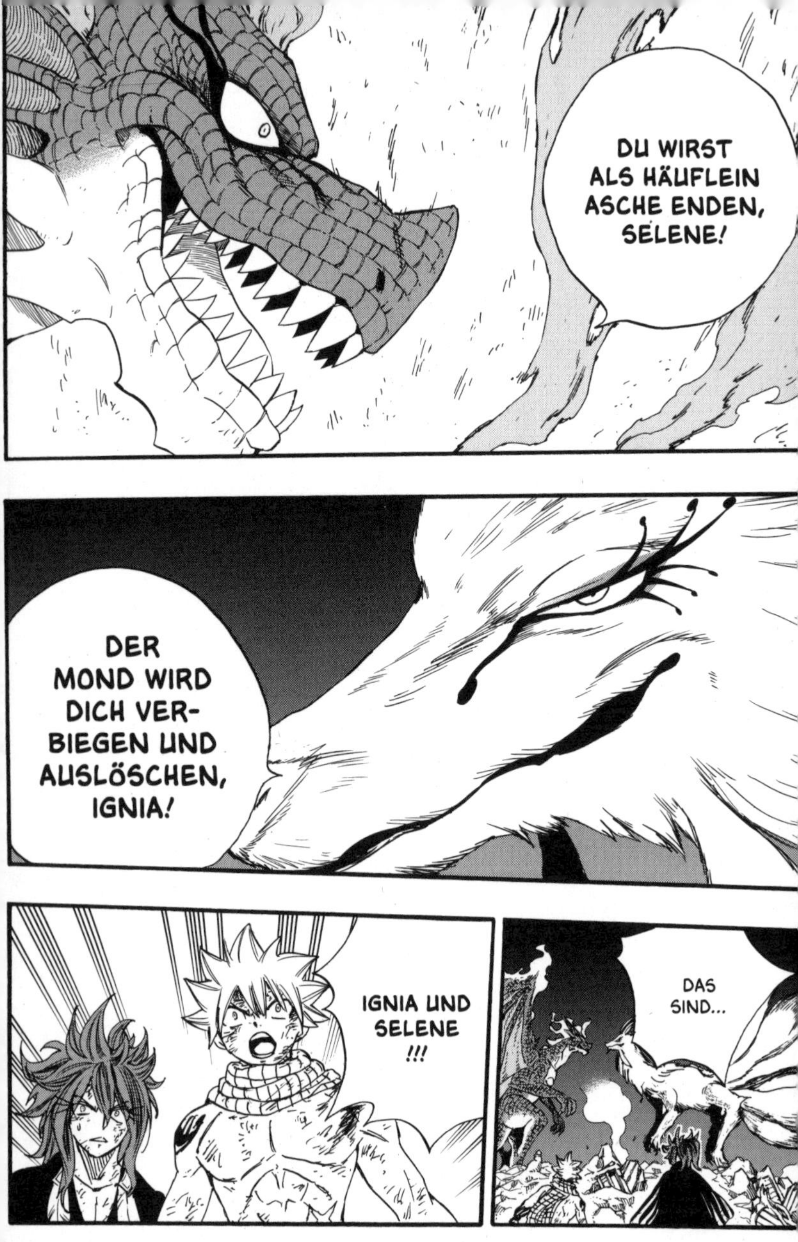
DU WIRST ALS HÄUFLEIN ASCHE ENDEN, SELENE!
DER MOND WIRD DICH VER-BIEGEN UND AUSLÖSCHEN, IGNIA!
DAS SIND...
IGNIA UND SELENE !!!

FAIRY TAIL 100 YEARS QUEST

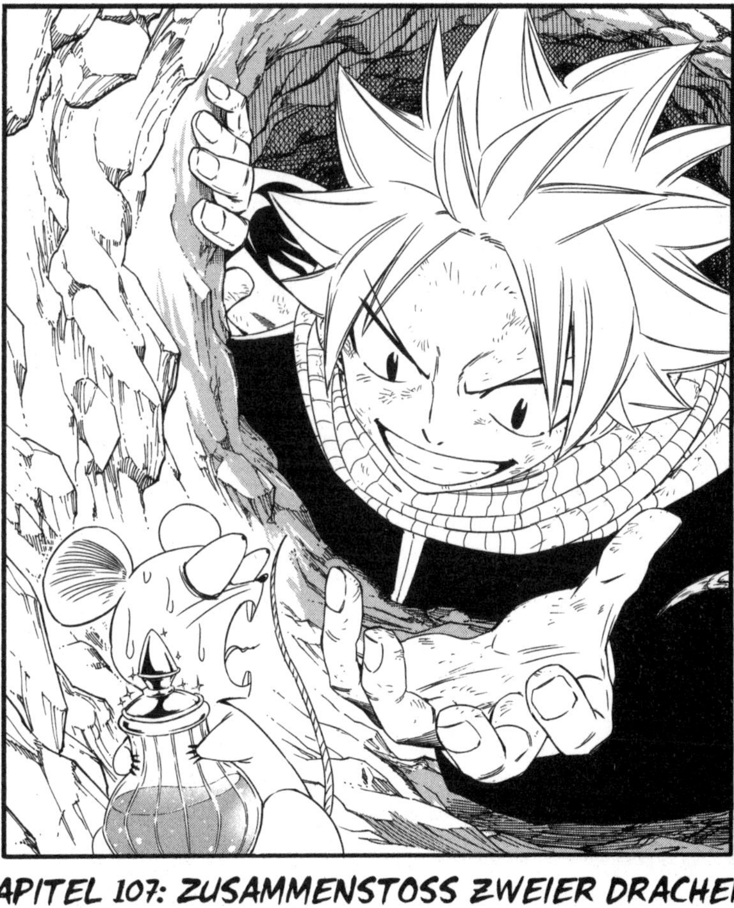

KAPITEL 107: ZUSAMMENSTOSS ZWEIER DRACHEN

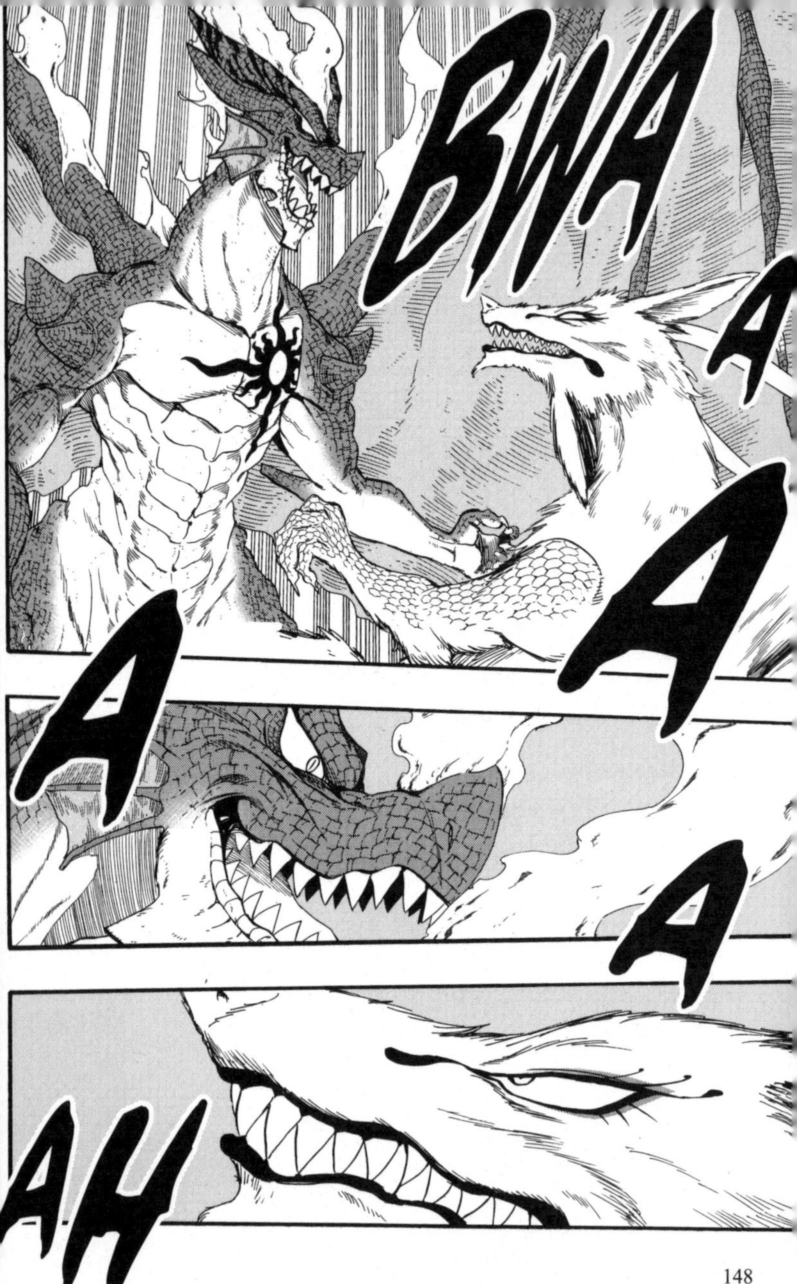
BWA
A
A
A
A
AH

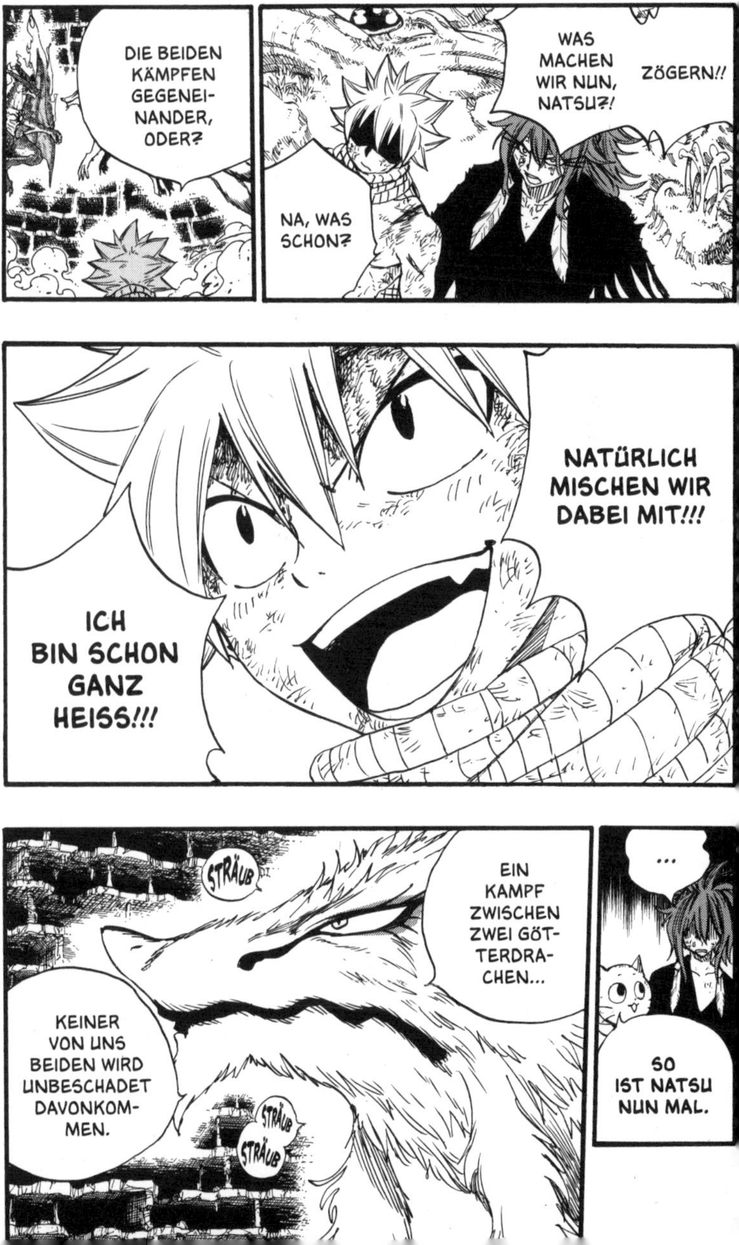

ZÖGERN!!
WAS MACHEN WIR NUN, NATSU?!
NA, WAS SCHON?
DIE BEIDEN KÄMPFEN GEGENEI-NANDER, ODER?
NATÜRLICH MISCHEN WIR DABEI MIT!!!
ICH BIN SCHON GANZ HEISS!!!
...
SO IST NATSU NUN MAL.
EIN KAMPF ZWISCHEN ZWEI GÖT-TERDRA-CHEN...
STRÄUB
KEINER VON UNS BEIDEN WIRD UNBESCHADET DAVONKOM-MEN.
STRÄUB
STRÄUB

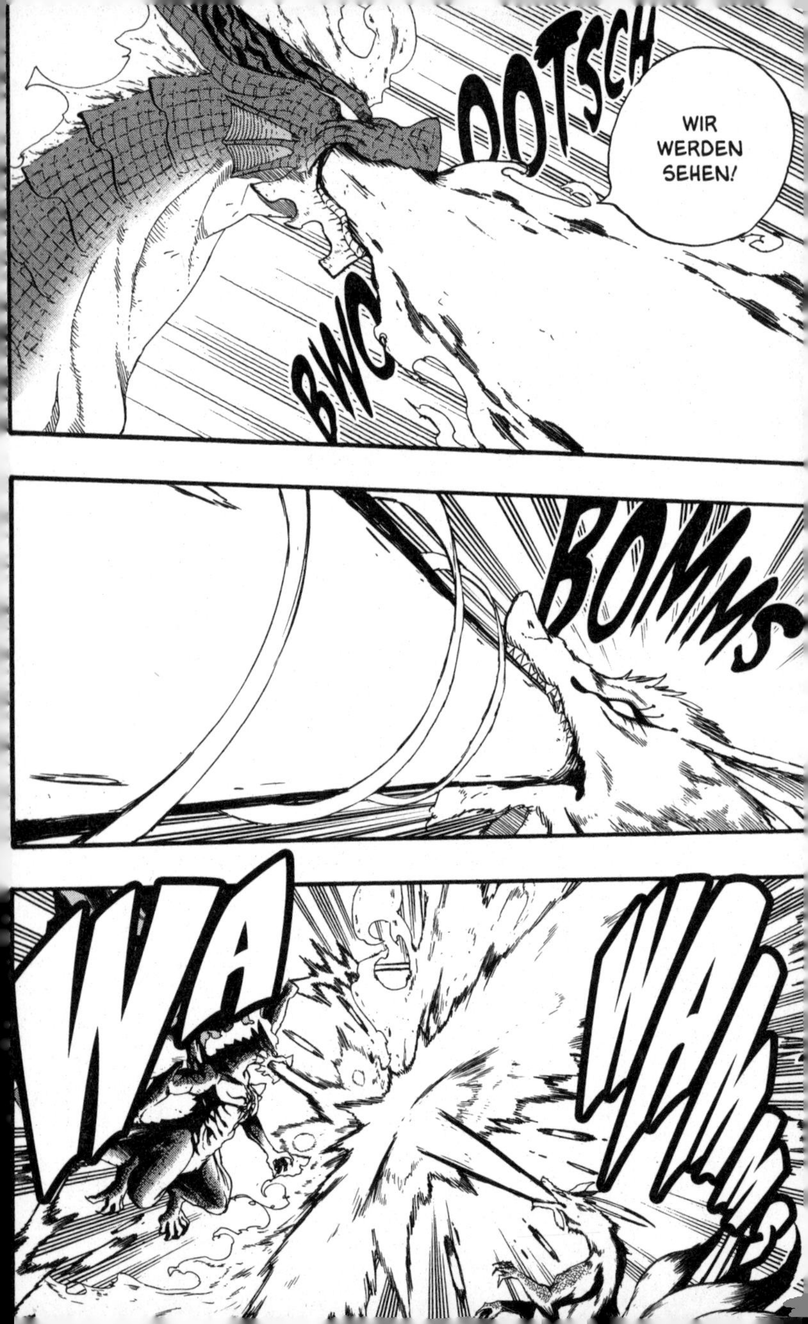
WIR WERDEN SEHEN!
DOTSCH
BOMMS
WA

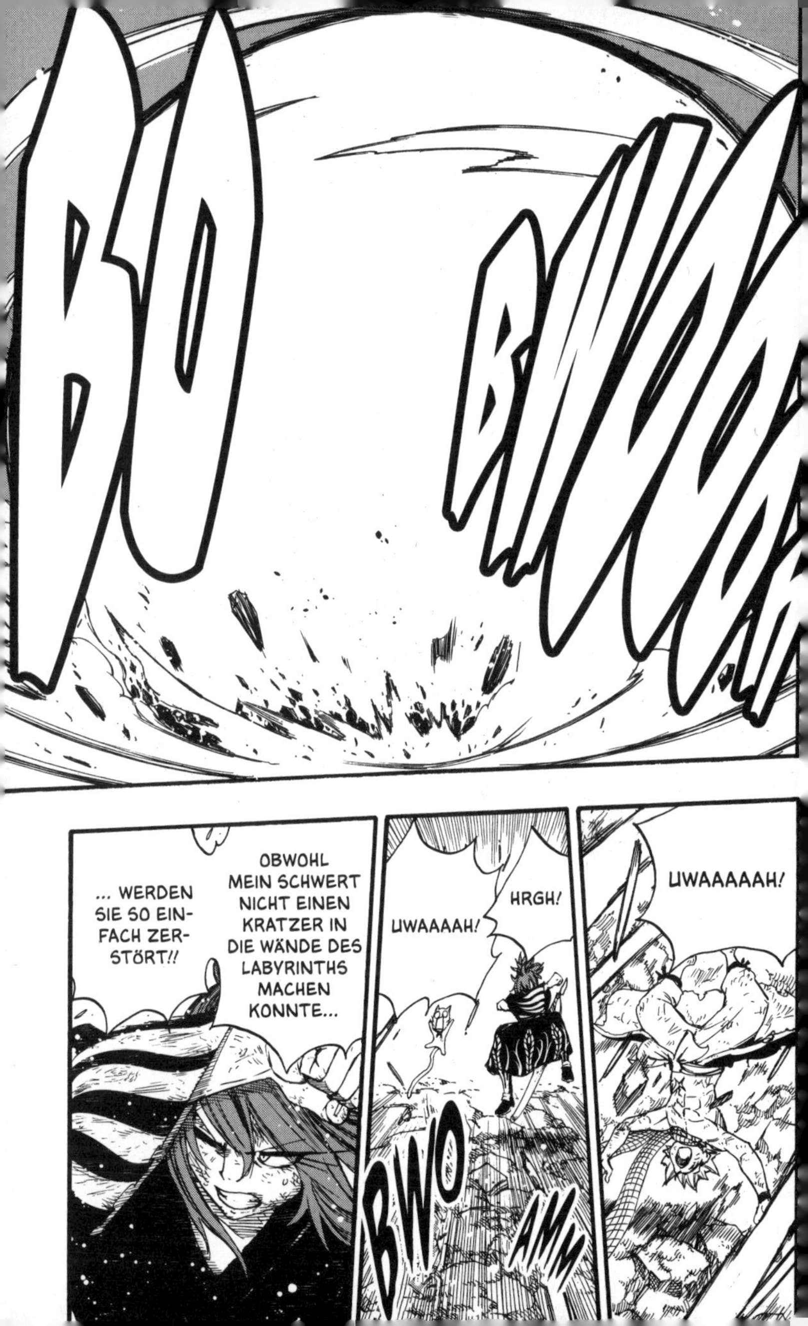
UWAAAAAH!
HRGH!
UWAAAAH!
OBWOHL MEIN SCHWERT NICHT EINEN KRATZER IN DIE WÄNDE DES LABYRINTHS MACHEN KONNTE...
... WERDEN SIE SO EIN-FACH ZER-STÖRT!!

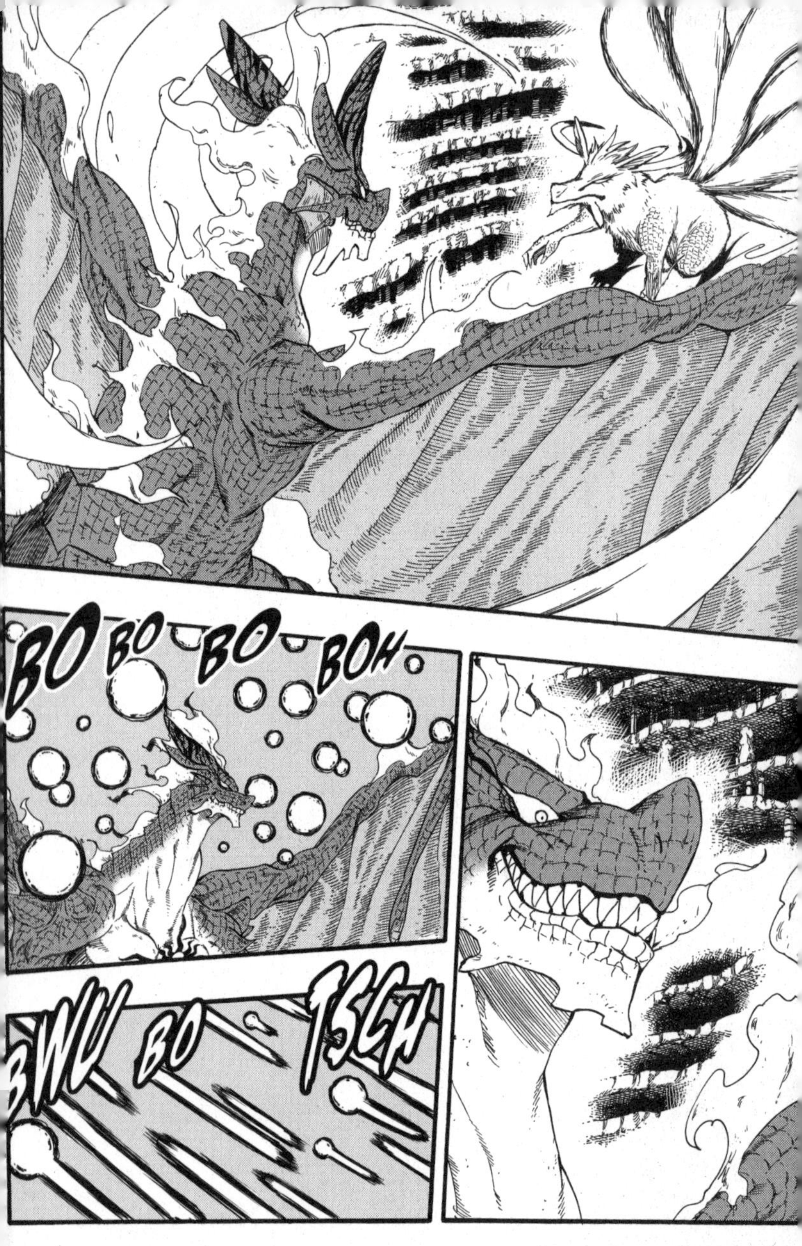
BO BO BO BOH
BWU BO TSCH

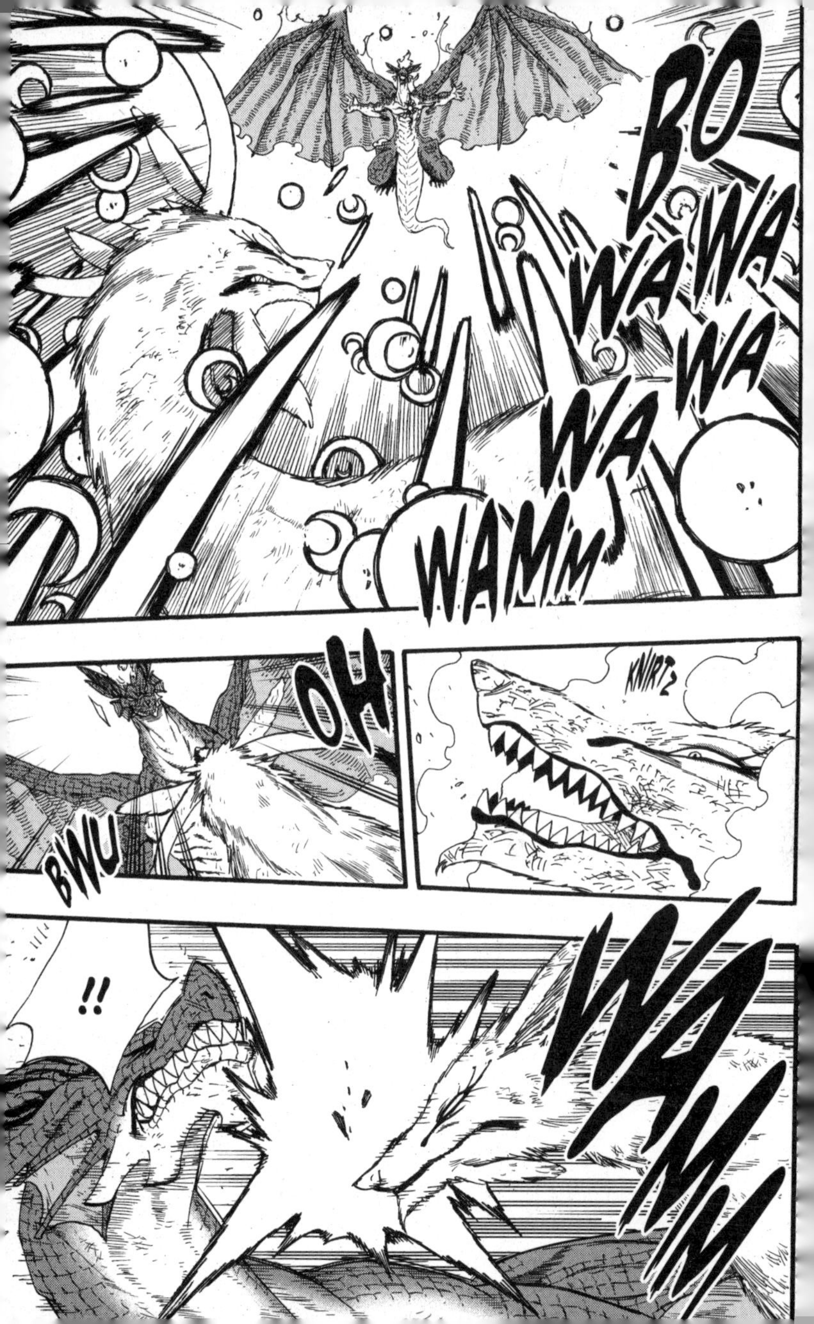
BOWAWAWAWAWAMM
KNIRTZ
OH
BWU
!!
WAMM

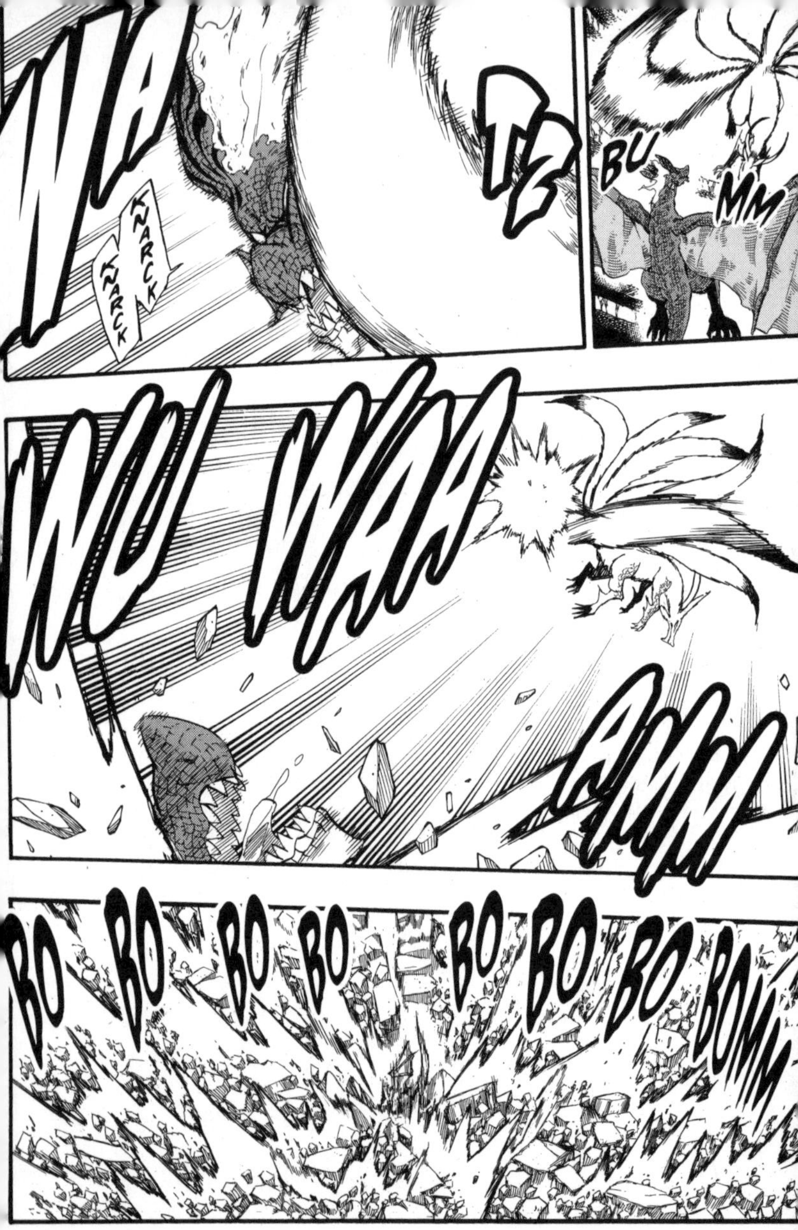
KNARCK
KNARCK
BU MM
BO BO BO BO BO BO BO BOMM

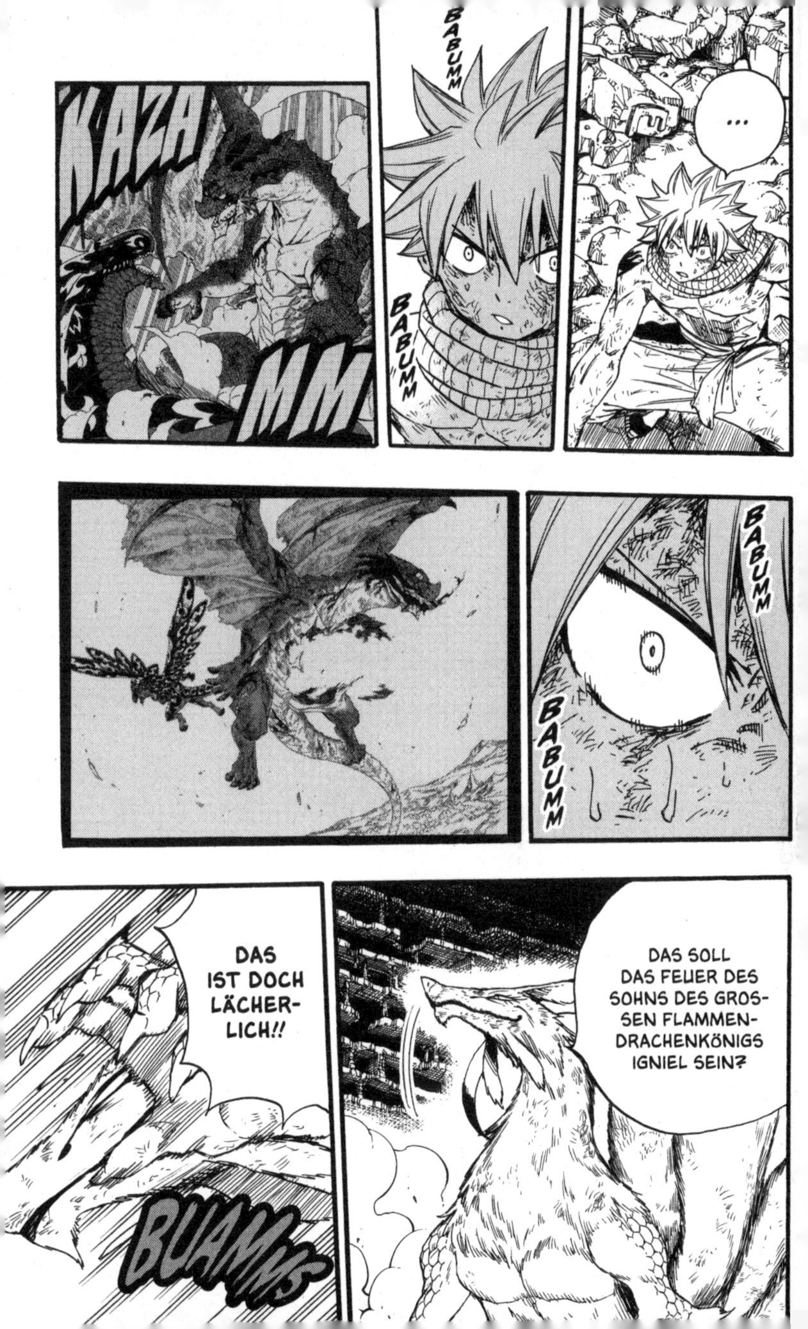
...
BABUMM
BABUMM
KAZAMM
BABUMM
BABUMM
DAS SOLL DAS FEUER DES SOHNS DES GROSSEN FLAMMENDRACHENKÖNIGS IGNIEL SEIN?
DAS IST DOCH LÄCHERLICH!!
BUAMMS

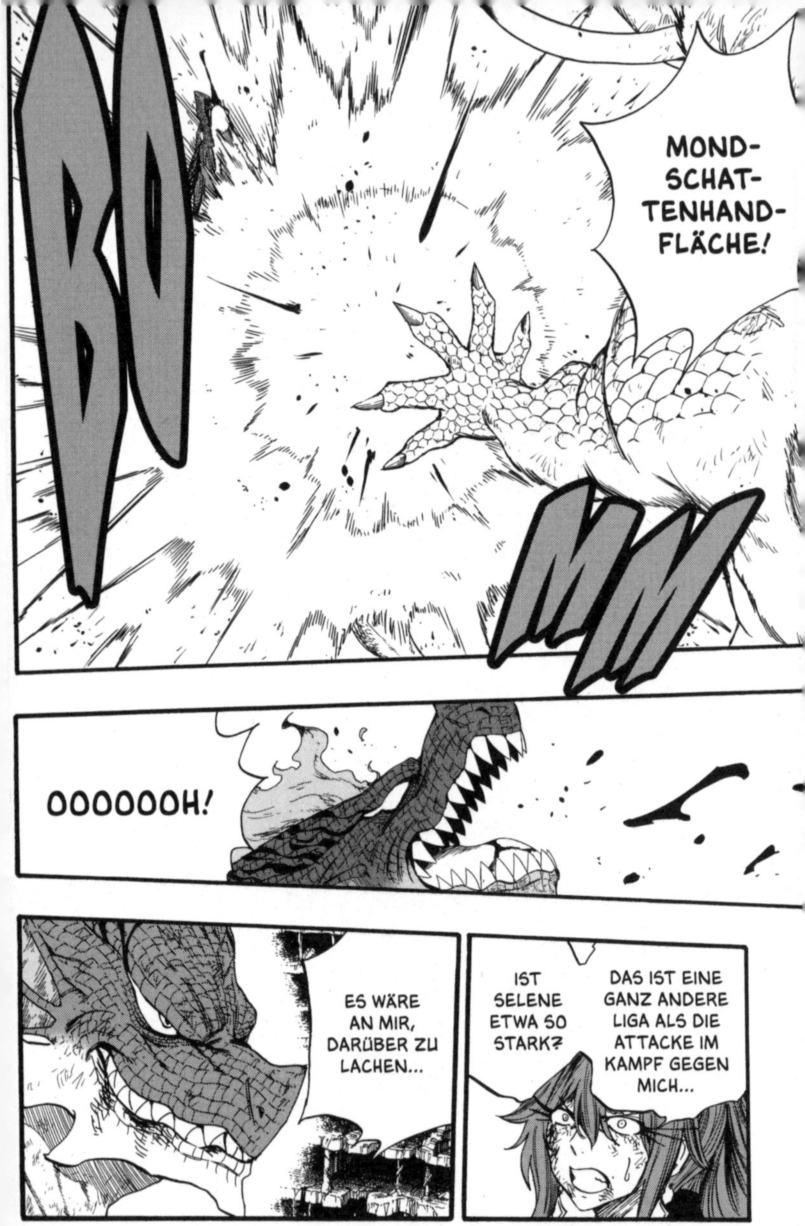
BOMM
MOND-SCHAT-TENHAND-FLÄCHE!
OOOOOOH!
IST SELENE ETWA SO STARK?
DAS IST EINE GANZ ANDERE LIGA ALS DIE ATTACKE IM KAMPF GEGEN MICH...
ES WÄRE AN MIR, DARÜBER ZU LACHEN...

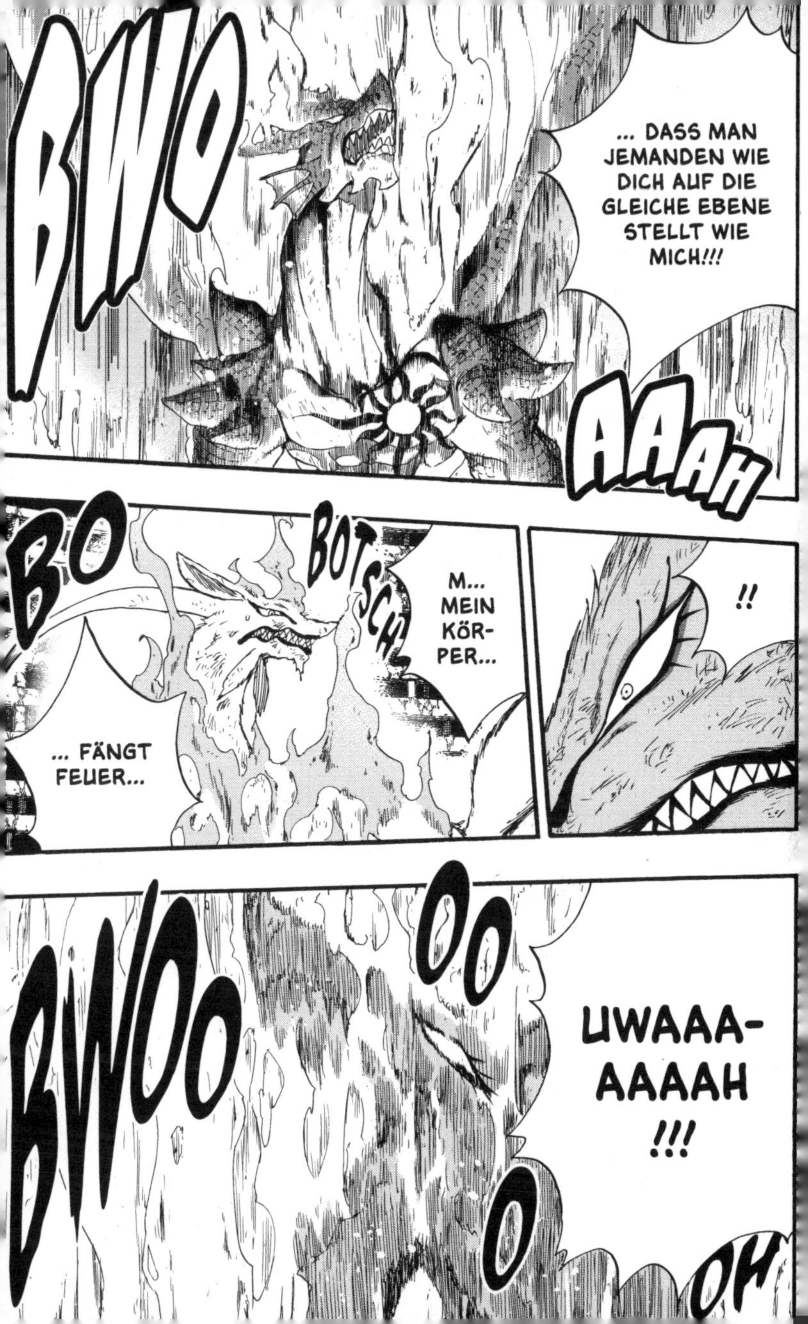

... DASS MAN JEMANDEN WIE DICH AUF DIE GLEICHE EBENE STELLT WIE MICH!!!
BWO
AAAH
!!
M... MEIN KÖRPER...
BOTSCHL
BO
... FÄNGT FEUER...
UWAAA-AAAAH!!!
BWOOOOO
OH

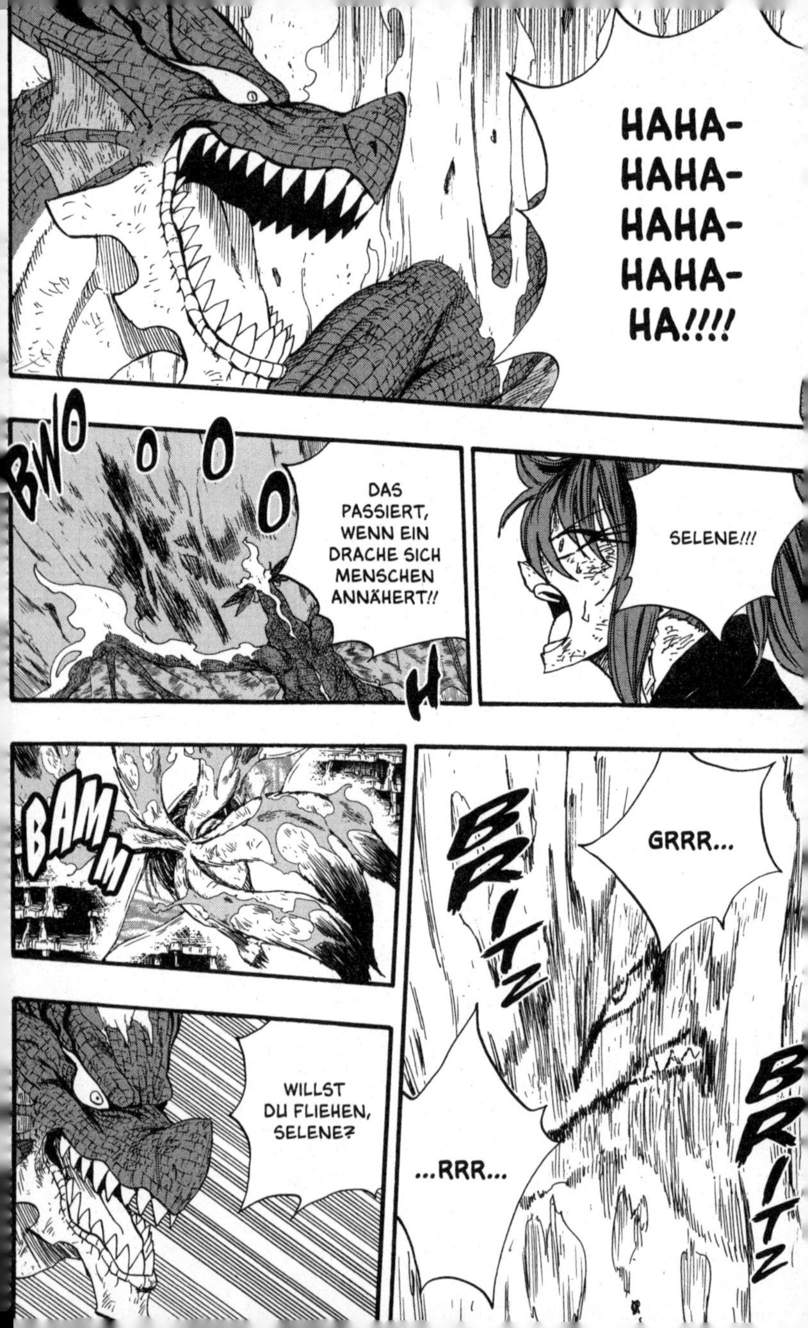

HAHA-
HAHA-
HAHA-
HAHA-
HA!!!!
SELENE!!!
BWOOOOH
DAS PASSIERT, WENN EIN DRACHE SICH MENSCHEN ANNÄHERT!!
GRRR...
...RRR...
BRITZ
BRITZ
BAMM
WILLST DU FLIEHEN, SELENE?

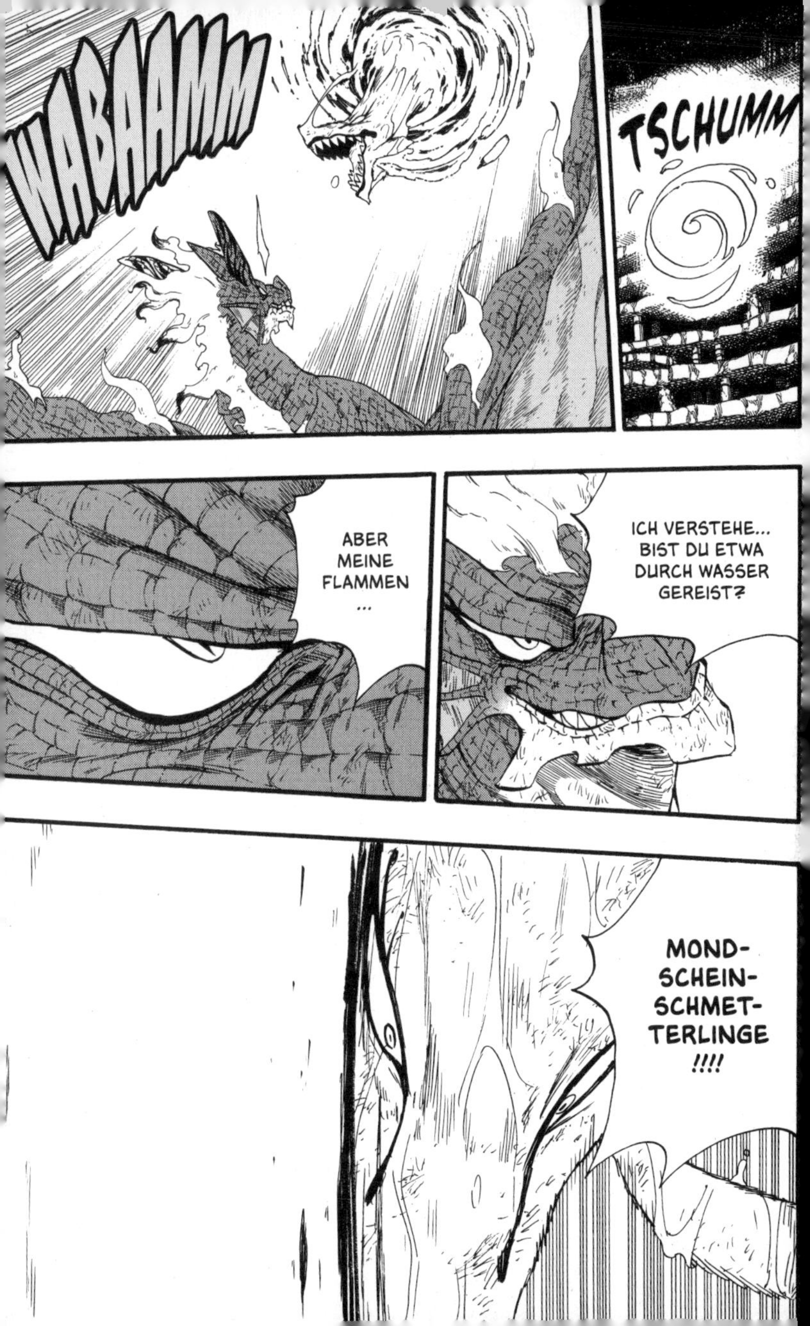
TSCHUMM
WABAAMM
ICH VERSTEHE... BIST DU ETWA DURCH WASSER GEREIST?
ABER MEINE FLAMMEN ...
MOND-SCHEIN-SCHMET-TERLINGE !!!!

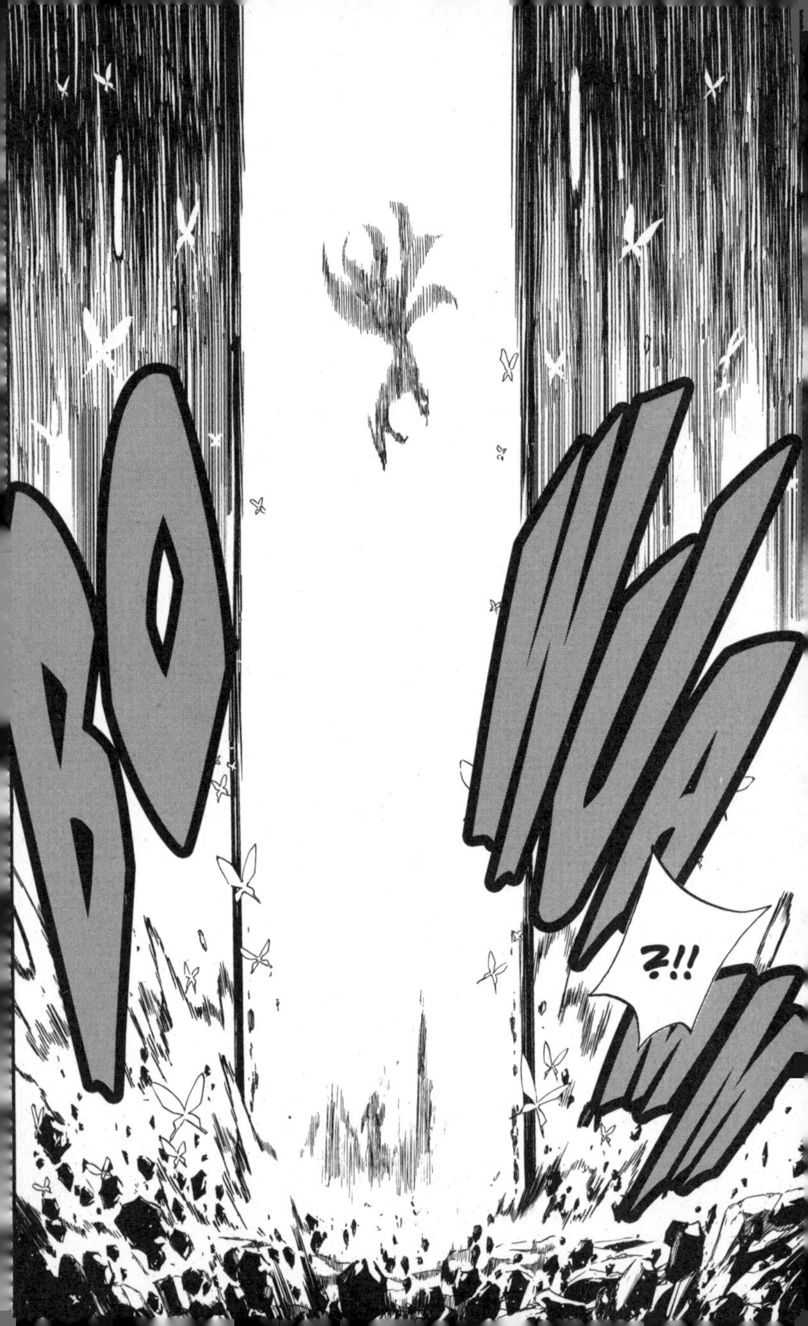

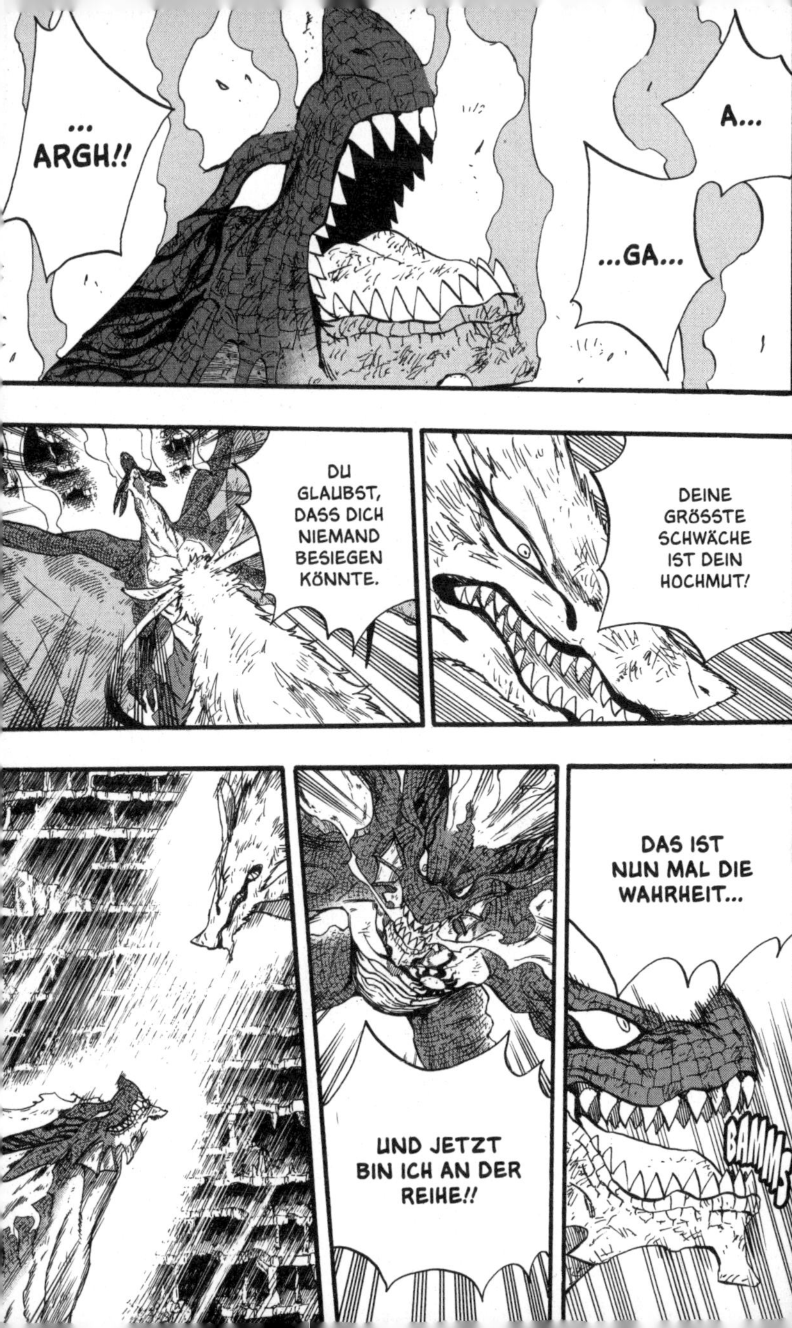
A...
...GA...
... ARGH!!
DEINE GRÖSSTE SCHWÄCHE IST DEIN HOCHMUT!
DU GLAUBST, DASS DICH NIEMAND BESIEGEN KÖNNTE.
DAS IST NUN MAL DIE WAHRHEIT...
BAMM
UND JETZT BIN ICH AN DER REIHE!!

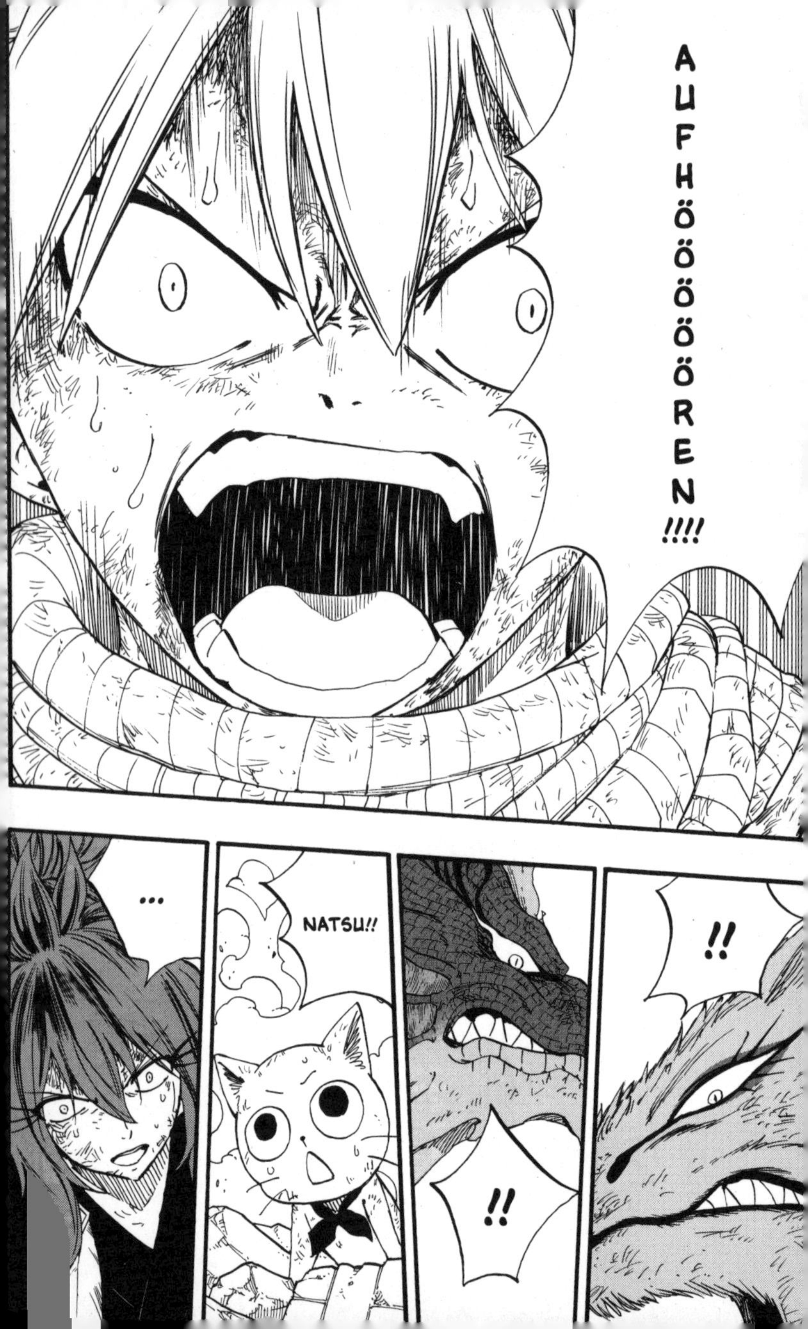
AUFHÖÖÖÖÖREN!!!!
!!
!!
NATSU!!
...

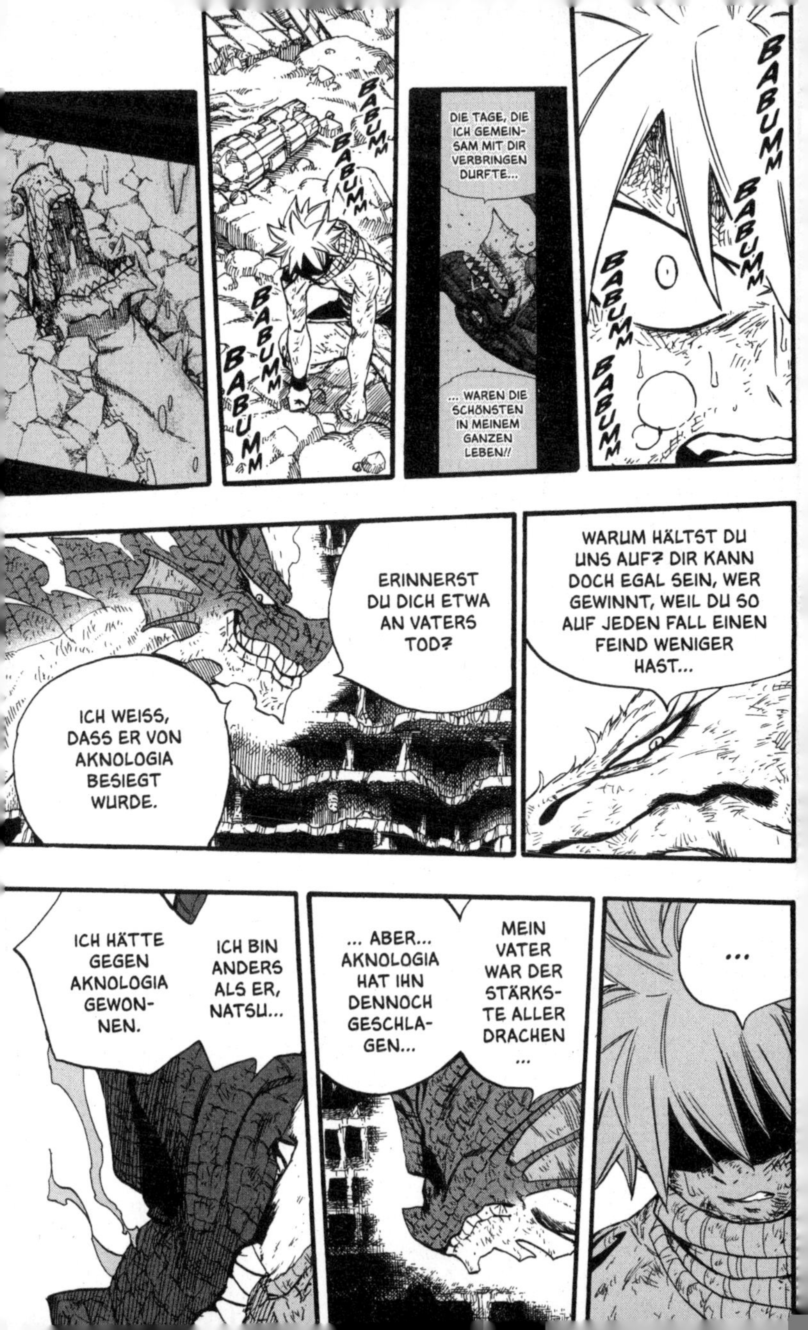
BABUMM
BABUMM
BABUMM
BABUMM
DIE TAGE, DIE ICH GEMEINSAM MIT DIR VERBRINGEN DURFTE...
...WAREN DIE SCHÖNSTEN IN MEINEM GANZEN LEBEN!!
BABUMM
BABUMM
BABUMM
BABUMM
WARUM HÄLTST DU UNS AUF? DIR KANN DOCH EGAL SEIN, WER GEWINNT, WEIL DU SO AUF JEDEN FALL EINEN FEIND WENIGER HAST...
ERINNERST DU DICH ETWA AN VATERS TOD?
ICH WEISS, DASS ER VON AKNOLOGIA BESIEGT WURDE.
...
MEIN VATER WAR DER STÄRKSTE ALLER DRACHEN ...
... ABER... AKNOLOGIA HAT IHN DENNOCH GESCHLAGEN...
ICH BIN ANDERS ALS ER, NATSU...
ICH HÄTTE GEGEN AKNOLOGIA GEWONNEN.

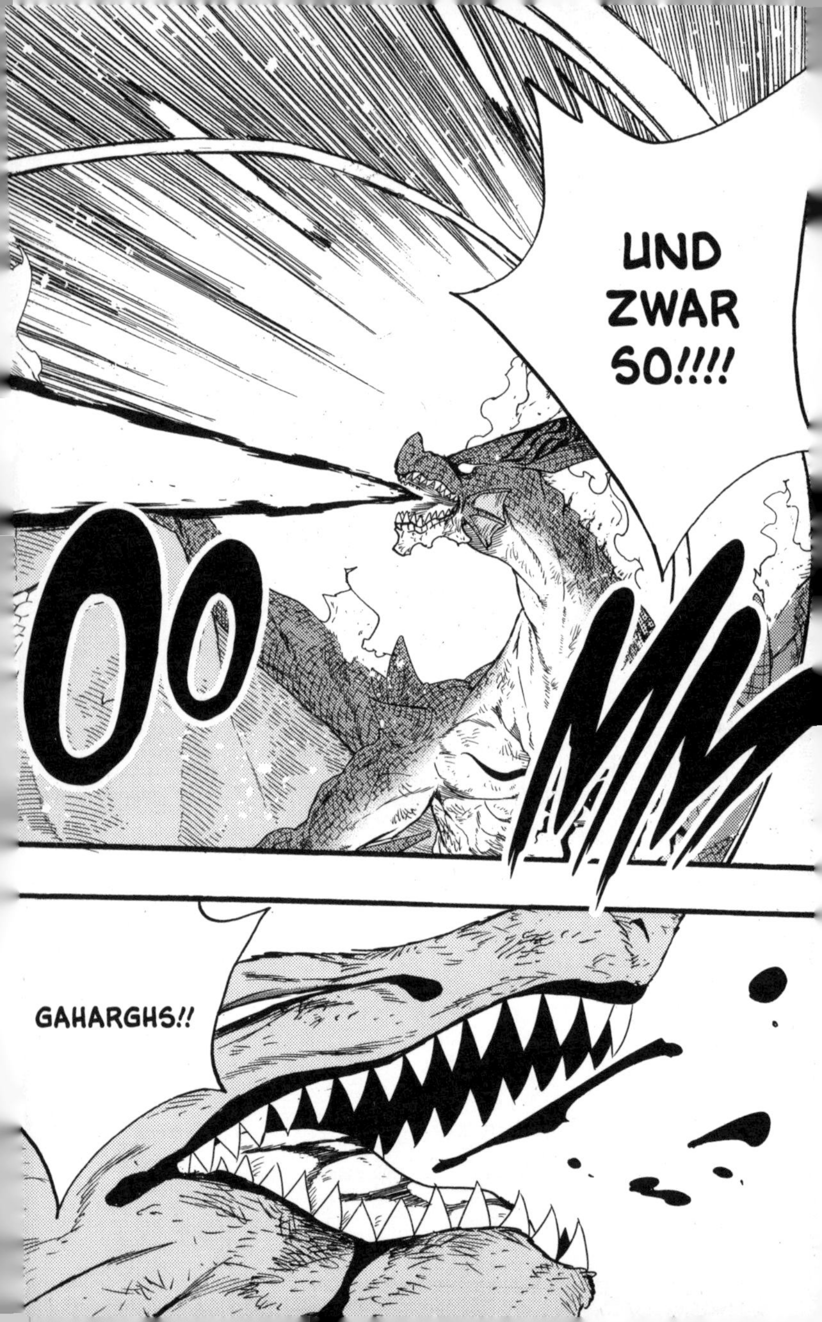
UND ZWAR SO!!!!
OOMM
GAHARGHS!!

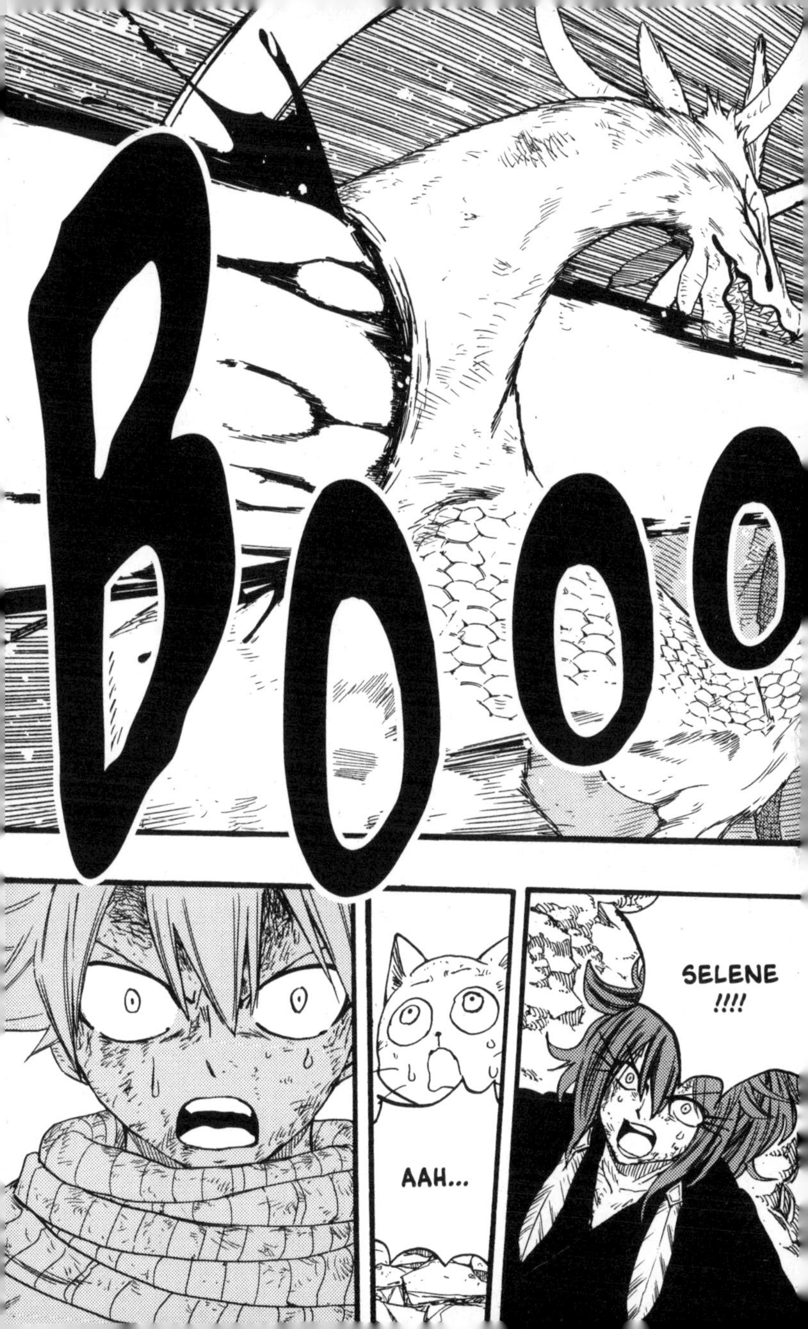
BOOOO
SELENE
!!!!
AAH...

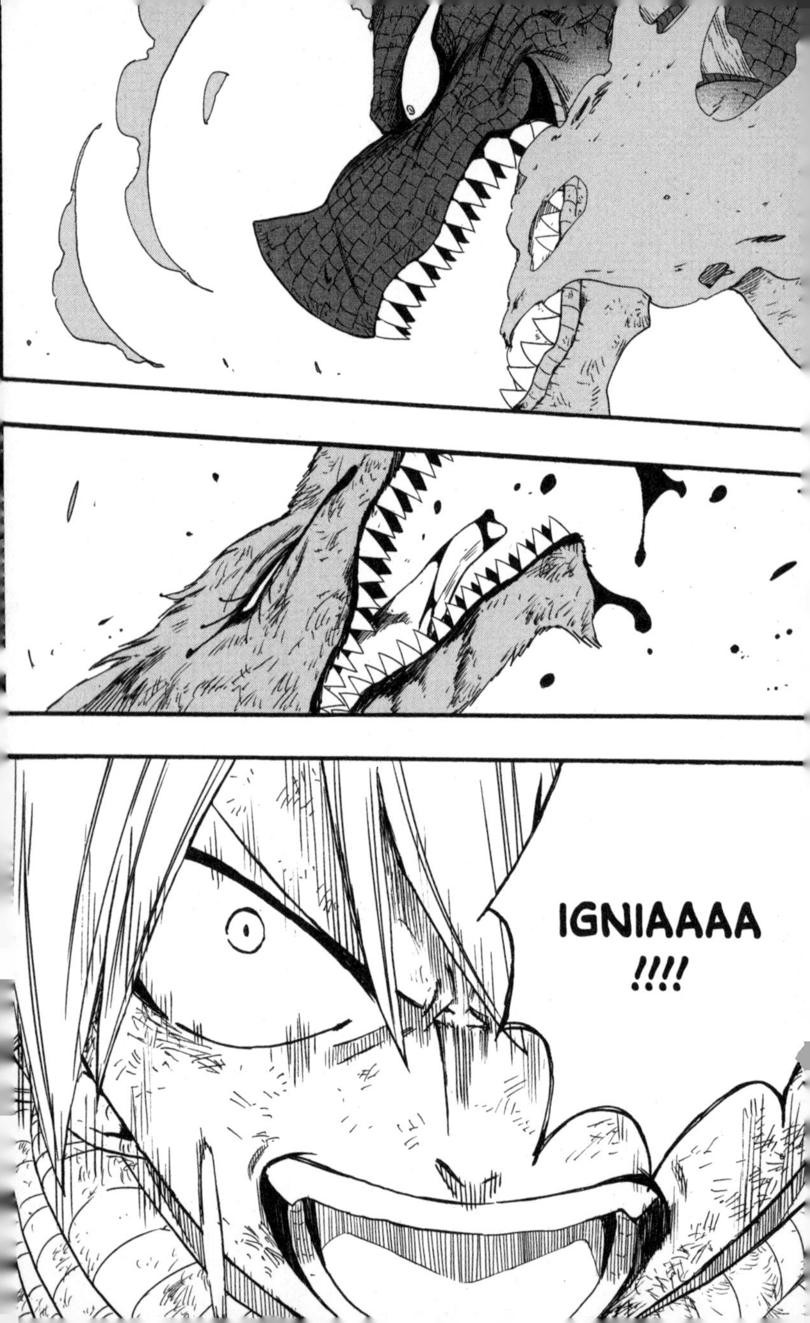
IGNIAAAA
!!!!

FAIRY TAIL
100 YEARS QUEST

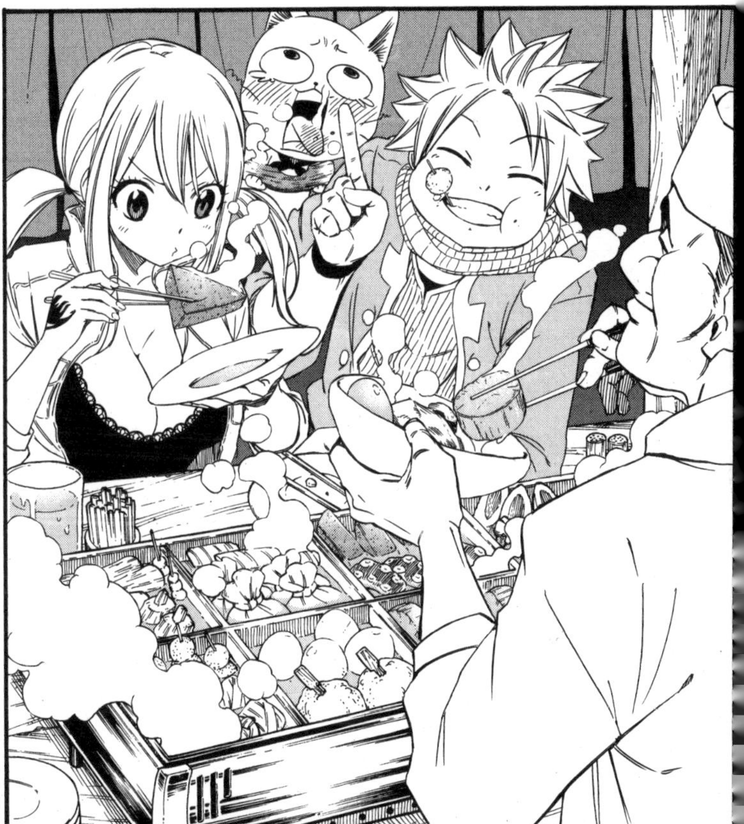

KAPITEL 108: ERWACHEN DER ERDE

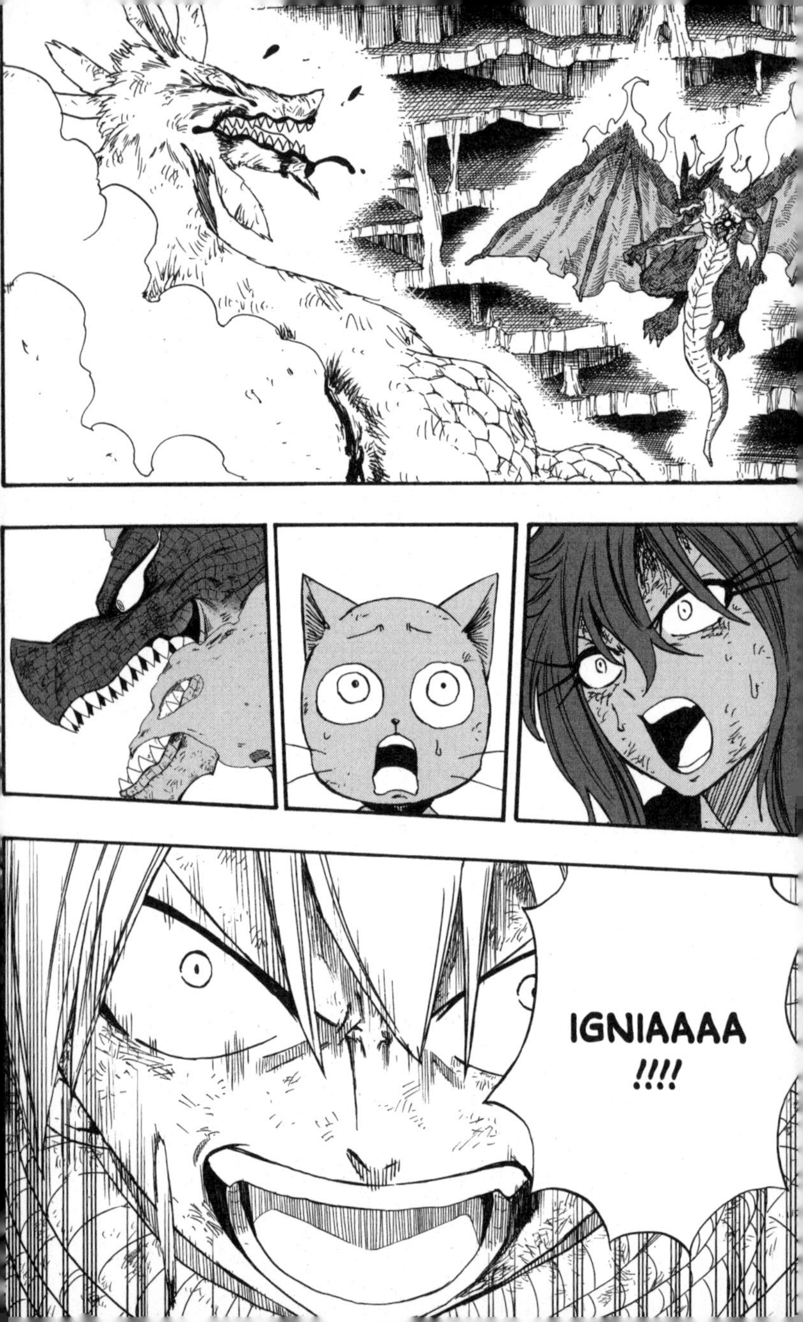
IGNIAAAA
!!!!

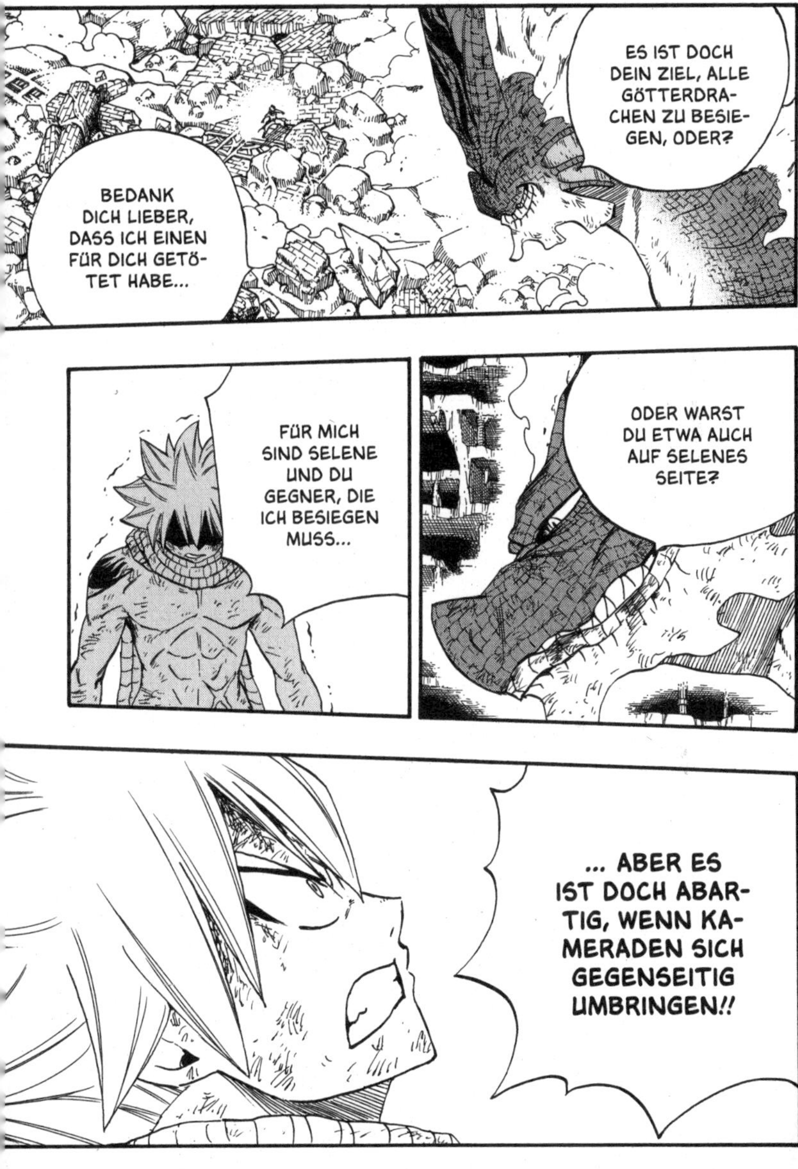
ES IST DOCH DEIN ZIEL, ALLE GÖTTERDRACHEN ZU BESIEGEN, ODER?
BEDANK DICH LIEBER, DASS ICH EINEN FÜR DICH GETÖTET HABE...
ODER WARST DU ETWA AUCH AUF SELENES SEITE?
FÜR MICH SIND SELENE UND DU GEGNER, DIE ICH BESIEGEN MUSS...
... ABER ES IST DOCH ABARTIG, WENN KAMERADEN SICH GEGENSEITIG UMBRINGEN!!

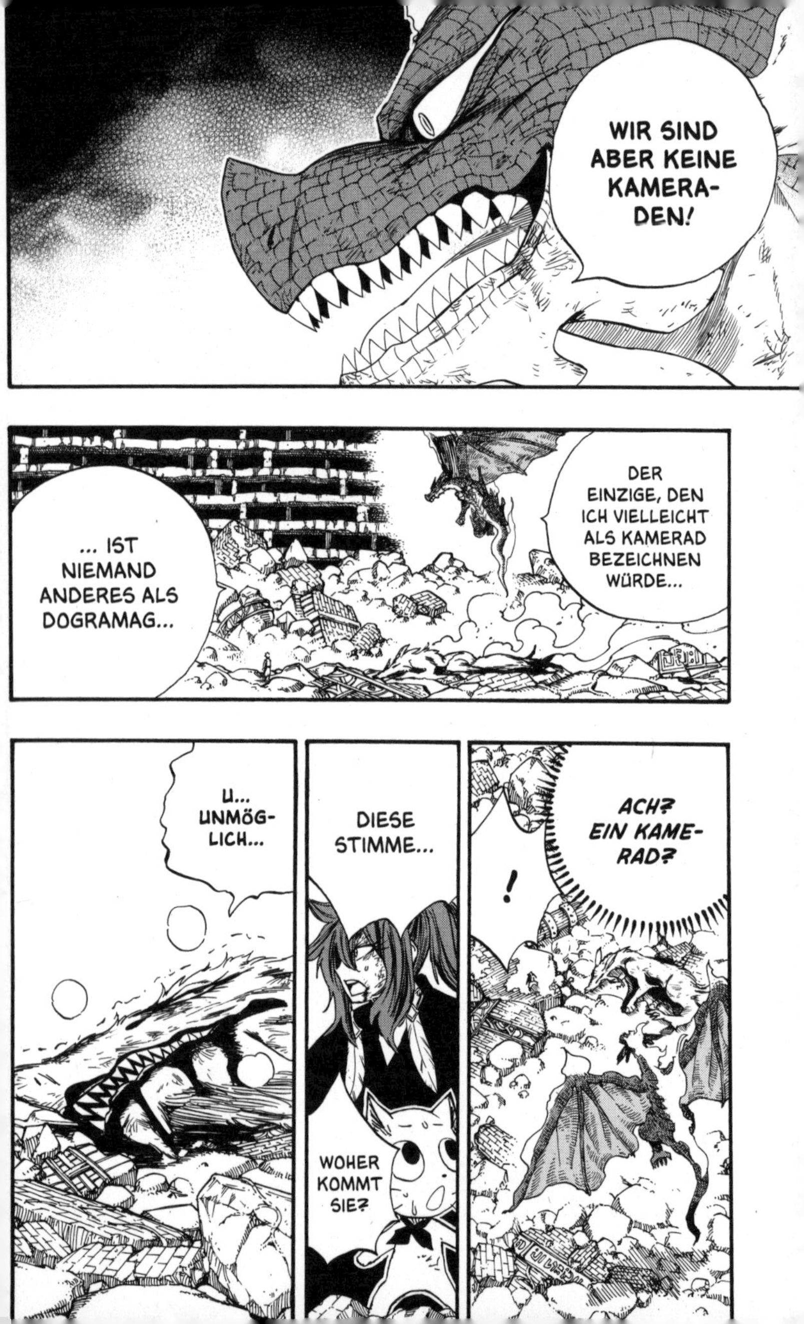
WIR SIND ABER KEINE KAMERA-DEN!
DER EINZIGE, DEN ICH VIELLEICHT ALS KAMERAD BEZEICHNEN WÜRDE...
... IST NIEMAND ANDERES ALS DOGRAMAG...
ACH? EIN KAME-RAD?
!
DIESE STIMME...
WOHER KOMMT SIE?
U... UNMÖG-LICH...

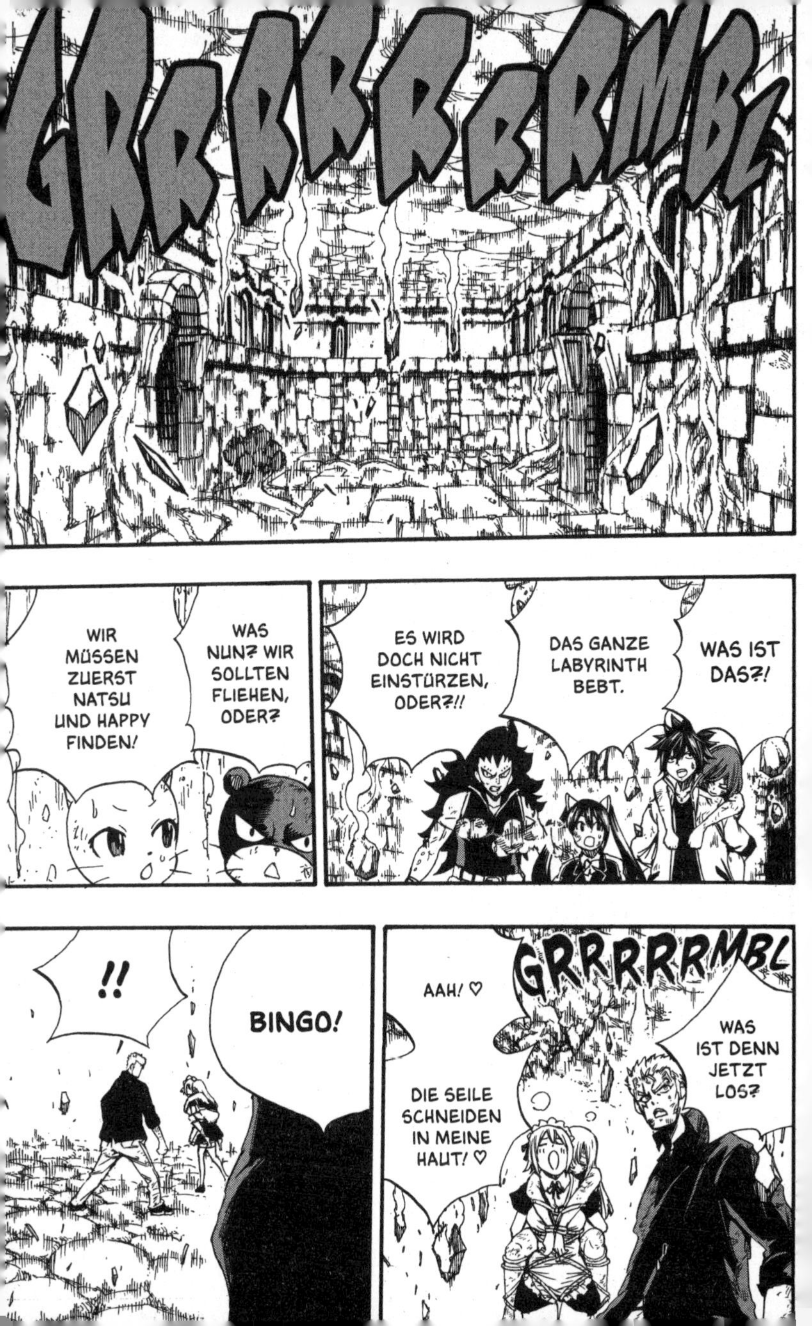
GRRRRRMBL
WAS IST DAS?!
DAS GANZE LABYRINTH BEBT.
ES WIRD DOCH NICHT EINSTÜRZEN, ODER?!!
WAS NUN? WIR SOLLTEN FLIEHEN, ODER?
WIR MÜSSEN ZUERST NATSU UND HAPPY FINDEN!
GRRRRRMBL
WAS IST DENN JETZT LOS?
AAH! ♡
DIE SEILE SCHNEIDEN IN MEINE HAUT! ♡
BINGO!
!!

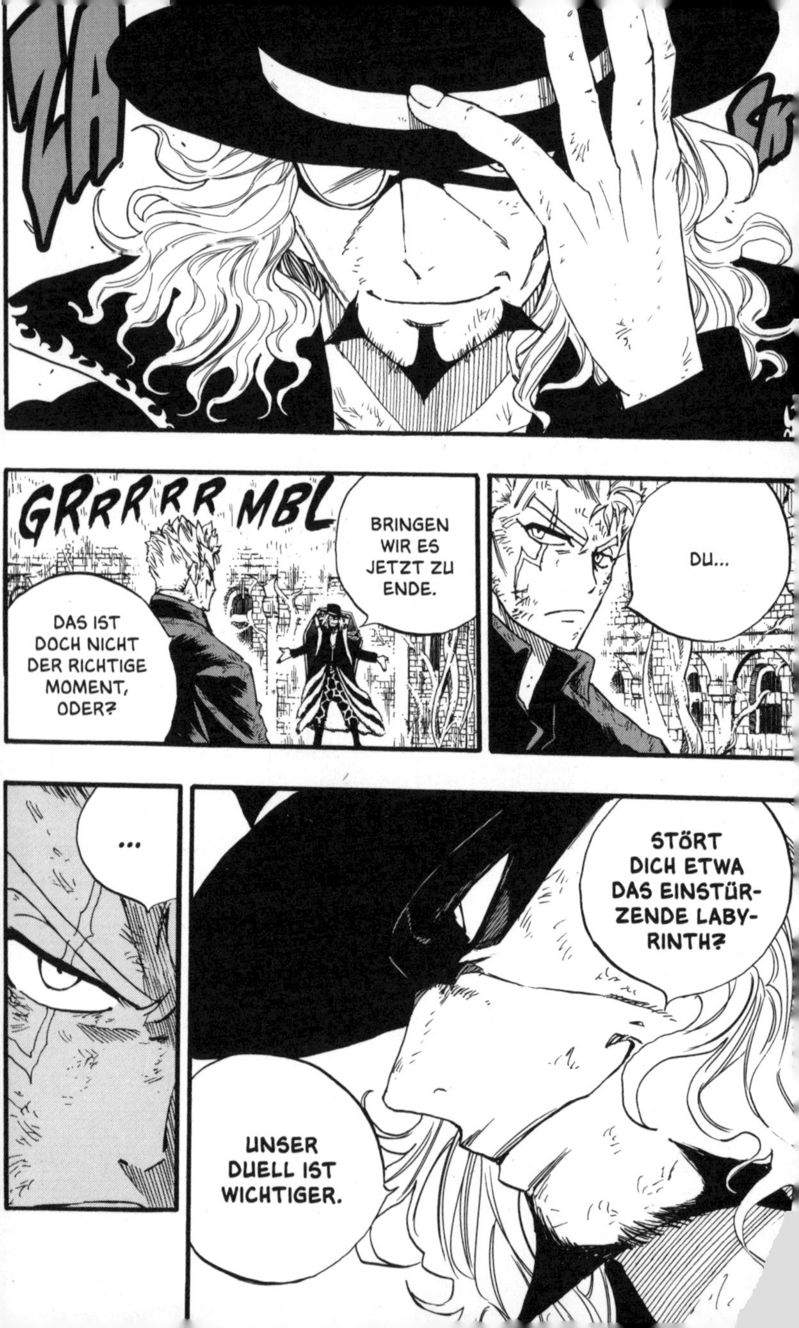
ZA
GRRRRR MBL
BRINGEN WIR ES JETZT ZU ENDE.
DAS IST DOCH NICHT DER RICHTIGE MOMENT, ODER?
DU...
STÖRT DICH ETWA DAS EINSTÜRZENDE LABYRINTH?
...
UNSER DUELL IST WICHTIGER.

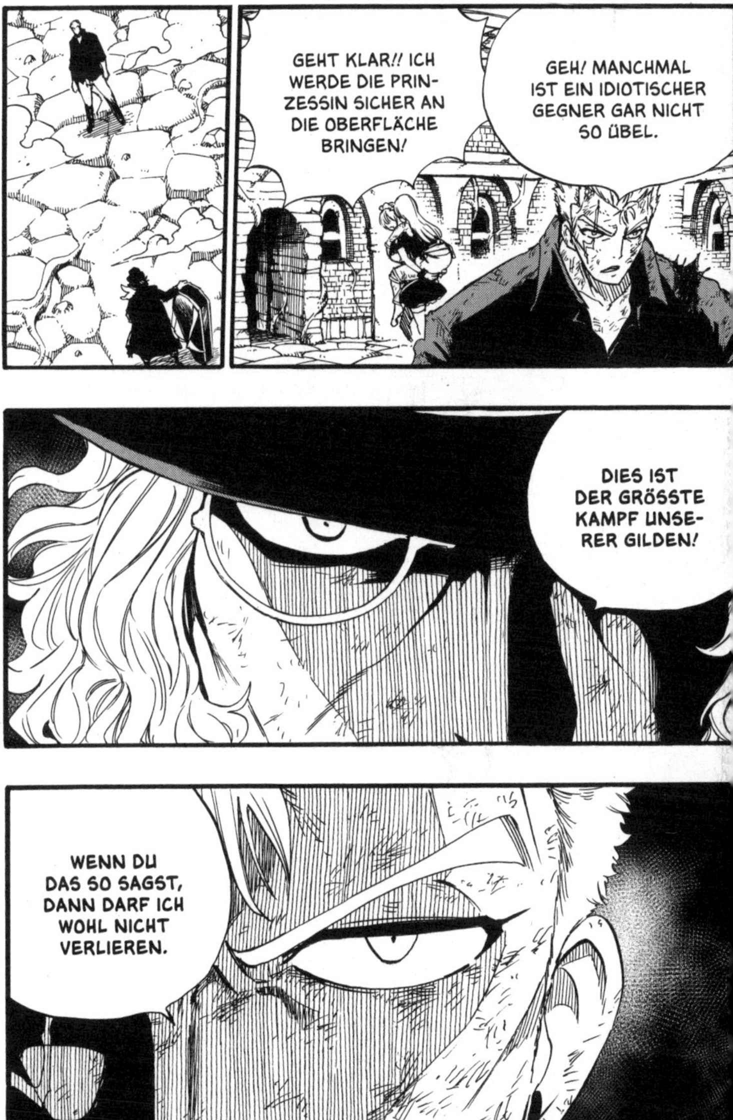
GEH! MANCHMAL IST EIN IDIOTISCHER GEGNER GAR NICHT SO ÜBEL.
GEHT KLAR!! ICH WERDE DIE PRIN-ZESSIN SICHER AN DIE OBERFLÄCHE BRINGEN!
DIES IST DER GRÖSSTE KAMPF UNSE-RER GILDEN!
WENN DU DAS SO SAGST, DANN DARF ICH WOHL NICHT VERLIEREN.

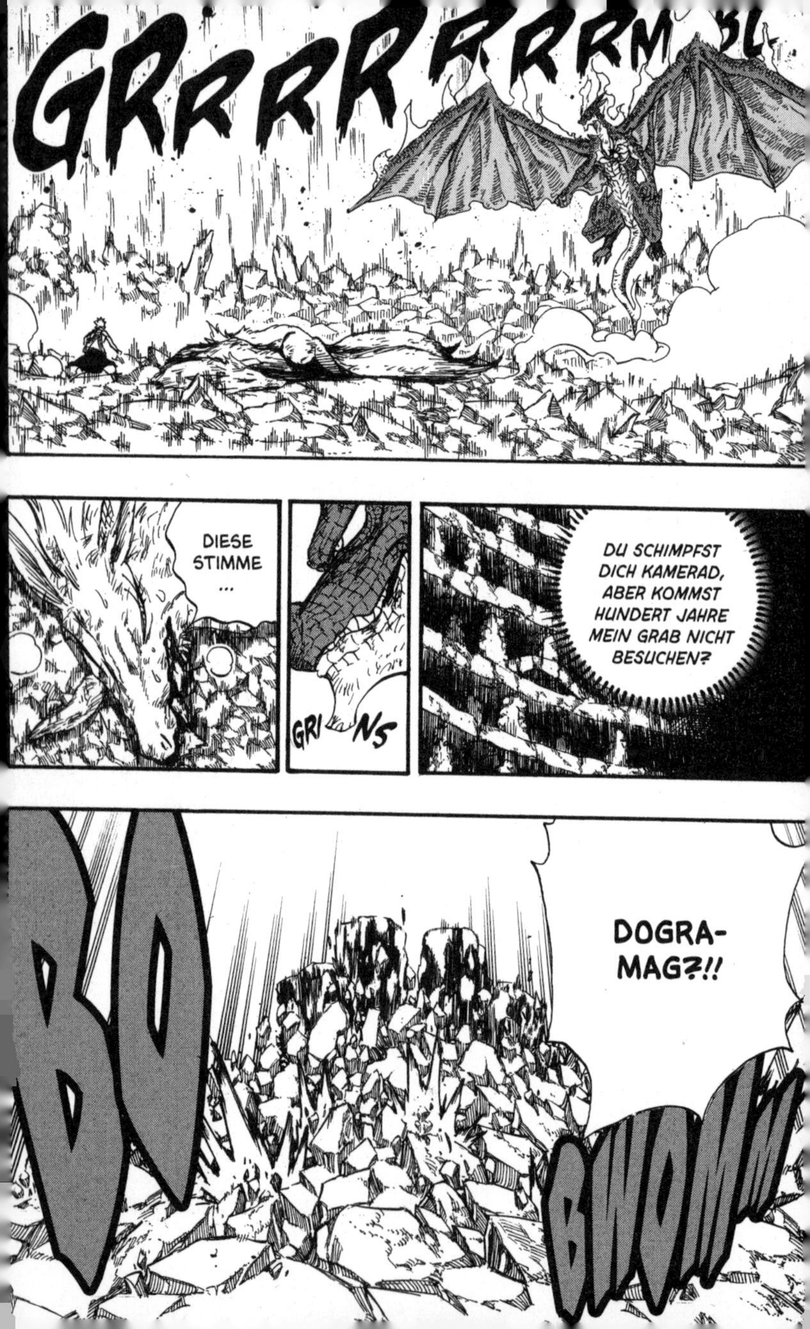
GRRRRRRRM
DU SCHIMPFST DICH KAMERAD, ABER KOMMST HUNDERT JAHRE MEIN GRAB NICHT BESUCHEN?
GRINS
DIESE STIMME ...
DOGRA-MAG?!!

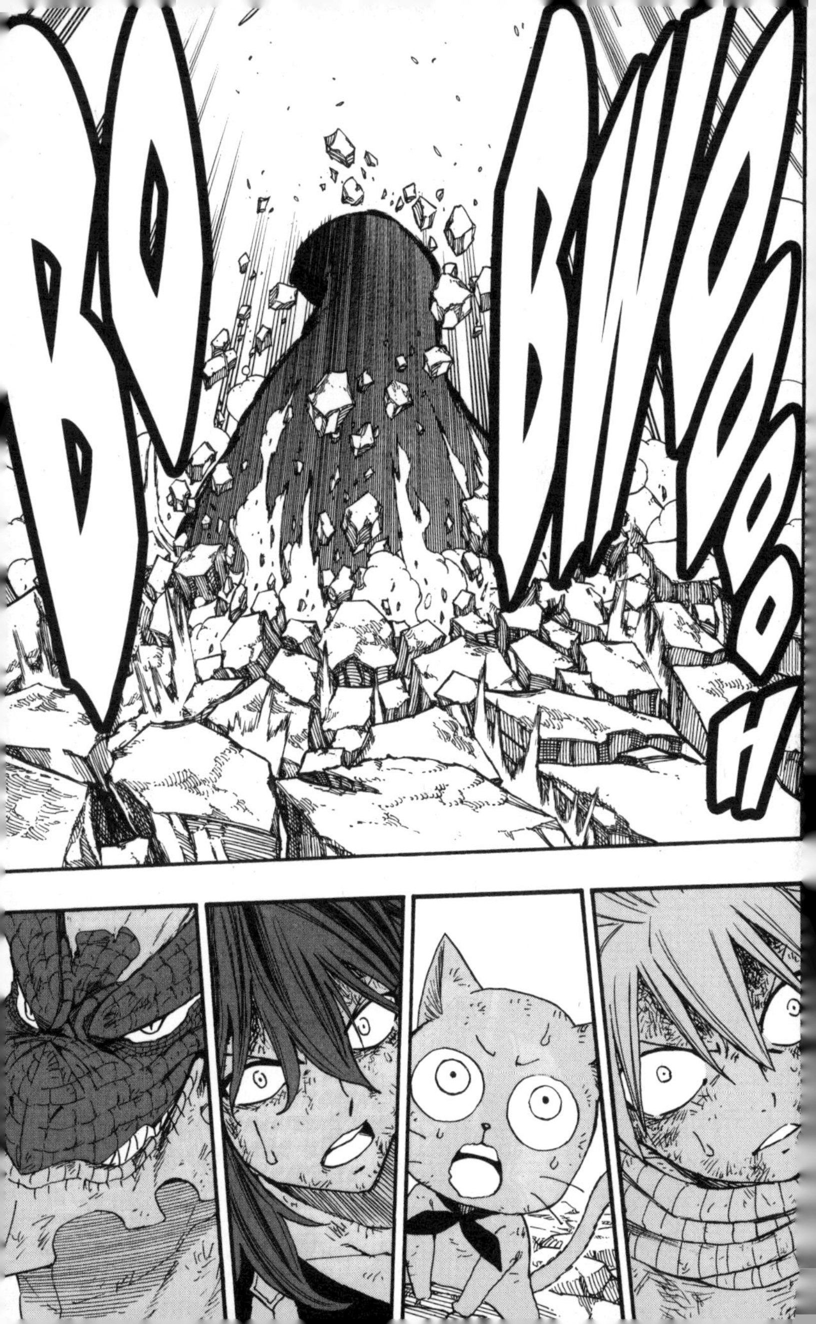
BO
BWOOOH

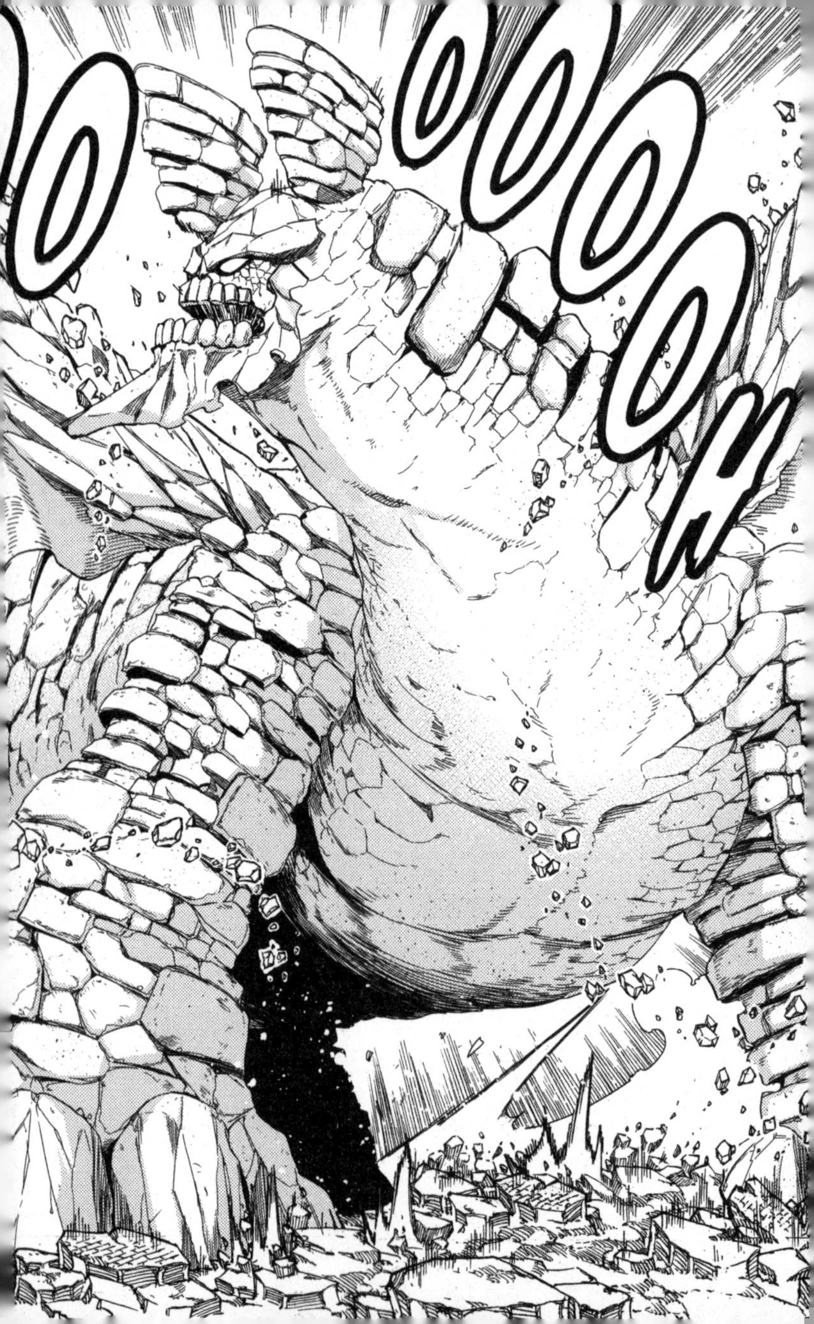
OOOOOOH

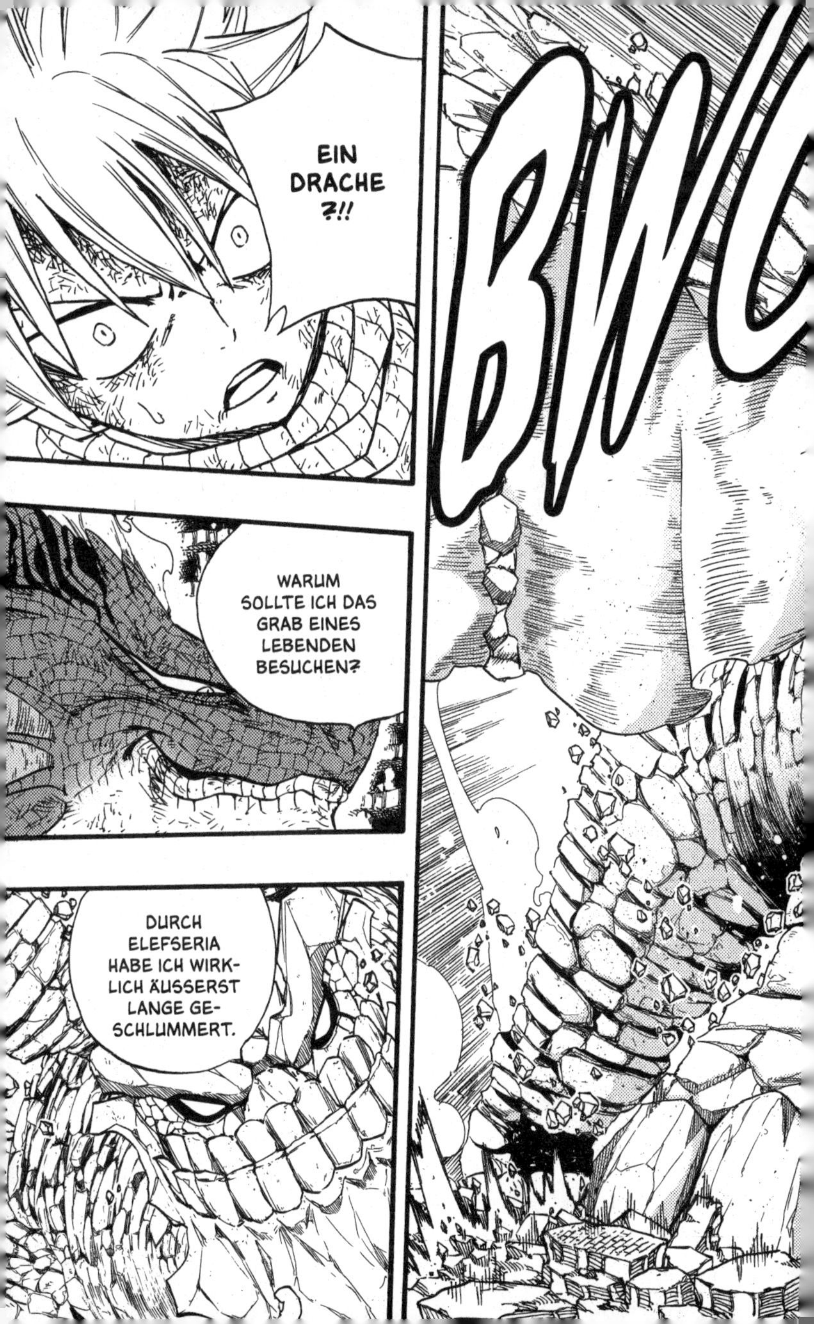
BWC
EIN DRACHE ?!!
WARUM SOLLTE ICH DAS GRAB EINES LEBENDEN BESUCHEN?
DURCH ELEFSERIA HABE ICH WIRKLICH ÄUSSERST LANGE GESCHLUMMERT.

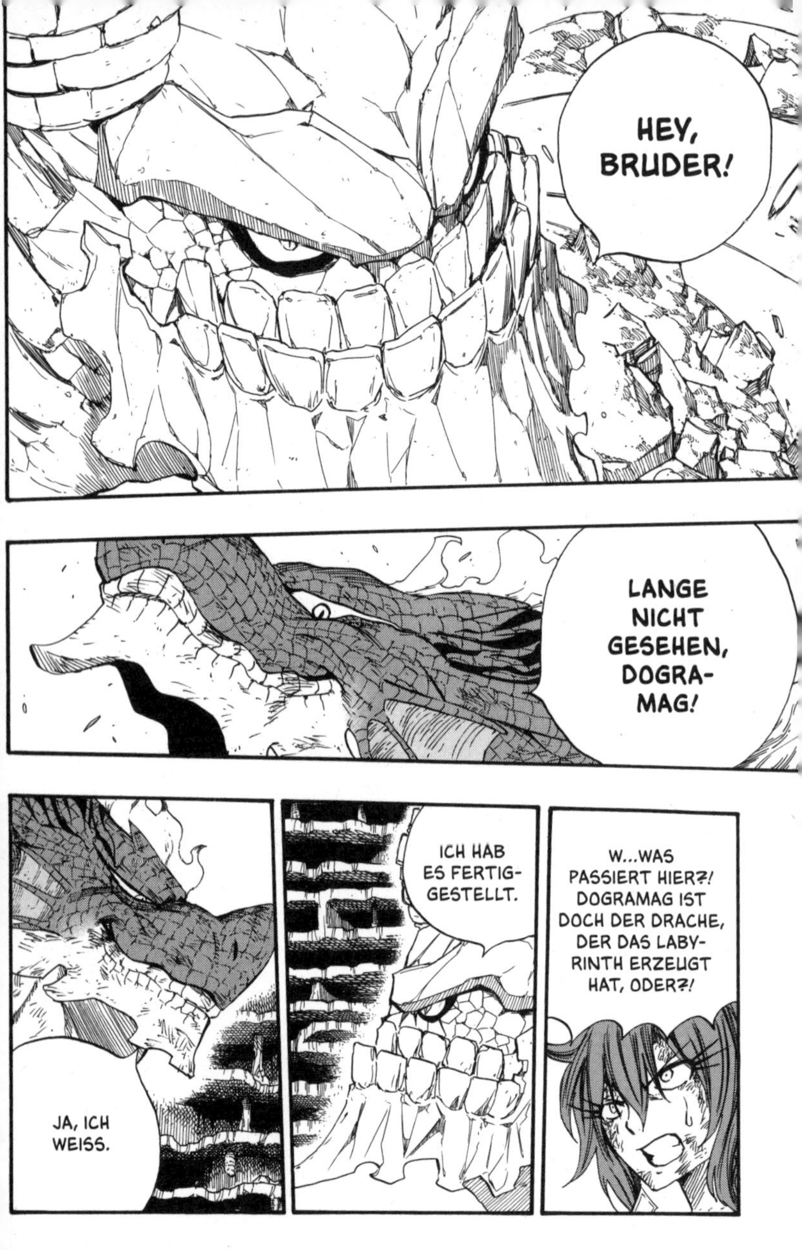
HEY, BRUDER!
LANGE NICHT GESEHEN, DOGRA-MAG!
W...WAS PASSIERT HIER?! DOGRAMAG IST DOCH DER DRACHE, DER DAS LABY-RINTH ERZEUGT HAT, ODER?!
ICH HAB ES FERTIG-GESTELLT.
JA, ICH WEISS.

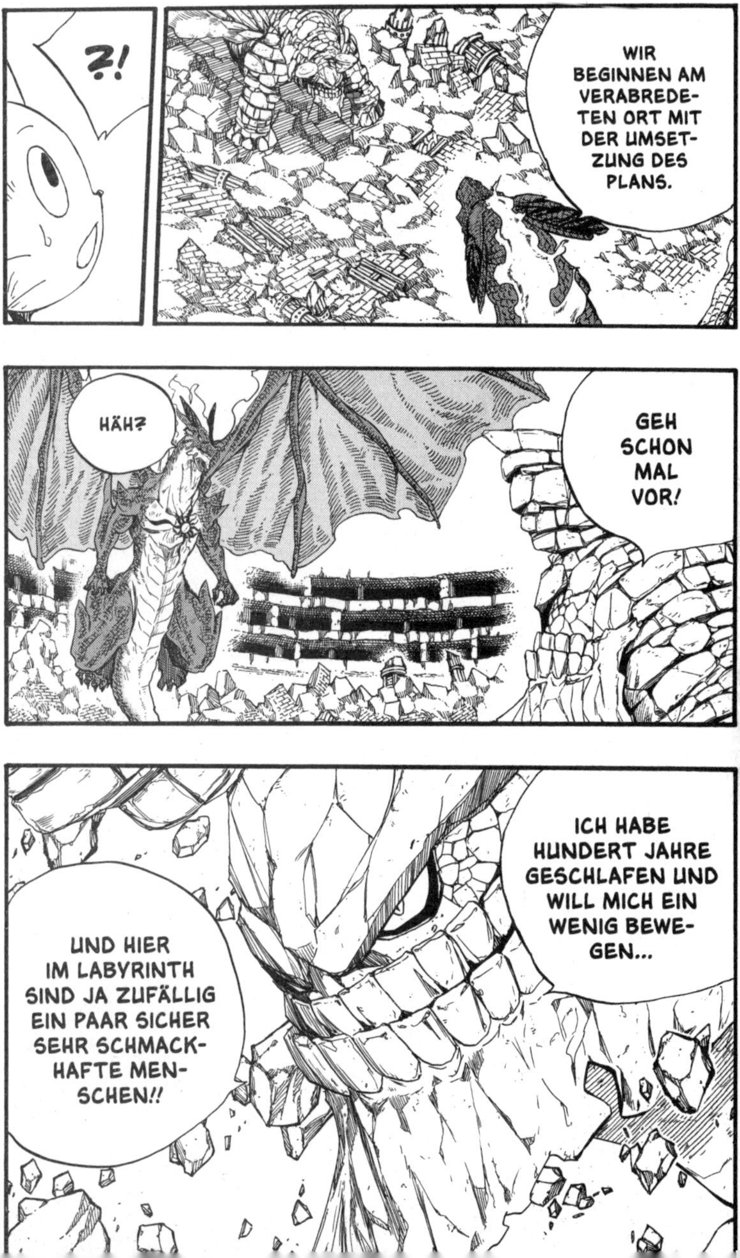

?!
WIR BEGINNEN AM VERABREDETEN ORT MIT DER UMSETZUNG DES PLANS.
GEH SCHON MAL VOR!
HÄH?
ICH HABE HUNDERT JAHRE GESCHLAFEN UND WILL MICH EIN WENIG BEWEGEN...
UND HIER IM LABYRINTH SIND JA ZUFÄLLIG EIN PAAR SICHER SEHR SCHMACKHAFTE MENSCHEN!!

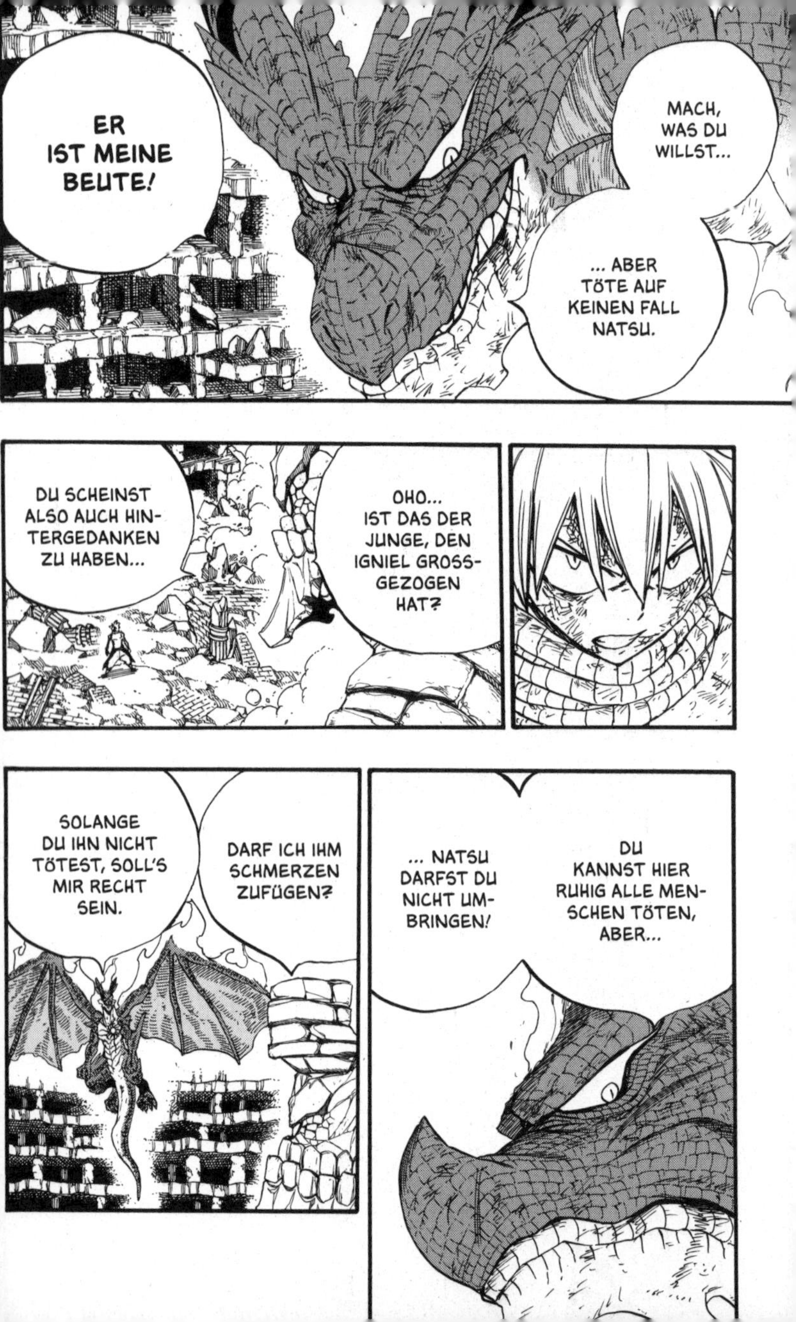
MACH, WAS DU WILLST...
... ABER TÖTE AUF KEINEN FALL NATSU.
ER IST MEINE BEUTE!
OHO... IST DAS DER JUNGE, DEN IGNIEL GROSS-GEZOGEN HAT?
DU SCHEINST ALSO AUCH HIN-TERGEDANKEN ZU HABEN...
DU KANNST HIER RUHIG ALLE MEN-SCHEN TÖTEN, ABER...
... NATSU DARFST DU NICHT UM-BRINGEN!
DARF ICH IHM SCHMERZEN ZUFÜGEN?
SOLANGE DU IHN NICHT TÖTEST, SOLL'S MIR RECHT SEIN.

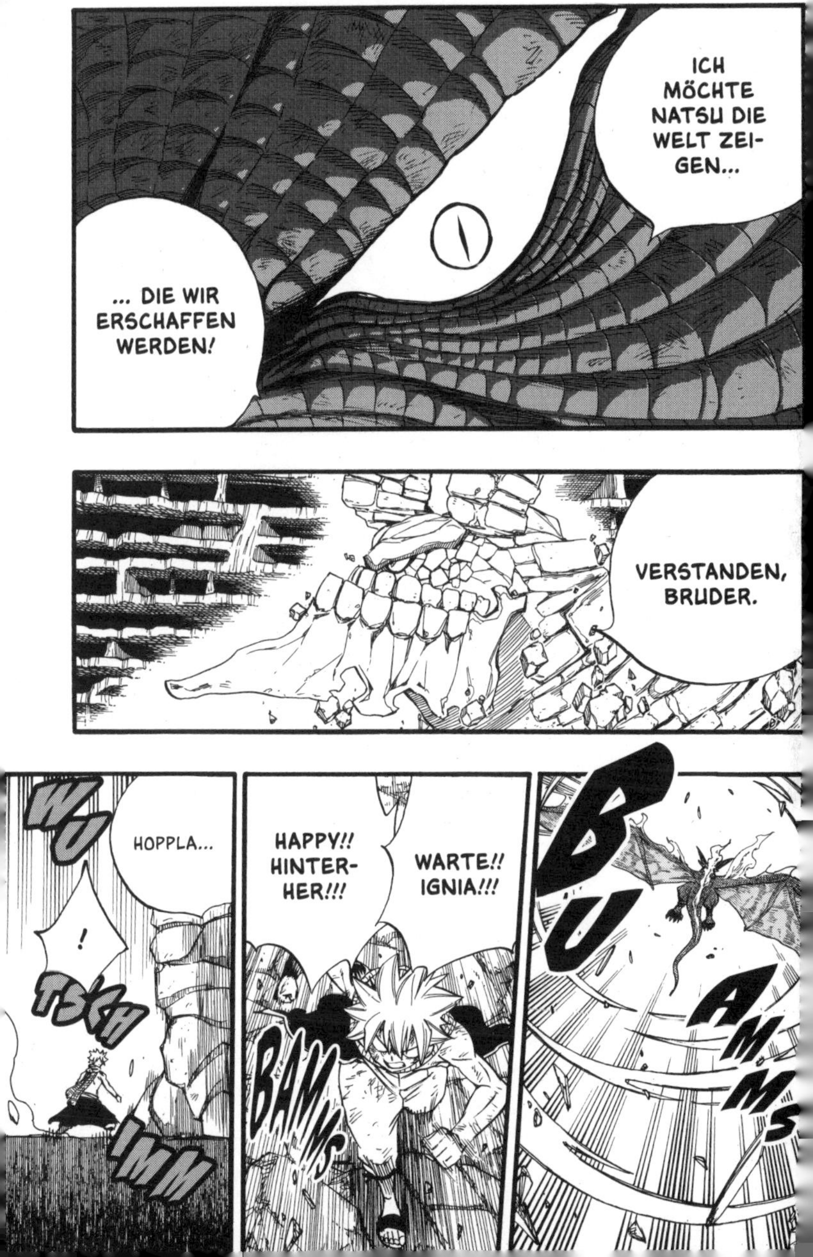
ICH MÖCHTE NATSU DIE WELT ZEIGEN...
... DIE WIR ERSCHAFFEN WERDEN!
VERSTANDEN, BRUDER.
BU
AMMS
WARTE!! IGNIA!!!
HAPPY!! HINTERHER!!!
BAMMS
HOPPLA...
!
WU
TSCH
IMM

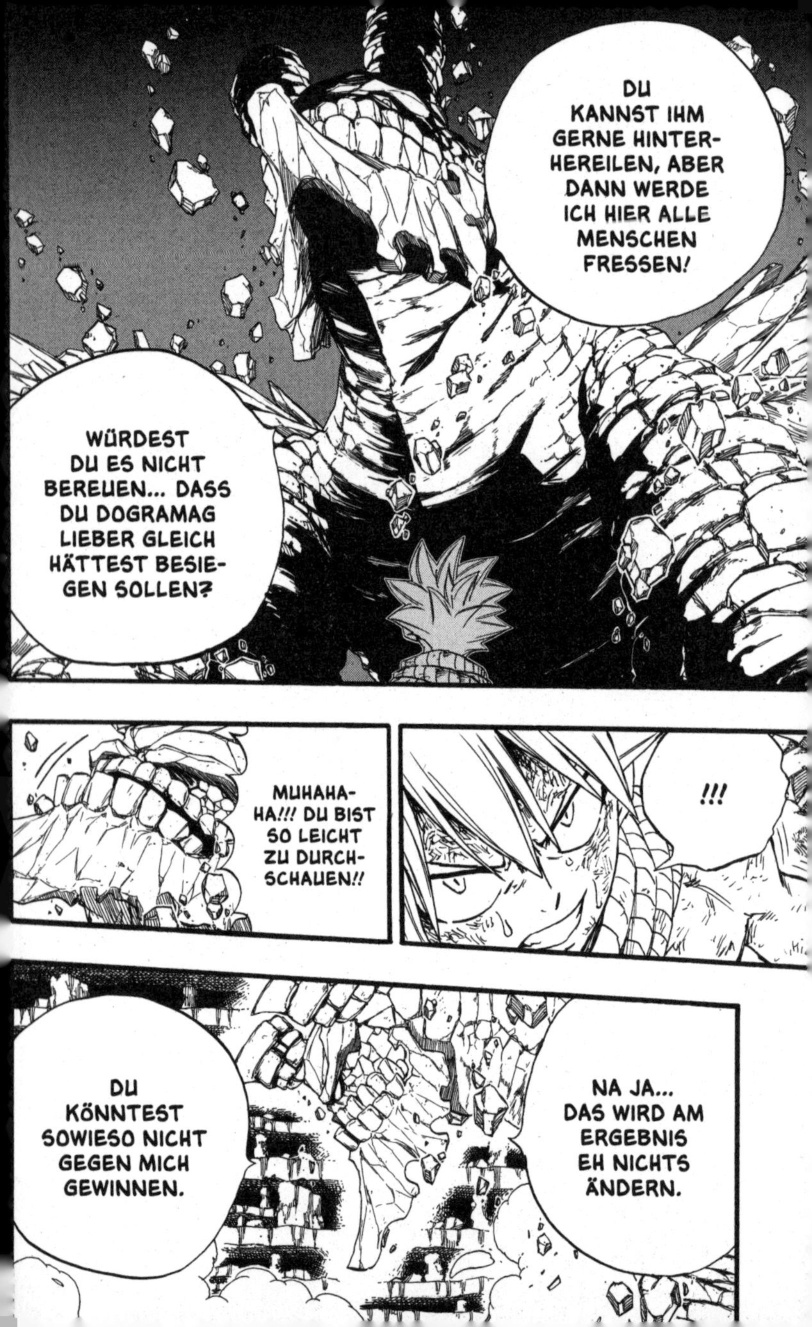
DU KANNST IHM GERNE HINTERHEREILEN, ABER DANN WERDE ICH HIER ALLE MENSCHEN FRESSEN!
WÜRDEST DU ES NICHT BEREUEN... DASS DU DOGRAMAG LIEBER GLEICH HÄTTEST BESIEGEN SOLLEN?
!!!
MUHAHAHA!!! DU BIST SO LEICHT ZU DURCHSCHAUEN!!
NA JA... DAS WIRD AM ERGEBNIS EH NICHTS ÄNDERN.
DU KÖNNTEST SOWIESO NICHT GEGEN MICH GEWINNEN.

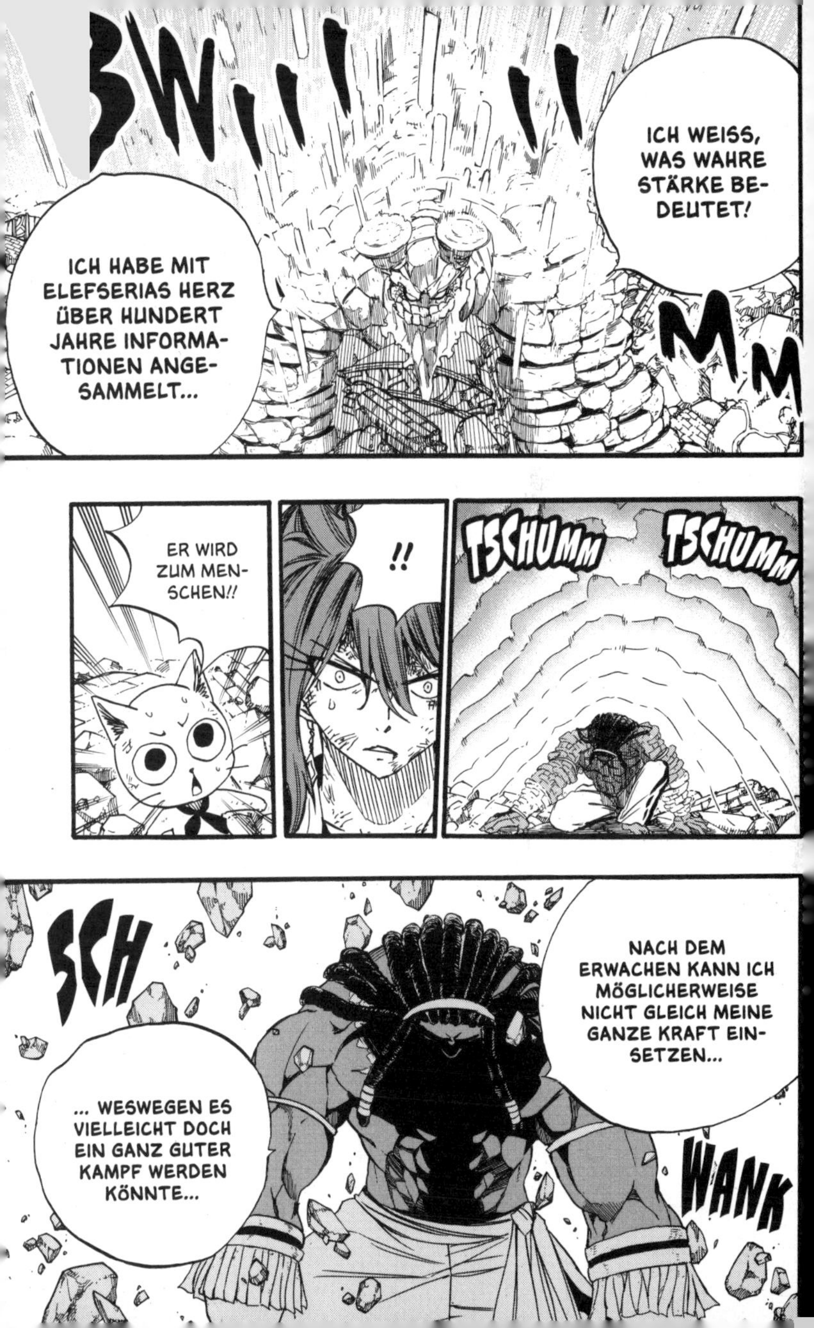
BWIII
ICH WEISS, WAS WAHRE STÄRKE BE-DEUTET!
ICH HABE MIT ELEFSERIAS HERZ ÜBER HUNDERT JAHRE INFORMA-TIONEN ANGE-SAMMELT...
MMM
ER WIRD ZUM MEN-SCHEN!!
!!
TSCHUMM
TSCHUMM
SCH
NACH DEM ERWACHEN KANN ICH MÖGLICHERWEISE NICHT GLEICH MEINE GANZE KRAFT EIN-SETZEN...
... WESWEGEN ES VIELLEICHT DOCH EIN GANZ GUTER KAMPF WERDEN KÖNNTE...
WANK

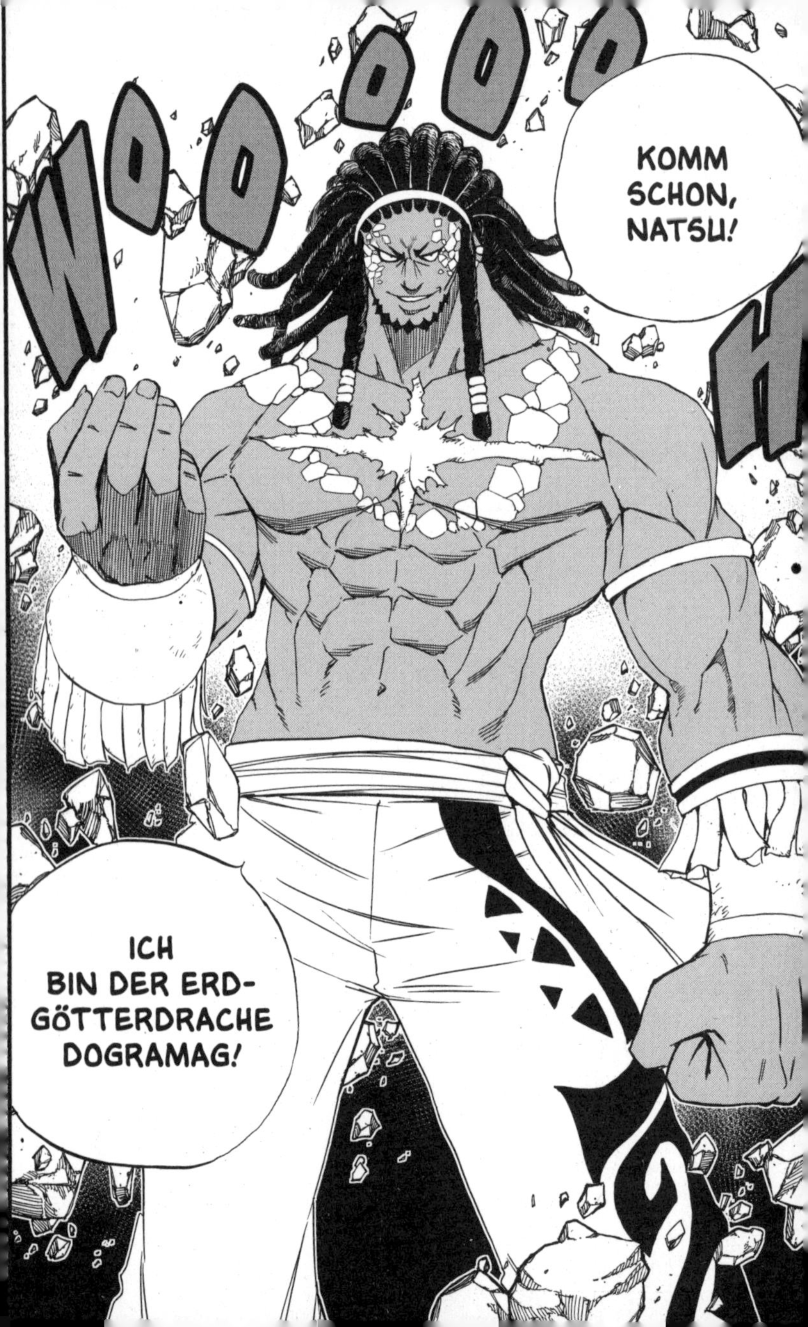
WOOOOOO
KOMM SCHON, NATSU!
ICH BIN DER ERD-GÖTTERDRACHE DOGRAMAG!

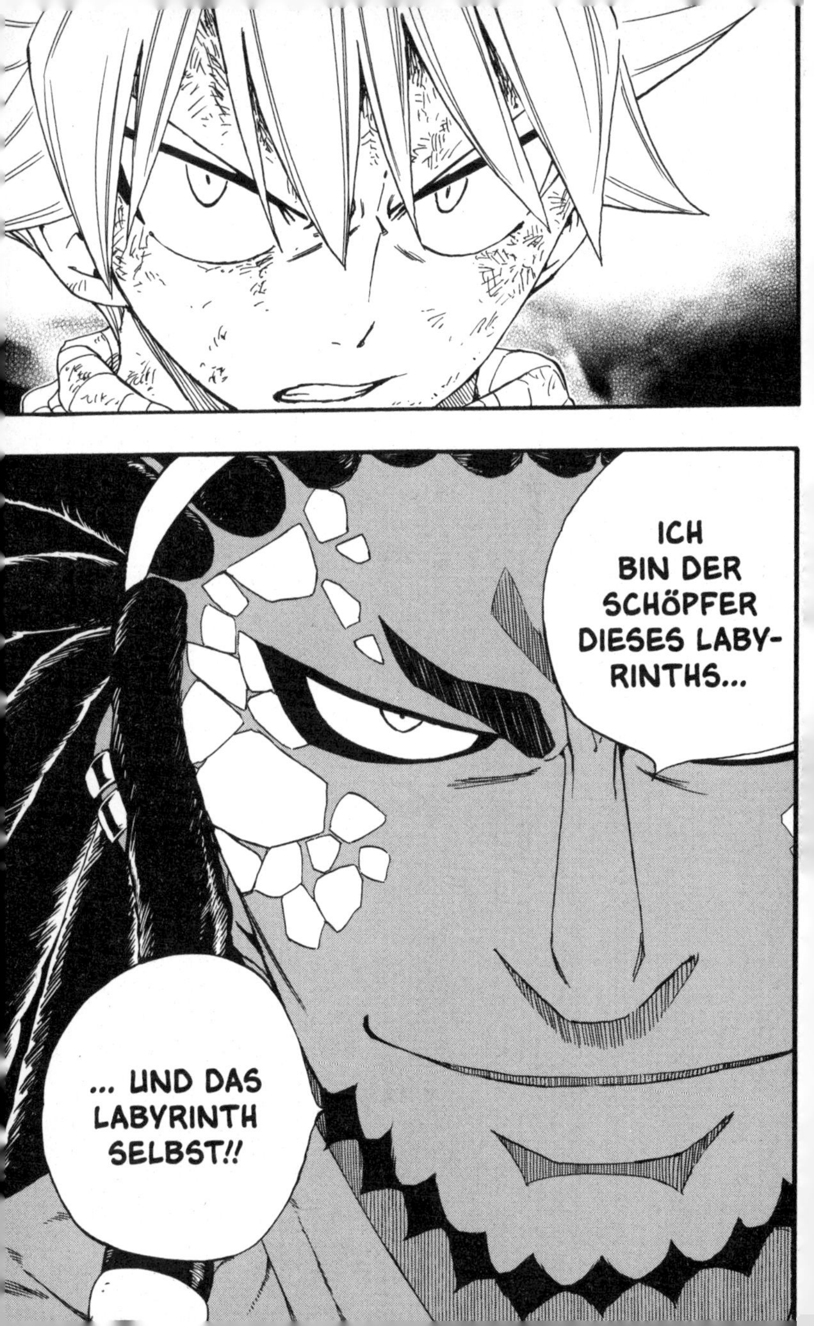
ICH BIN DER SCHÖPFER DIESES LABY-RINTHS...
... UND DAS LABYRINTH SELBST!!

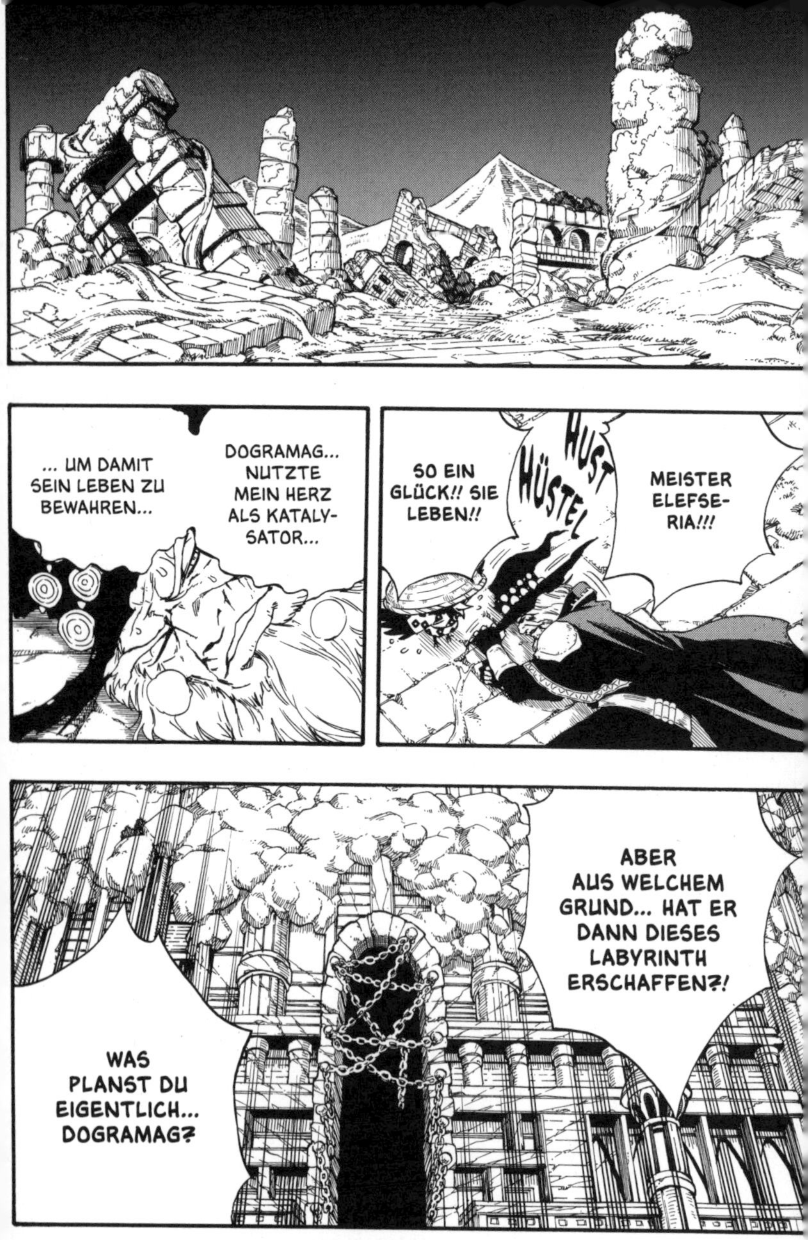

FORTSETZUNG FOLGT...

DIE FIRES STEHEN KURZ VOR DER AUFLÖSUNG?

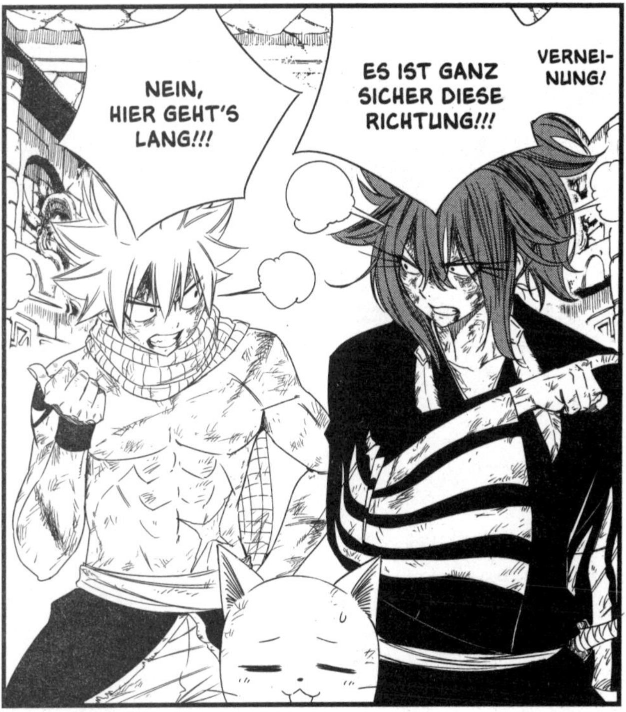

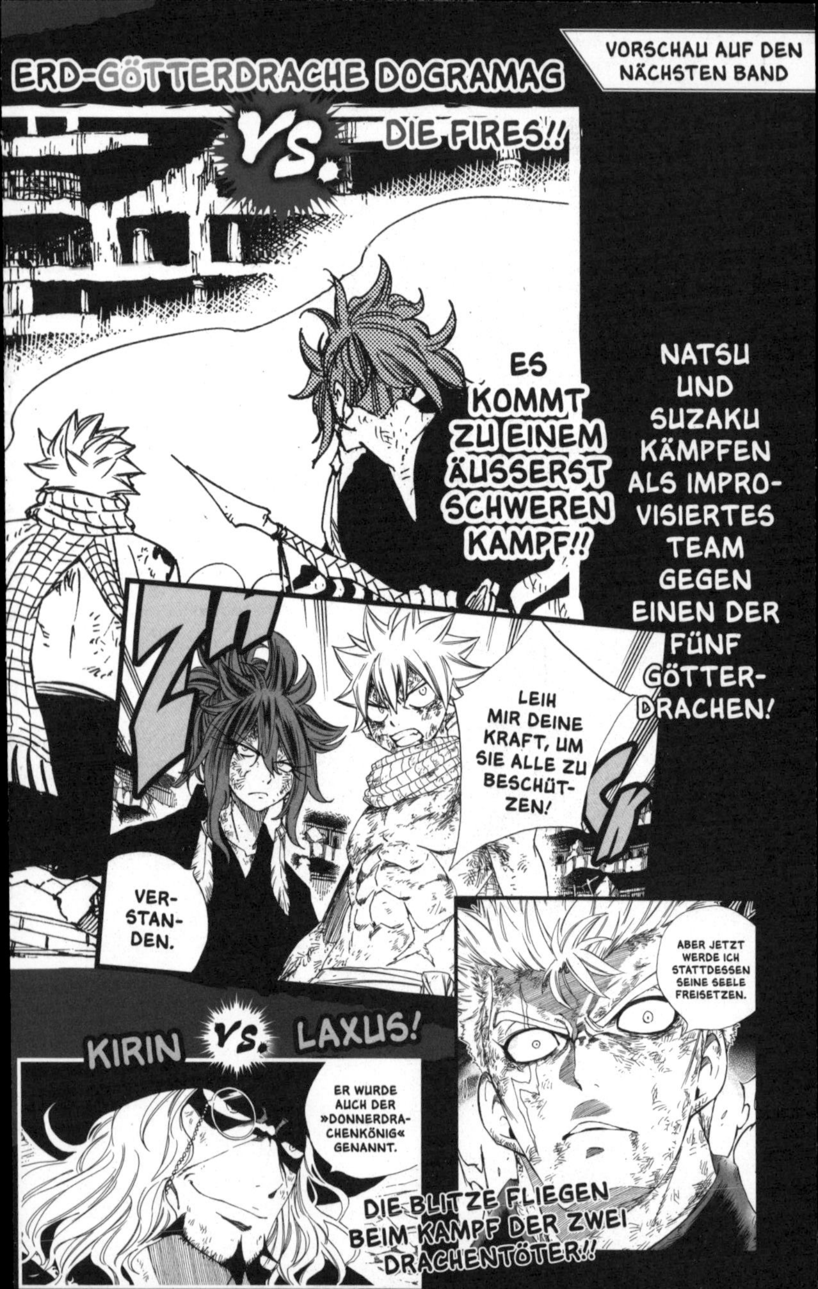
VORSCHAU AUF DEN NÄCHSTEN BAND
ERD-GÖTTERDRACHE DOGRAMAG VS. DIE FIRES!!
ES KOMMT ZU EINEM ÄUSSERST SCHWEREN KAMPF!!
NATSU UND SUZAKU KÄMPFEN ALS IMPROVISIERTES TEAM GEGEN EINEN DER FÜNF GÖTTER-DRACHEN!
ZN
LEIH MIR DEINE KRAFT, UM SIE ALLE ZU BESCHÜTZEN!
VER-STAN-DEN.
ABER JETZT WERDE ICH STATTDESSEN SEINE SEELE FREISETZEN.
KIRIN VS. LAXUS!
ER WURDE AUCH DER »DONNERDRACHENKÖNIG« GENANNT.
DIE BLITZE FLIEGEN BEIM KAMPF DER ZWEI DRACHENTÖTER!!

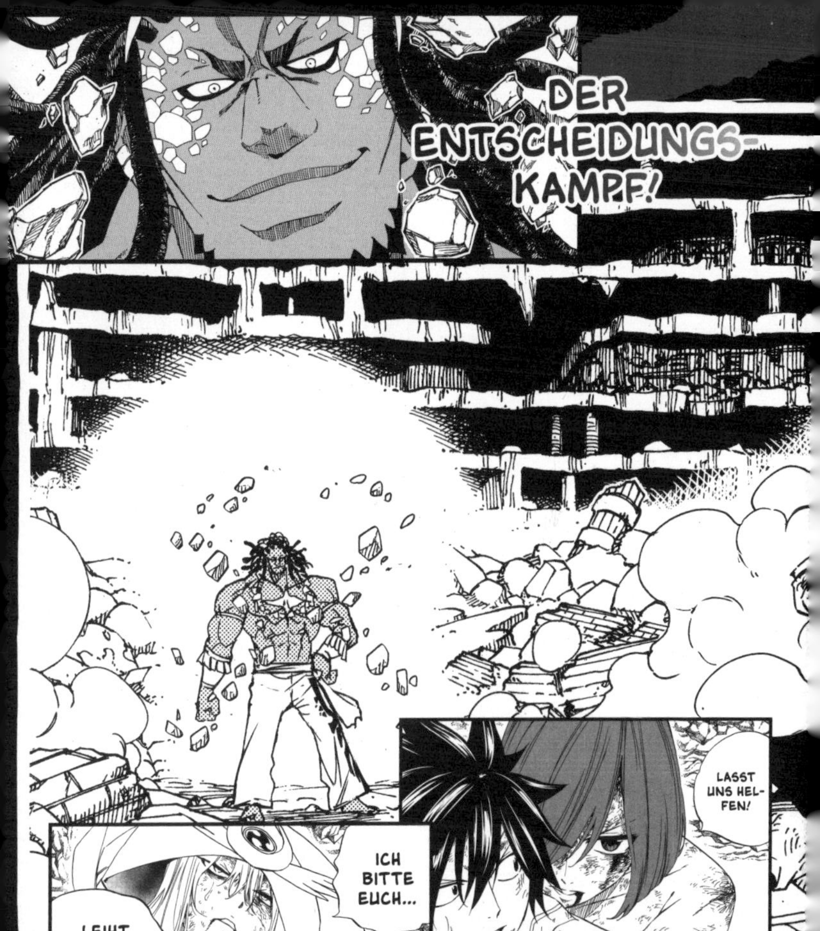

FAIRY TAIL 100 YEARS QUEST 13

ERSCHEINT VORAUSSICHTLIC ENDE 2023!

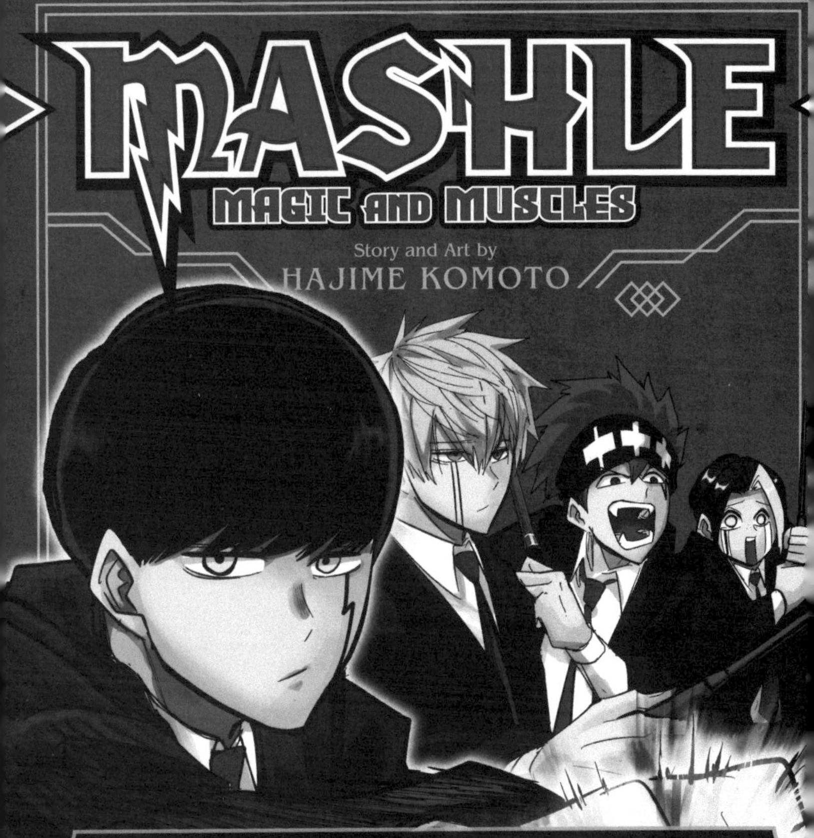

MAGIE IST GUT – MUSKELN SIND BESSER!

Im Reich der Magie wird der soziale Status durch die magischen Fähigkeiten bestimmt. Doch tief im Wald lebt Mash Burnedead, ein junger Mann, der seine gesamte Zeit damit verbringt, seinen Körper zu stählen. Er kann keine Magie benutzen, genießt jedoch ein friedliches Leben mit seinem Vater. Als das herauskommt, geraten beide in Gefahr. Die einzige Lösung: Mash wird in der Magieschule eingeschrieben, wo er die magische Konkurrenz schlagen muss! Wird sich Mash ohne einen Funken Magie und durch reine Muskelkraft einen Weg an die Spitze bahnen können?

CARLSEN MANGA! www.carlsenmanga.de carlsen_manga carlsenmanga

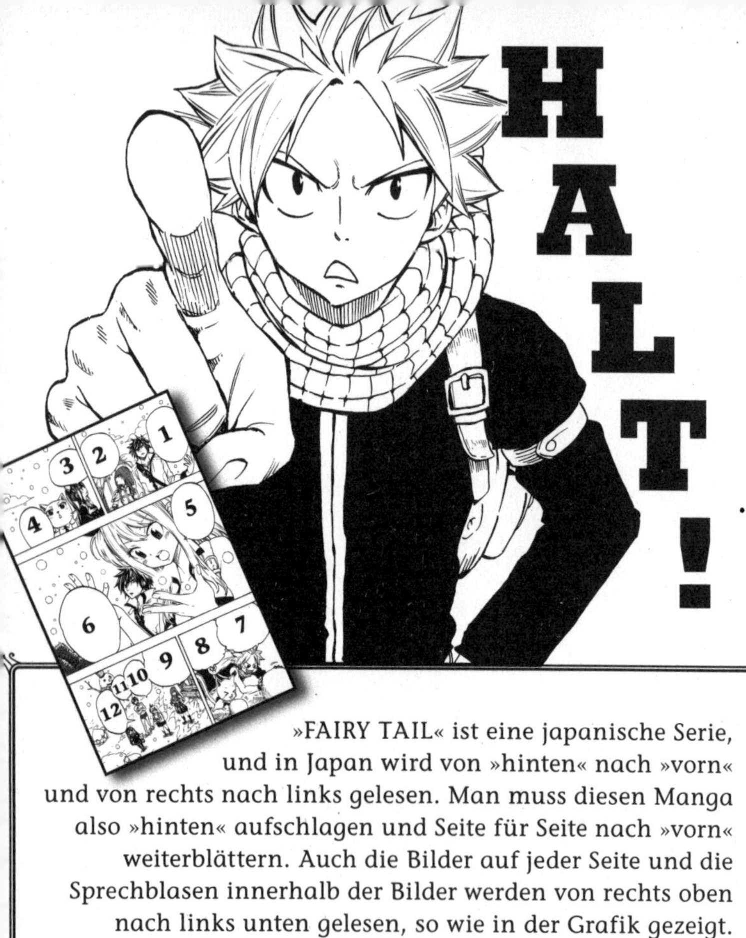

»FAIRY TAIL« ist eine japanische Serie, und in Japan wird von »hinten« nach »vorn« und von rechts nach links gelesen. Man muss diesen Manga also »hinten« aufschlagen und Seite für Seite nach »vorn« weiterblättern. Auch die Bilder auf jeder Seite und die Sprechblasen innerhalb der Bilder werden von rechts oben nach links unten gelesen, so wie in der Grafik gezeigt. Viel Spaß mit »FAIRY TAIL«!

CARLSEN MANGA! NEWS jeden Monat neu per E-Mail
www.carlsenmanga.de · www.carlsen.de
CARLSEN MANGA · Deutsche Ausgabe / German Edition

Aus dem Japanischen von Lasse Christian Christiansen

First published in Japan in 2022 by KODANSHA Ltd., Tokyo · Publication rights for this German edition arranged through Kodansha Ltd.
Redaktion: Nina Kroesing · Textbearbeitung: Steffen Haubner · Lettering: Datagrafix · Herstellung: Tobias Hametner · Alle deutschen Rechte vorbehalten
ISBN: 978-3-551-77313-5

MIX
Papier | Fördert gute Waldnutzung
FSC® C083411
www.fsc.org
Klimaneutrales Produkt